교사용 지침서 **초급**

한국어교실 엿보기

한국어교육열린연구회 저

KOREA FOUNDATION KF

한국국제교류재단 문화센터 한국어교실 교재

천성옥

한국외국어대학교 대학원 글로벌문화콘텐츠학과 박사 과정
이화여자대학교 국제대학원 한국학과 한국어교육 석사
현 인덕대학교 국제교육센터 한국어 전임 강사
전 한국국제교류재단 문화센터 한국어교실 팀장
Master Topik 중·고급 온라인 강의
저서: 「열린한국어」 입문서·초·중급 및 활동지
「한국어교실 엿보기」 초·중급(교사용 지침서)
「거침없이 한국어」 1·2·3권
(MBC 시트콤 〈거침없이 하이킥〉으로 배우는 한국어)
「TOPIK 실전모의고사」(2015)
「TOPIK 만점에 도전하라」 초·중·고급
「TOPIK 어휘로 잡아라」 초·중·고급
「TOPIK 한 번에 패스하기」 중급
「즐거운 한국어 문법」 초·중·고급
「셰프 한국어」(광고로 배우는 한국어/교사용 지침서)

정미진

가톨릭대학교 한국어교육학과 박사 과정
현) 법무부 사회통합프로그램 기본소양평가 구술시험관
현) 가톨릭대학교 한국어교육센터 결혼이민자 한국어교실 교사
현) 한국국제교류재단 문화센터 한국어교실 교사

1판 1쇄 2012년 1월 9일
1판 7쇄 2018년 12월 19일

글쓴이 한국어교육열린연구회

펴낸이 박민우
기획팀 송인성, 김선명, 박종인
관리팀 임선희, 정철호, 김성언, 권주련
편집팀 박우진, 김영주, 김정아, 최미라, 전혜련

펴낸곳 (주)도서출판 하우
주소 서울시 중랑구 망우로68길 48
전화 (02)922-7090
팩스 (02)922-7092
홈페이지 http://www.hawoo.co.kr
e-mail hawoo@hawoo.co.kr
등록번호 제475호

값 20,000원
ISBN 978-89-7699-868-2

copyright ⓒ 2018 by 한국어교육열린연구회
이 책의 저작권은 저자에게 있습니다.
서면에 의한 저자의 허락 없이 내용의 일부를 인용하거나 발췌하는 것을 금합니다.

교사용 지침서 **초급**

한국어교실 엿보기

『열린한국어』 수업 지침서 (초급)

― 책 구성 ―

1. 수업 목표 및 학습 문법
2. 교실에 들어가기 전에
3. 문법 수업은 이렇게
   도입 및 제시 → 연습 → 활용 → 주의
4. 함정을 피해 가려면
5. 문법 돋보기
6. 활동은 이렇게
7. 어느 날 교실에서

「수업 지침서」의 특성 및 활용법

이 책은 『열린한국어』를 가지고 수업하는 교사들을 위한 수업 지침서로서 교재 내용에 대한 상세한 설명과 원활한 수업 운용을 위한 방법을 제시하고 있다. 또한 『열린한국어』를 교재로 사용하지 않더라도 한국어 필수 문법의 도입 및 제시, 연습, 활용 등을 상세하게 기술하고 있어 한국어를 가르치는 초보 교사들이나 기존 교사들에게도 유용한 수업 안내서가 될 것이다.

1 수업 목표 및 학습 문법
해당 단원에서 학습할 문법 항목과 수업에서의 학습 목표를 제시하고 있다. 단원에서 다루는 어휘와 표현, 기능을 다루었고 수업에 필요한 자료를 미리 준비할 수 있게 하였다.

2 교실에 들어가기 전에
교사가 수업 전에 단원에 대한 예비지식이나 문법에 대한 자세한 내용 등을 숙지할 수 있도록 준비하는 단계로, 항목마다 알고 있어야 할 내용과 주의 사항을 확인하고 검토할 수 있다.

3 문법 수업은 이렇게
도입 및 제시: 해당 단원의 문법을 제시하기에 앞서 학습자들의 배경지식과 앞으로 배워야 할 내용을 자연스럽게 이끌어 내기 위한 단계로, 교사가 판서해야 할 주요 내용을 칠판 그림을 통해 제시해 주고 있어 초보 교사도 어렵지 않게 수업을 시작하고 운용할 수 있다.

연습: 어휘와 문법을 연습할 수 있게 함으로써 수업한 내용을 교실 안에서 숙지할 수 있도록 한다.

활용: 학습한 문법을 활용할 수 있는 단계로 교실에서의 활동을 친절하게 제시하고 있다. 또한 활동지를 제시하여 교사가 교실에 들어가기 전 복사하여 준비할 수 있다.

주의: 해당 문법에 대한 주의 사항을 미리 인지하여 수업에서의 오류를 방지할 수 있다.

4 함정을 피해 가려면
학습자들이 보이기 쉬운 문법 오류를 자세하게 기술하고 이를 방지할 수 있는 교수 방안을 제시하였다. 또한 해당 문법과 유사한 표현을 제시하고 비교하여 해당 표현이 가지고 있는 변별적인 의미와 기능을 제시함으로써 교사가 보일 수 있는 교수 오류까지 미연에 방지할 수 있게 하였다.

5 문법 돋보기
앞서 다루었던 학습 문법에 대한 기본적인 지식 외에 좀 더 심화된 내용을 자세하게 다루고 있어, 수업의 질을 높이고 싶은 교사들이나 문법적으로 심화된 내용을 알고 싶은 학습자들에게도 유용한 내용이 될 수 있게 하였다.

6 활동은 이렇게
매 단원의 교실 활동을 제시하고 활동지를 별책으로 수록하여 다양하게 수업을 운영할 수 있게 하였다.

7 어느 날 교실에서
교실에서 벌어진 일들과 일화를 기술한 수업일지의 실제 예를 보여 주어 현장감을 살리고자 하였다. 또한 수업 후의 소감을 통해 수업 중 일어날 수 있는 일에 대한 대비를 할 수 있게 하였다.

8 별책 부록 활동지
교실 활동의 해당 활동지로 교사가 수업 전에 미리 복사하여 수업 시간에 활용할 수 있게 하였다.

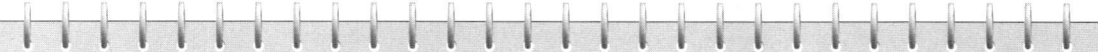

『열린한국어』 본 교재 구성 및 수업 방법

학습 문법: 해당 단원의 학습 문법을 제시합니다.

준비하기: 단원에 들어가기 전에 미리 배경지식이나 함께 생각할 것들을 이야기합니다.

본문 확인하기: 본문 대화문을 읽고 내용을 확인합니다.

어휘와 표현: 본문 대화문에 포함된 새 어휘와 표현을 제시합니다.

어휘 알기/표현 알기: 단원의 주제에 맞는 새 어휘(초급)와 표현(중급)을 학습합니다.

문법 알기: 단원의 학습 문법에 대한 예문을 제시하고 활용 형태를 정리합니다.

문법 익히기: 단원의 학습 문법에 대한 연습 문제를 통해서 문법을 익힙니다.

듣기: 단원의 주제와 관련하여 학습 문법이 포함된 내용으로 듣기 문제를 풀어 봅니다.

말하기: 단원의 주제와 관련하여 확장된 말하기를 연습합니다.

읽고 쓰기: 주제나 문법에 맞는 읽기와 쓰기를 연습하여 언어 기능의 균형을 맞춥니다.

날개 달기: 단원의 주제에 맞는 활동을 제시하여 교실 수업을 보다 재미있게 만듭니다.

표현 넓히기: 주제와 관련된 표현을 좀 더 확장할 수 있도록 다양한 정보를 제공합니다.

문화 알기(초급): 주제와 관련된 한국 문화를 소개하여 학습 흥미를 향상시킵니다.

발음(초급): 초급에서 필요한 발음 정보를 제시함으로써 발음 연습이 가능합니다.

차례

1-1	인사	10
1-2	일상생활	20
1-3	날짜와 요일	32
1-4	위치	42
1-5	하루 일과	52
1-6	물건 사기	62
1-7	주말	72
1-8	휴가	84
2-1	약속	96
2-2	장소와 방향	106
2-3	여행	118
2-4	교통	130
2-5	식당	142
2-6	취미	154
2-7	가족	164
2-8	전화	174
3-1	병원	186
3-2	분실물	198
3-3	교환과 환불	208
3-4	날씨와 계절	218
3-5	예약	230
3-6	은행	242
3-7	아르바이트	254
3-8	집 구하기	264

열린한국어 (초급 1) 단원 구성

단원	주제	제목	학습 문법	관련 기능
1-1	인사	안녕하세요?	은/는(주제/소개), 이에요/예요, 이/가 아니에요	자기소개하기 인사 나누기
1-2	일상생활	한국어를 공부해요	-어요, 을/를, 안, 도	일상생활에 대해 말하기 부정문 말하기
1-3	날짜와 요일	생일이 몇 월 며칠이에요?	이/가, 몇, 에(시간), 무슨	날짜 묻고 답하기 요일 묻고 답하기
1-4	위치	극장은 위층에 있어요	이/가 있다/없다, 에 있다/없다, 위치명사, 에서(장소)	위치 묻고 답하기
1-5	하루 일과	저는 한국어 교실에 가요	부터 까지, 에 가다/오다, -고(순서), ㄷ 불규칙	시간 묻고 답하기 하루 일과 묻고 답하기
1-6	물건 사기	이 책갈피 한 개에 얼마예요?	단위명사, 이/그/저, 에(단위), 와/과, 하고, 주세요	가격 묻기 물건 사기
1-7	주말	친구하고 쇼핑을 했어요	-었어요, -고(나열), -어서(이유), 으 탈락, 빈도부사, 하고(같이)	주말에 한 일 말하기 시간 순서대로 말하기 이유 말하기
1-8	휴가	친구들하고 동해에 갈 거예요	-을 거예요, -어서(순서), -고 싶다, -지만, ㅂ 불규칙	계획 말하기 희망 말하기

열린한국어 (초급 2) 단원 구성

단원	주제	제목	학습 문법	관련 기능
2-1	약속	같이 영화를 보러 갈까요?	-을까요?, -으러 가다/오다, -을 수 있다/없다, 못	약속하기 약속 변경하기
2-2	장소와 방향	사거리에서 왼쪽으로 가면 있어요	-으세요, 으로(방향), -으면, -으니까, ㄹ 탈락	길 묻고 답하기 이유 말하기
2-3	여행	휴가 때 갔는데 정말 좋았어요.	-으려고 하다, -어 보다(경험), -는데(배경), -으면서, -을 때	불확실한 계획 말하기 경험 말하기
2-4	교통	고속터미널에 가려면 어떻게 가요?	으로(수단/도구), 에서 까지, -으려면, 이나, -겠-(추측)	목적지까지 가는 방법과 소요 시간 묻고 답하기 추측하기
2-5	식당	돌솥비빔밥을 드셔 보세요	-을래요, -거나, -어 보다(추천), 만, -지 않다	주문하기 식당/음식 결정하기 추천하기
2-6	취미	케이크도 만들 줄 알아요?	-네요, -을 줄 알다/모르다, -고 나서, -기로 하다, 르 불규칙	감탄 표현하기 능력 말하기 결심/약속 말하기
2-7	가족	어머님 연세가 어떻게 되세요?	의, -으시-, 에게/한테, 에게서/한테서	높임말로 말하기 가족 소개하기
2-8	전화	에린 씨 좀 바꿔 주시겠어요?	-지요?, -어 주다, -을게요, -어 주시겠어요?, -어 드릴게요, 접속부사	전화 걸고 답하기 전화로 주문하기 확인하기 부탁하고 답하기

열린한국어 (초급 3) 단원 구성

단원	주제	제목	학습 문법	관련 기능
3-1	병원	몸을 따뜻하게 하시고 무리하지 마세요	-아/어도 되다, -으면 안 되다, -지 마세요, -게, ㅅ 불규칙	허가하기 금지하기 증상 설명하기
3-2	분실물	모양은 비슷한데 색깔이 달라요	-는데(대조), -은, ㅎ 불규칙, 어떤, 보다 (더)	묘사하기 비교하기 물건 찾기
3-3	교환과 환불	조금 높은 걸로 바꾸고 싶은데요	-는데요, -어야 되다/하다, -어 드릴까요?, -어 보이다	의무·당위 말하기 추측하여 말하기 물건 교환하기 환불 받기
3-4	날씨와 계절	날씨가 점점 더워지고 비도 많이 올 거예요	같이/처럼, -어야겠어요, -어지다, -기 전에, -을까요?, (아마) -을 거예요	시간 순서 말하기 결심 말하기 추측하여 말하기 비유하기
3-5	예약	바꾸실 날짜를 말씀해 주시겠습니까?	-었으면 좋겠다, -은/는/을, -습니다/습니까, 밖에	희망 사항 말하기 수식하기 격식체로 말하기 예약하기/예약 변경하기
3-6	은행	통장하고 체크카드를 만들려고요	-으려고(요), -은 후에, 이든지, (아무리) -어도, -지 못하다	시간 순서 말하기 불가능 표현하기
3-7	아르바이트	아르바이트를 한 적이 있어요?	-었을 때, -은 적이 있다/없다, -겠-, 때문에, -기 때문에	경험 말하기 이유 말하기 아르바이트 구하기
3-8	집 구하기	하숙집이 좋을 것 같아요	-고 있다, -은 지 (시간) 이/가 되다, -기, -는 것 같다	진행상황 말하기 근거 말하기 집 구하기

인사

1-1 안녕하세요?

학습 문법	은/는 이에요/예요 네/아니요 이/가 아니에요
수업 목표	인사를 나눌 수 있다. 자기소개를 할 수 있다. 나라와 직업 관련 어휘를 활용하여 말할 수 있다.
수업 자료	활동지 교실 용어 은/는 날개 달기-친구 찾기 이에요/예요?

 교실에 들어가기 전에

	확인할 내용	네	아니요
1	'이에요/예요'의 의미와 결합 형태를 제시할 수 있다.		
2	'이/가'와 '은/는'의 차이점에 대해 알고 있다.		
3	다양한 상황에서 사용되는 한국어 인사말을 알고 있다.		

1. '이에요/예요'의 의미와 결합 형태를 제시할 수 있다.

'이에요/예요'는 체언 뒤에 결합하여 문장을 종결짓고 현재 시제를 표현합니다. 격식적인 상황이나 예의를 갖추는 상황에서는 보통 '입니다'를 사용하고 비격식적인 상황이나 친근한 사람과의 대화에서는 '이에요/예요'를 사용합니다.

저는 한국 사람이에요. (비격식적인 상황)
저는 한국 사람입니다. (격식적인 상황)

2. '이/가'와 '은/는'의 차이점에 대해 알고 있다.

이/가	은/는
주격조사	보조사
문장에서 서술어와 대응되는 주어 뒤에 제시 가: 누**가** 한국어를 공부해요? 나: 제**가** 한국어를 공부해요.	특별히 강조하거나 설명의 대상으로 삼아 부각시키고 싶은 주어 뒤에 제시 저**는** 한국어를 공부해요.
새로운 화제를 도입하거나 문장 속에 또 다른 문장의 주어가 있을 때 사용 책**이** 있어요. 바트 씨는 키**가** 커요.	앞에서 이미 언급되었거나 말하는 사람과 듣는 사람이 이미 인식하고 있는 대상을 화제로 할 때 사용 그 책**은** 한국어 책이에요.
대화 상대방이 물어보는 정보 또는 문장의 초점이 주어 부분에 있을 때 사용 가: 누**가** 밥을 먹어요? 나: 철수**가** 밥을 먹어요.	대화 상대방이 물어보는 정보 또는 문장의 초점이 서술어 부분에 있을 때 사용 가: 철수가 무엇을 해요? 나: 철수**는** 책을 읽어요.

3. 다양한 상황에서 사용되는 한국어 인사말을 알고 있다.

외국인들이 한국어를 배울 때나 한국 생활에서 처음 부딪치게 되는 난감함이 바로 상황에 따라 다른 인사말입니다. 정형화된 인사말을 외우게 하는 것이 그리 바람직하지는 않으나 상황에 따라 다르게 사용하는 인사말을 짝으로 익히도록 하는 것이 실생활에서 한 마디라도 더 한국어로 이야기하고 성취감을 느끼게 할 수 있습니다.

만났을 때	안녕하세요? / 안녕하십니까? / 처음 뵙겠습니다
헤어질 때	안녕히 가세요 / 안녕히 계세요 / 주말 잘 보내세요 / 또 만나요
미안할 때	미안합니다 / 죄송합니다
고마울 때	고맙습니다 / 감사합니다 / 수고하셨습니다
밥 먹을 때	잘 먹겠습니다 / 잘 먹었습니다
잘 때	안녕히 주무세요

 **문법 수업은 이렇게**

| | 은/는 | 교재 14쪽 |

도입 및 제시	교사는 교실에 앉아 있는 학생들을 손으로 가리키며 학습자의 이름과 나라를 말합니다. **교 사** (자신을 가리키면서) 저는 　　　　(한국이라고 적힌 카드를 들고) 한국 사람이에요. 이름에 받침이 없는 학습자를 가리키며 다른 학습자에게 말하라는 몸짓을 합니다. **학습자** 제임스 미국 사람 **교 사** 제임스는 미국 사람이에요. 이름에 받침이 있는 학습자를 가리키며 다른 학습자에게 말하라는 몸짓을 합니다. **학습자** 샤오진 중국 사람 **교 사** 샤오진은 중국 사람이에요. 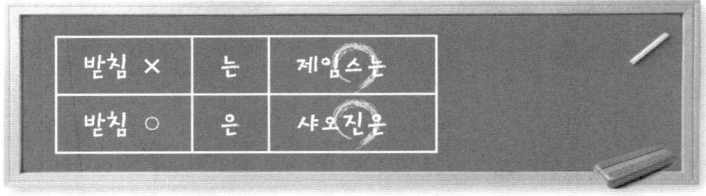 먼저 학습자의 이름과 나라를 칠판에 씁니다. 이름에서 받침이 있는 부분은 동그라미 하고 '은/는'이 받침의 유무에 따라 선택됨을 보여 줍니다.
연습	학습자들은 돌아가면서 이름과 나라, 직업을 말하며 자기소개를 합니다. **학습자** 제 이름은 호민이에요. 저는 베트남 사람이에요. 저는 기자예요. ※ '은/는'은 앞에 나오는 말이 문장의 주제입니다. 자기소개를 할 때, 사물의 명칭을 지칭할 때 쓰며, 주제에 대해 설명할 때에도 쓰입니다.
활용	자기소개와 함께 옆 친구를 소개하는 말하기를 합니다. **활동지 7쪽 '은/는'** **학습자** 지수는 한국 사람이에요. 지수는 학생이에요.
주의	자기소개를 시작할 때에는 '저는' 또는 '제 이름은'으로 시작하는 것을 강조하여 설명합니다. 　　제가 마틴이에요. (×) 　　제가 프랑스 사람이에요. (×) '이/가'와의 혼동이 예상되므로 처음에는 비교하지 말고 문장을 통으로 줘 자연스럽게 입에 붙도록 연습합니다.

이에요/예요

교재 14, 17쪽

도입 및 제시

학습자의 이름이 적힌 종이를 들고 이름을 이야기합니다.
이름에 받침이 없는 학습자의 이름을 먼저 제시합니다.

교 사	(유카라고 적힌 종이를 들고 읽으라는 몸짓을 합니다.)
학습자	유카
교 사	유카예요.

이름에 받침이 있는 학습자의 이름을 제시합니다.

교 사	(마이클이라고 적힌 종이를 들고 읽으라는 몸짓을 합니다.)
학습자	마이클
교 사	마이클이에요.

받침 X	예요	유카예요
받침 O	이에요	마이클이에요

'예요'를 제시할 때 '예요' 부분을 다른 색으로 쓰고 마침표를 찍어 문장을 마칠 때 사용하는 것을 보여 줍니다. '이에요'를 제시할 때 '마이클'의 'ㄹ'에 동그라미를 해 받침이 있음을 보여 주고 칠판에 다른 색으로 '이에요'를 써서 '예요'와의 차이를 시각적으로 보여 줍니다.

연습

① 교실 안에 있는 학습자의 이름 뒤에 '이에요/예요'를 붙여 이야기합니다.
② 글씨가 포함된 직업 그림 카드를 학습자에게 보여 주고 '이에요/예요'로 말하는 연습을 합니다.
  우선 말하기로 시작하고 쓰기 연습으로 유도합니다.

＿＿＿＿예요	＿＿＿＿이에요
기자	경찰관
배우	군인
요리사	선생님
의사	학생
주부	회사원

활용

① 이름표나 화살표 소품을 이용하여 교실에 있는 학습자를 지목하고 이름을 대답하게 합니다.
② 친구 찾기 활동지 8쪽

주의

'이에요/예요'는 받침의 유무에 따라 다르게 표기되지만 실제 발음에서는 이것이 크게 구별되지 않습니다. 마지막 음절에 받침이 있는 경우 연음되어 발음되는 것을 더 중요하게 가르쳐야 합니다.
예) 책이에요. [채기에요]

1-1 인사

네, 이에요/예요
아니요, 이/가 아니에요

교재 14, 17쪽

도입 및 제시

직업과 국적을 이용한 질문을 통해 대답으로 '네'를 할 수 있도록 자연스럽게 의문문을 제시합니다.

교 사	저는 선생님이에요?
학습자	선생님이에요.
교 사	(고개를 끄덕이며) 네, 저는 선생님이에요.

'네' 제시가 끝나면 질문을 통해 '아니요'를 제시합니다.

교 사	저는 중국 사람이에요?
학습자	한국 사람이에요.
교 사	(고개를 흔들며) 아니요, 중국 사람이 아니에요. 한국 사람이에요.

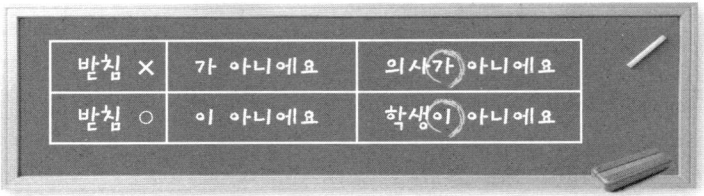

칠판에 '저는 선생님이에요.'와 '저는 선생님이에요?'를 쓰고 문장 부호에 동그라미 표시를 합니다.
또 문장을 읽어 주며 억양이 달라짐을 알려 줍니다.
질문에 대한 긍정의 대답은 '네', 부정의 대답은 '아니요'입니다. '아니요'인 경우에는 명사 뒤에 받침이 없을 경우 '가 아니에요', 받침이 있을 경우 '이 아니에요'를 붙입니다.

연습

각기 다른 직업이나 나라 이름 카드를 보여 주며 질문을 반복하여 '네'와 '아니요'를 대답할 수 있도록 합니다.

교 사	(회사원 그림을 제시하며) 회사원이에요?
학습자	네, 회사원이에요.
교 사	(영국 국기를 들고 있는 그림을 제시하며) 미국 사람이에요?
학습자	아니요, 미국 사람이 아니에요.

※ 처음에 '네/아니요'의 연습을 충분히 한 후에 조사가 포함된 문장 단위의 연습으로 확장합니다.

활용

그림 보고 말하기 활동지 9쪽 '이에요/예요?'

주의

'어느'나 '누구' 등의 의문사가 있을 경우에는 '네/아니요'로 대답할 수 없습니다.
마지막 음절에 받침이 있으면 '이 아니에요'를 붙이고, 없으면 '가 아니에요'를 붙입니다.
이때 '아니에요'를 '아니예요'로 쓰지 않도록 주의하며 지도합니다.

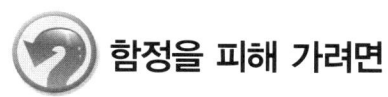
함정을 피해 가려면

은/는

학습자는 '은/는'을 사용해야 하는 환경에서 '이/가'로 대치해서 쓰는 경우가 많습니다.

　　　지수**는** 한국 사람이에요. 지수**가** 학생이에요. (×)
　　　지수**는** 한국 사람이에요. 지수**는** 학생이에요. (○)

첫 문장에 '지수'가 등장하고 두 번째 문장에서 다시 한 번 반복해서 대상을 설명하고 있기 때문에 반복되어 진술되는 대상에 '은/는'을 써야 합니다. 위와 같은 오류가 발생하는 것은 학습자가 '은/는'의 용법을 정확히 파악하지 못했기 때문입니다.

'은/는'은 문장의 주제나 화제를 표시하는 조사이며 문장의 맥락에 따라 대조와 강조를 의미하기도 합니다. 그런데 특히 명사 뒤에서 문장의 주어로 나타날 때 조사 '이/가'와 잘 구분하지 못하는 경우가 있습니다. 또 학습자들은 자기소개를 할 때 다음과 같은 실수를 하기도 합니다.

　　　제**가** 마틴이에요. (×)　　　　저**는** 마틴이에요. (○)
　　　제**가** 프랑스 사람이에요. (×)　　저**는** 프랑스 사람이에요. (○)

'제가 마틴이에요.'는 '누가 마틴이에요?'라는 질문의 답으로 더 적당한 문장이므로 다른 사람에게 자신을 소개하는 상황에서는 '저는 마틴이에요.'를 사용하는 것이 자연스럽게 들립니다. '은/는'은 특별히 강조하거나 설명의 대상으로 삼아 부각시키고 싶은 주제어 뒤에 사용합니다. 따라서 자신을 소개하는 과정에서는 '은/는'을 사용하는 것이 자연스럽습니다.

이에요/예요

쓰기에서 '이에요'와 '예요'의 구별을 제대로 하지 않으면 다음과 같은 문장을 만들기도 합니다.

　　　바트**이에요**. (×)　　　　바트**에요**. (×)

듣기와 말하기에서는 분명하게 구분하기 힘들 수 있으니 처음 문법을 제시할 때 분명하게 제시하고 쓰기에서 실수하면 반드시 바로잡아 줄 필요가 있습니다.
'이에요/예요'를 학습한 후 '아니에요'를 학습할 때 '아니예요'로 쓰지 않도록 주의하여야 합니다.

　　　한국 사람이 **아니예요**. (×)　　한국 사람이 **아니에요**. (○)

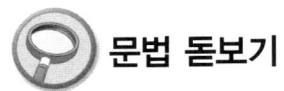 문법 돋보기

'은/는'과 '이/가'

조사 '은/는'과 '이/가'는 고급 단계에서까지 오류를 보이는 주요 문법 사항입니다. 조사는 한국어의 주요 특성 중 하나지만 한국인의 실제 발화에서는 조사 생략이 흔합니다. 또한 초급 단계에서는 문장을 간단하게 도입하기 위해 교사들이 조사를 생략하는 경우가 많은데 이는 고급 단계에서까지 조사 오류를 보이게 만드는 주요 원인이 되기도 하므로 처음부터 조사를 정확하게 사용하도록 인식시킬 필요가 있습니다.

처음부터 '은/는'과 '이/가'의 구분을 가르치는 것은 무리이므로 두 가지를 한꺼번에 언급하지 않는 것이 좋습니다. 자기소개에서 더 많이 쓰이는 '은/는'의 문장을 통째로 이해하도록 하는 것이 좋습니다. 또한 말하는 대상이나 화제를 강조할 때 사용하는 것임을 직접 행동으로 표현하는 방법, 예를 들어 손으로 대상을 가리키면서 '저는 선생님입니다.', '지연 씨는 학생입니다.'와 같이 반복하여 제시할 수 있습니다(이때 문화적 차이가 있을 수 있으므로 손가락을 사용하지 않도록 주의합니다). 또한 앞의 명사에 받침이 있고 없고를 확인시키며 '은'과 '는'을 구분할 수 있도록 합니다.

이에요/예요

평서문과 함께 의문문의 경우도 예문을 들어 질문하고 답하게 합니다. 한국어의 의문문과 평서문은 어순이 동일하며 다만 뒤의 억양을 올리는 것으로 구분한다는 것을 이해시켜야 합니다.

> 제임스 씨는 선생님이에요. 호민 씨는 기자예요.
> 제임스 씨는 선생님이에요? 호민 씨는 기자예요? (↗)

직업 그림 카드를 보여 주면서 받침의 유무에 따라 '이에요/예요'를 답하게 합니다. 표기는 다르지만 실제 발음에서는 크게 차이를 보이지 않으므로 강조하지 않는 것이 좋으며 받침 뒤에 모음이 오면 받침이 뒤의 모음 자리로 이동하여 발음되는 '연음 법칙'이 적용된다는 것을 확실하게 인식시킬 필요가 있습니다.

 **활동은 이렇게**

교실 용어　　　　　　　　　　　　　　　　　　　　　　　　　　〈활동지 6쪽〉

교실 용어

여기를 보세요.
잘 들으세요.
따라 하세요.
말하세요. 쓰세요. 읽으세요.
손을 드세요.
잘했어요.

첫 수업 때 카드를 오려서 칠판에 붙이거나 학습자에게 보여 주고 시작하세요.

은/는　　　　　　　　　　　　　　　　　　　　　　　　　　〈활동지 7쪽〉

자기소개

안녕하세요.
제 이름은 _____이에요/예요.
저는 _____ 사람이에요.
저는 _____이에요/예요.
만나서 반갑습니다.

① 자기소개를 해 보세요.
② 직업 카드를 보고 자신의 직업을 말하세요.
③ 자신의 직업을 말하고 다른 사람에게 물어보세요.

〈도움말〉
표현이 익숙해질 때까지 연습한 다음 다른 사람에게 질문하는 것으로 확장시킵니다.

날개 달기

〈활동지 8쪽〉

친구 찾기

나와 짝인 친구를 찾아 나라와 직업을 물어봅시다.

① 학생에게 나와 친구의 가상의 이름이 적힌 종이를 나누어 준다.
② 종이에 '나'에 대한 정보를 스스로 쓴다.
③ 종이에 적힌 친구의 이름으로 내 친구를 찾는다.
④ 친구를 찾으면 친구의 나라와 직업을 묻고 종이에 쓴다.

	나	친구
이름	평강	온달
나라	한국	
직업	의사	

가: 온달 씨는 어느 나라 사람이에요?
나: 저는 한국 사람이에요.
가: 온달 씨는 군인이에요? / 학생이에요?
나: 네, 저는 군인이에요. /
　　아니요, 저는 학생이 아니에요. 저는 군인이에요.

	나	친구
이름	평강	온달
나라	한국	한국
직업	의사	군인

〈도움말〉
학생들에게 종이를 나누어 주고 활동 방식을 설명해 주세요.
'나'에 대한 부분은 스스로 적고 '친구'에 대한 부분은 친구와 대화를 통해 써야 함을 정확히 말해 주세요.
종이에 표를 채운 후에 배운 인사와 문법을 통해 친구와 인사하는 시간을 갖도록 해 주세요.
모두 여섯 쌍의 짝이 준비되어 있습니다. 학습자가 자신의 짝을 찾을 수 있도록 도와주세요.

① 로미오 - 줄리엣　　② 슈렉 - 피오나　　③ 이도령 - 춘향
④ 톰 - 제리　　　　　⑤ 흥부 - 놀부　　　⑥ 미녀 - 야수

이에요/예요?

〈활동지 9쪽〉

어느 나라 사람이에요?

유명한 사람의 사진을 보고 어느 나라 사람인지 말해 봅시다.

가: 어느 나라 사람이에요?
나: 한국 사람이에요.

〈도움말〉
'어느 나라 사람이에요?'를 묻기 전에 '누구예요?'를 먼저 물어봅니다.
학습자의 흥미를 끌 만한 유명한 배우나 가수, 운동선수를 미리 준비하여 제시하는 것도 좋습니다.

어느 날 교실에서 - 수업일지의 실제

안녕하세요. _____이에요. _____ 사람이에요. 만나서 반갑습니다.
일부 '저는 _____입니다.'로 말하는 사람들이 있는데 일단은 특별히 언급하지 않았어요. 그런데 생각해 보면 누구든지 다른 언어의 인사말을 제일 먼저 통째로 외우게 되고 문법적으로는 잘 따지지 않으니까 그냥 '저는'을 붙여서 가르치면 어떨까도 싶네요. 오히려 '저는'을 빼서 말하는 것이 이상하게 보이지는 않을까도 싶어요. 자기소개를 할 때 종종 '제가 _____입니다.'라고 말하는 어색한 표현 오류를 방지하기 위해서라도 아예 통으로 외워서 사용하게 하는 것이 좋을 것 같아요. 이번 학생들의 직업은 매니저, 판매원 등 좀 특이한 경우가 많네요. 매니저를 관리자로 알려 주려다가 한국에서도 많이 사용하는 어휘이기 때문에 그만두었습니다. 활동으로 나눠 준 종이를 가지고 이름이 무엇인지 물으면서 자기 파트너 찾기를 해 보았어요. 파트너를 찾아서 국적과 직업을 묻고 답하기를 한 후에 잠깐 휴식.

휴식 시간에 보조 교사들이 출석부 정리를 위해 이름, 전화번호, 이메일을 기입하는 종이를 나눠 줬는데 활동의 연장인 줄 알고 서로 묻고 답하기를 하는 학생들이 있었습니다.

교실 용어 알려 주기
쓰세요. 따라 읽으세요. 크게 말하세요. 잘 들으세요.

학습할 문장 등을 적은 스케치북을 이용하여 집중력을 높였습니다. 급하게 만드느라 손으로 썼는데, 다음 시간에는 컴퓨터로 작업해서 예쁘게 다시 만들어야겠어요. 교실 용어를 미리 알려 주는 게 수업하기에 편한 것 같습니다. 학생들도 처음에는 어려워하더니 나중에는 눈치껏 따라옵니다. 일부러 제가 말을 하면서 그때그때 그림을 같이 들어서 말 한 번 하고 행동을 보여 주면서 한 번 더 말하면서 진행을 했습니다.
한글을 겨우 떼고 온 학생들이라 문장 수업을 조금 힘들어하긴 하지만 하나의 문장을 완성한다는 데에 아주 신기해하며 열심히 하는지라 수업 분위기가 아주 좋습니다.

다른 선생님들의 댓글

▶ 웃음이 넘치는 교실이 그려지네요. 문장 만들기를 시작하는 때라 학생들이 재미있어하겠어요.

▶ 네, 어떻게든 배운 것을 한 번이라도 더 말하려고 하는 모습이 더 보기 좋더군요.

▶ 교실 용어를 잘 찾으셨군요. 첫 수업에서 먼저 가르쳐 주는 것이 수업할 때 편리하겠네요.

일상생활

1-2 한국어를 공부해요

학습 문법	–아/어요　　을/를　　안　　도
수업 목표	일상생활에 대해 말할 수 있다. 일상생활에 관한 기본 동사와 사물을 말할 수 있다.
수업 자료	활동지　–아/어요　을/를　안, –아/어요　날개 달기-무엇을 해요?

 교실에 들어가기 전에

	확인할 내용	네	아니요
1	'–아/어요'의 활용 형태를 정확하게 제시할 수 있다.		
2	'을/를'의 의미와 결합 형태를 제시할 수 있다.		
3	'안'의 의미를 정확하게 파악하고 있다.		
4	'도'의 의미와 결합 형태를 제시할 수 있다.		

1. '-아/어요'의 활용 형태를 정확하게 제시할 수 있다.

동사나 형용사 어간의 모음이 'ㅏ'나 'ㅗ'일 때에는 '-아요'가 붙고('하다' 제외), 나머지 모음의 경우에는 '-어요'를 붙이며, '하다'는 '해요' 형태로 활용합니다. 서술형과 의문형은 실제 발화시 억양으로 구별됩니다.

ㅏ, ㅗ (O)	-아요	가(다) + 아요 → 가요 보(다) + 아요 → 보아요 → 봐요
ㅏ, ㅗ (X)	-어요	먹(다) + 어요 → 먹어요 배우(다) + 어요 → 배우어요 → 배워요 마시(다) + 어요 → 마시어요 → 마셔요
하다	해요	공부(하다) + 해요 → 공부해요

2. '을/를'의 의미와 결합 형태를 제시할 수 있다.

'을/를'은 체언 뒤에 붙어서 앞의 말이 '읽다, 보다, 먹다, 마시다, 공부하다'와 같은 동사의 목적어임을 가리킵니다. 받침이 있는 명사 뒤에는 '을', 받침이 없는 명사 뒤에는 '를'이 사용됩니다.

받침 (O)	을	빵 + 을 → 빵을 신문 + 을 → 신문을	빵을 먹어요. 신문을 읽어요.
받침 (X)	를	사과 + 를 → 사과를 우유 + 를 → 우유를	사과를 사요. 우유를 마셔요.

'공부하다, 운동하다, 청소하다' 등과 같이 명사에 '하다'가 결합하여 동작을 나타내는 경우에는 '을/를 하다'형으로 사용하기도 합니다.

공부하다, 공부를 하다
운동하다, 운동을 하다
청소하다, 청소를 하다

3. '안'의 의미를 정확하게 파악하고 있다.

'안'은 '-지 않다'와 함께 의지 또는 의도 부정으로 능력 부정인 '못'과 '-지 못하다'와 대비되는데, 동사나 형용사의 앞에 위치하고 '명사+하다' 동사일 경우에는 명사와 '하다'의 사이에 위치합니다. '있다'의 부정은 '없다'이며 '이다'의 부정은 '아니다'가 됩니다.

4. '도'의 의미와 결합 형태를 제시할 수 있다.

어떤 것이 다른 것과 동일함을 나타내거나 이미 어떤 것이 포함되고 그 위에 더함의 뜻을 나타내는 보조사로, 명사, 조사, 부사, 어미 뒤에 붙습니다.

지수 씨는 학생이에요. 바트 씨도 학생이에요.
한국어를 공부해요. 중국어도 공부해요.

 **문법 수업은 이렇게**

| –아/어요 | 교재 30쪽 |

| 도입 및 제시 | 동사 그림 카드를 사용하여 그림 속의 사람이 무엇을 하는지 질문합니다. 학생들이 무엇을 하는지에 관심을 갖게 합니다.

　　교 사　　(공부하는 그림을 보여 주며) 무엇을 해요?
　　학습자　　공부하다
　　교 사　　공부해요.

학생들이 교사의 질문에 '공부하다'로 답을 하면 교사는 질문하고 대답한 내용을 '–아/어요'로 다시 말해 줍니다.

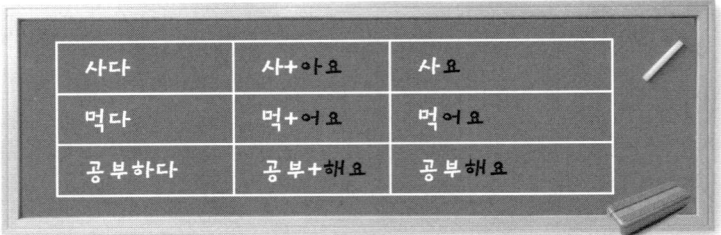

동사의 기본형에서 '다'의 자리에 '–아/어요'가 결합된다는 것을 보여 줍니다. 교사가 설명하면서 해당 동작을 직접 행동으로 보여 주는 것도 좋습니다. 또한 동사 어간 마지막 글자에 모음 'ㅏ'나 'ㅗ'가 있을 경우 어미 '–아요'가 붙어 활용되며 'ㅏ'나 'ㅗ'가 아닐 때는 '–어요'로, '하다' 동사는 모두 '해요'로 활용됨을 시각적으로 보여 줍니다. |

| 연습 | ① 문형 카드를 이용하여 기본형을 '–아/어요' 형태로 바꾸는 연습을 합니다.
② 그림 카드를 학습자에게 보여 주고 '–아/어요'로 말하는 연습을 합니다.

　　＿＿＿＿아요　　　　　＿＿＿＿어요　　　　　＿＿＿＿해요
　　　보다　　　　　　　　먹다　　　　　　　　공부하다
　　　사다　　　　　　　　읽다　　　　　　　　운동하다
　　　가다　　　　　　　　배우다　　　　　　　일하다
　　　오다　　　　　　　　마시다　　　　　　　전화하다
　　　만나다　　　　　　　가르치다　　　　　　수영하다 |

| 활용 | 빙고 게임　활동지 10쪽 '–아/어요' |

| 주의 | 아직 '을/를'을 배우지 않은 상태이므로, '무엇+을'과 같이 분석적으로 설명하지 말고 '무엇을 해요?'라는 표현 전체를 하나의 덩어리로 제시하여 의미를 설명하도록 합니다.
'–아/어요'의 형태를 이해한 다음에는 활용형을 반복 연습하여 자연스럽게 말할 수 있도록 하는 것이 중요합니다. 단순한 연습이 지루할 수도 있지만 다양한 시각 자료를 사용하여 익숙해지도록 연습하는 것이 필요합니다. |

을/를

교재 32쪽

도입 및 제시

앞에서 제시한 동작 그림 카드를 사용하여 그림 속의 사람이 무엇을 하는지 묻습니다. 그리고 동작의 대상을 다시 물어서 학생들이 '을/를'로 표현하는 동작의 대상에 관심을 갖게 합니다.

교 사   무엇을 해요?
학습자   먹어요.
교 사   무엇을 먹어요?
학습자   밥 먹어요
교 사   네, 밥을 먹어요.

학생들이 '무엇'에 대해 답하는 것을 어려워하면, 교사가 '밥, 찌개, 빵'과 같은 명사를 미리 여러 개 제시하고 학생들이 선택하여 대답할 수 있도록 합니다.

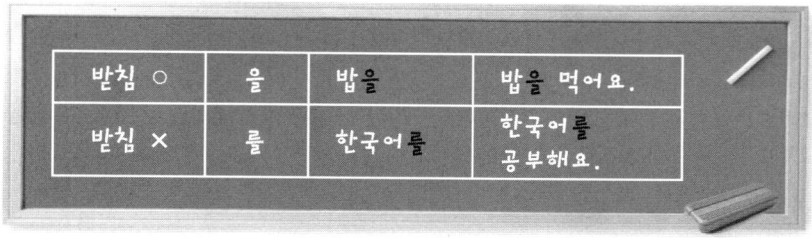

칠판에 쓴 대화문을 이용하여, 동사의 목적어에 '을/를'을 붙여 사용한다는 것을 설명합니다. 또한 '을'은 앞의 명사가 자음으로 끝날 때(받침이 있을 때, 예를 들어 '신문'), '를'은 앞의 명사가 모음으로 끝날 때(받침이 없을 때, 예를 들어 '커피') 사용한다는 것을 강조합니다.

연습

① '을/를' 중 적절한 형태를 고르는 연습과 목적어가 있는 문장을 쓰는 연습을 합니다(교재의 연습 문제 1~3 참조).
② 도입에서 사용했던 '무엇을'과 구어체에서 많이 사용하는 '뭐'를 사용한 표현을 제시하고, 학습자들이 문장을 완성하게 합니다.

교 사   무엇을 해요?
학습자   손을 씻어요.

활용

문장 만들기   활동지 11쪽 '을/를'   활동지 13쪽 날개 달기-무엇을 해요?

주의

실제로 말을 할 때에는 '을/를'을 생략하는 경우가 많지만, 초급 단계에서 생략이 가능하다는 설명은 하지 않는 것이 좋습니다. 생략이 가능하다는 것을 알게 되면 형태를 익히려는 노력을 하지 않을 수도 있기 때문입니다. 초급 단계에서는 '을/를'을 정확하게 구분해서 사용하는 것이 중요하므로 교사도 교실에서 말을 할 때 항상 '을/를'을 넣어서 말해 학생들이 이 표현을 최대한 많이 들을 수 있도록 합니다.

안

교재 36쪽

| 도입 및 제시 | 교사는 학생이 '아니요'로 대답할 수 있는 질문을 하여 '안'에 주의를 기울일 수 있게 합니다.

교 사 ○○ 씨, 술을 마셔요?
학습자 네, 술을 마셔요.
교 사 ○○ 씨는 술을 마셔요. △△ 씨, 태권도를 배워요?
학습자 아니요.
교 사 △△ 씨는 태권도를 안 배워요.

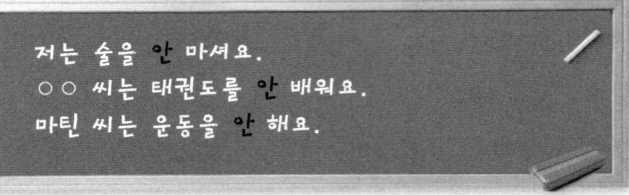

교사는 도입에서 사용한 예문을 칠판에 씁니다. 이때, '안'이 부정의 의미를 나타내는 말임을 학습자가 유추할 수 있도록 해당 문장 구조에 주의를 기울이게 합니다.

연습

① 학생들에게 기본 문장을 보여 주고 '안'을 사용하여 부정을 나타내는 문장으로 바꿔 말하게 합니다.

교 사 밥을 먹어요.
학습자 밥을 안 먹어요.

② 교재의 연습 문제 1에서 '네/아니요'로 답하는 연습을 하고 연습 문제 2에서는 학습한 단어를 사용하여 그림을 보고 문장을 쓰는 연습을 합니다.

활용

인터뷰하기 활동지 12쪽 '안, –아/어요'

주의

동사의 부정문은 동사 앞에 '안'을 쓰는 짧은 부정문과 동사 어간에 '–지 않다'를 붙이는 긴 부정문이 있습니다. 짧은 부정문의 경우, 기본적으로 동사 앞에 '안'을 써서 '안 봐요', '안 먹어요'와 같이 씁니다. 그러나 '일하다'와 같은 '하다'가 결합된 동사는 '일을 해요'와 같이 조사 '을/를'에 의해 분리될 수 있는데, '하다' 동사의 부정문은 '일을 안 해요', '운동을 안 해요'와 같이 '하다' 바로 앞에 '안'을 넣어 줍니다.

도

도입 및 제시	학습자에게 국적을 질문하여 대답하게 합니다. 그리고 같은 국적인 학생에게도 질문을 해 '도'를 사용하여 이야기해 줍니다. **교 사** ○○ 씨는 어느 나라 사람이에요? **학습자 1** 저는 중국 사람이에요. **교 사** △△ 씨는 어느 나라 사람이에요? **학습자 2** 저는 중국 사람이에요. **교 사** 네, ○○ 씨는 중국 사람이에요. △△ 씨도 중국 사람이에요. ○○ 씨는 중국 사람이에요. △△ 씨도 중국 사람이에요. 저는 한국어를 배워요. 저는 영어도 배워요. 제시한 문장에 '도'를 다른 색으로 표시하여 학생들이 문장을 보고 의미를 추측할 수 있도록 합니다. '도'는 앞에서 제시한 것과 같은 상황이나 속성을 갖고 있음을 알려 줍니다. 또한 '도'는 앞에 제시된 사실에 어떤 것이 더 있을 때 사용한다는 것을 예문을 통해 설명합니다.
연습	① 교재의 연습 문제를 통해 '은/는'과 '을/를', '도' 중에서 적절한 것을 선택하는 연습을 합니다. ② 교실에 있는 학생들을 이용하여 '은/는'과 '을/를' 자리에 '도'를 사용하는 문장을 만들어 봅니다. ○○ 씨는 책을 읽어요. △△ 씨도 책을 읽어요. ○○ 씨는 책을 읽어요. 신문도 읽어요.
활용	친구와 같은 점을 찾아 이야기해 봅니다. 저는 한국어를 배워요. 친구도 한국어를 배워요.

 함정을 피해 가려면

–아/어요

현재 시제에 사용하는 '–아/어요'는 어떤 대상이나 일의 행동을 표현하거나 상황을 나타내는 비격식체의 높임 표현이기 때문에 주로 말할 때 사용합니다. ①은 밥을 먹는다는 일반 서술문이며, ②와 같이 질문을 할 때에는 같은 형태를 사용하지만 끝의 억양을 올려서 말합니다.

① 밥을 먹어요.
② 밥을 먹어요? (↗)

학습자는 동사의 기본형을 현재형으로 활용할 때 모음이 축약되는 것을 어려워합니다. 특히 ③과 ④에서와 같이 '마시다', '기다리다'와 같은 동사나 형용사 어간의 마지막이 'ㅣ'로 끝날 때 뒤에 어미 '–어요'가 연결되어 '여요'가 되는 것을 잘 이해하지 못합니다. 반복적인 연습이 필요한 부분입니다.

③ 물을 마시어요. (×)
④ 물을 마셔요. (○)

을/를

① 공부했어요. (×)
② 공부를 했어요. (○)

①은 구어체에서 자주 사용되는 문장이지만 문어체에서는 ②가 정확한 문장입니다. 학습자들이 '을/를'을 써야 하는 경우에 이를 사용하지 않고 말할 경우 한국어를 모국어로 하는 사람들은 어색하다는 인상을 받을 수도 있습니다. '을/를'은 보통 말을 할 때 많이 생략하지만 처음부터 생략해 버리면 고급 단계에 가서도 조사를 생략하는 오류를 보이게 되므로 초급 학습자는 이를 생략하지 않는 연습이 필요합니다.

안

  동사나 형용사와 어울려 외부적인 조건이나 상황과는 상관없이 자신의 의지로 어떤 행동을 하지 않거나 어떤 상태를 부정하는 상황을 의지 부정 또는 의도 부정이라고 하며 '안'과 '–지 않다'가 있습니다. '안'은 학습자들이 ①과 같은 오류를 자주 보입니다.
  짧은 부정문을 만드는 '안'이 동사 앞에 쓰인다고 생각하기 때문에 이런 오류가 나오기도 합니다. 이런 오류는 초기에 교정해 주어야 하므로 즉각적인 오류 수정과 함께 '안'을 사용하는 규칙을 다시 상기시켜 줄 필요가 있습니다. ②와 같이 '명사+하다' 동사의 경우에는 '안'이 명사와 '하다' 사이에 위치해야 합니다.

   ① 안 운동을 해요. (×)
   ② 운동을 안 해요. (O)

  '안'은 일반 서술문에서 동사나 형용사를 부정할 때 쓰이는데 ③과 ④는 동사인 '먹다'를 부정하는 것이고 ⑤와 ⑥은 형용사 '비싸다'를 부정하는 표현입니다. 그러나 ⑦과 ⑧에서와 같이 '있다'의 부정은 '안 있다'가 아니라 '없다'이며 '명사+이다'를 부정하려면 ⑨처럼 '명사+아니다'라는 점에 주의해야 합니다.

   ③ 아침을 안 먹어요.
   ④ 아침을 먹지 않아요.
   ⑤ 가방이 안 비싸요.
   ⑥ 가방이 비싸지 않아요.
   ⑦ 사과가 안 있어요. (×)
   ⑧ 사과가 없어요. (O)
   ⑨ 선생님이 아니에요.

  형태를 다시 정리하면 '안+동사/형용사'와 '동사/형용사+–지 않다'가 됩니다. 이러한 의지 부정과 비교해서 쓰이는 부정 표현으로 외부의 조건에 좌우되거나 능력이 없음을 나타내는 '못'과 '–지 못하다'가 있습니다.
  '안'이 뒤에 오는 동사를 직접 부정하기 때문에 한정적인 데 반해 ⑩이나 ⑪처럼 '–지 않다'는 대부분의 동사나 형용사에 모두 어울려서 표현 범위가 더 넓다고 할 수 있습니다. 또한 '안 하다'보다 '–지 않다'가 좀 더 간접적이기 때문에 부드러운 표현이 됩니다.

   ⑩ 학교에 가지 않아요.
   ⑪ 백화점은 싸지 않아요.

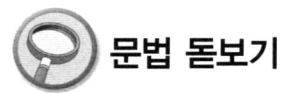 문법 돋보기

한국어의 어순

한국어는 '주어+목적어+서술어'의 문장 구성을 갖는 언어입니다. 같은 어순을 갖는 언어로는 일본어, 몽골어, 터키어, 미얀마어, 힌디어 등이 있습니다. 한국어의 기본 어순은 '주어+목적어+서술어'지만 문장 성분들은 문장 안에서 비교적 자유롭게 이동할 수 있습니다.

① 수미가 밥을 먹어요.
② 밥을 수미가 먹어요.

문장 ①은 '주어+목적어+서술어'의 기본 어순 문장입니다. 그러나 ②는 목적어가 주어 앞에 나타나 있습니다. 이것은 우리말에서 기본 의미를 바꾸지 않고 목적어가 주어 앞으로 이동하여 나타날 수 있음을 보여 줍니다.
하지만 어순이 달라지면 약간의 의미 차이가 발생할 수 있습니다. ①은 '수미'에 초점이 놓여 있고 ②는 '밥'에 의미 초점이 놓여 있습니다.
그런데 한국어가 어순의 이동이 자유롭다 할지라도 문장 성분의 이동이 절대적으로 자유로운 것은 아닙니다. 부정 부사어인 '안', '못' 등은 반드시 서술어 앞에 위치해야 하는 제약이 있습니다. 그래서 문장 ④와 ⑤는 올바르지 못한 문장이 됩니다.

③ 수미가 밥을 안 먹어요. (O)
④ 수미가 안 밥을 먹어요. (X)
⑤ 수미가 밥을 먹어요, 안. (X)

도

어떤 대상이나 상황에 더하거나 포함됨을 나타내는 표현입니다.

① 저는 한국어를 배워요. 친구도 한국어를 배워요.
② 저는 한국어를 배워요. 태권도도 배워요.

①은 '저'와 '친구'가 '같은' 상황임을 나타내고 있고 ②는 앞의 사실 외에 또 다른 사실이 더해짐을 표현합니다. 이와 같이 조사 '도'는 '이/가'나 '을/를'의 자리에서 주어나 목적어 역할을 합니다.
『열린한국어』에서는 다루지 않지만 '아침에도', '너까지도'와 같이 조사에 결합하거나 '빨리도'나 '많이도' 등과 같이 부사에 결합하여 '강조'의 뜻을 나타내기도 합니다. 이밖에 둘 이상의 대상이나 상황의 나열에도 쓰이는데 이 경우에는 ③이나 ④처럼 속성이 비슷하거나 동일한 것도 있고 서로 대비되는 상황에서도 사용할 수 있습니다.

③ 저 식당은 값도 싸고 맛도 좋아요.
④ 앉지도 서지도 못해요.

 **활동은 이렇게**

–아/어요(하루 일과)

〈활동지 10쪽〉

빙고 게임

① 제시된 동사를 빙고판에 한 개씩 쓰세요.
② 한 사람씩 순서대로 '–아/어요'를 말하세요.
③ 다른 사람이 말하는 동사를 내 빙고판에서 지우세요.
④ 먼저 세 줄을 만들면 '빙고!'를 외치세요.

〈도움말〉
교사가 작은 선물을 준비하여 1등을 한 사람에게 상으로 주면 성취도가 한결 높아집니다.

을/를

〈활동지 11쪽〉

문장 만들기

명사와 동사 카드를 이용해서 문장을 만들어 봅시다.

명사 카드와 동사 카드를 나누어 주고 문장을 만드는 게임을 합니다. 문장을 다 만들면 앞에 나와서 쓰고 발표하게 합니다.

영화, 텔레비전, 사진, 그림, ……	보다
커피, 주스, 우유, 술, ……	마시다
한국어, 태권도, 피아노, 운전, ……	배우다
밥, 찌개, 김치, 빵, ……	먹다
책, 신문, 편지, 잡지, ……	읽다

안, -아/어요

〈활동지 12쪽〉

인터뷰하기

친구들이 무엇을 하는지 안 하는지 질문하고 돌아가면서 이야기하도록 합니다.

술을 마셔요? / 김치를 먹어요? / 잡지를 읽어요? / 영어를 가르쳐요?
한국 영화를 봐요? / 우유를 좋아해요? / 태권도를 배워요?

가: 유카 씨, 커피를 좋아해요?
나: 아니요, 안 좋아해요.
가: 무엇을 좋아해요?
나: 저는 주스를 좋아해요.

날개 달기-무엇을 해요?

〈활동지 13쪽〉

그림 보고 말하기

그림을 보고 사람들이 무엇을 하는지 말해 봅시다.

가: 무엇을 해요?
나: 밥을 먹어요.

어느 날 교실에서 – 수업일지의 실제

드디어 동사의 의미와 활용(-아/어요)을 배우는 시간, 어려운 한국어 입문을 거쳐 조금은 성취감을 느껴볼 수 있는 시간이 아닐까 싶어요.

선생님, 자다 → 선생님이 자요. 동생, 먹다 → 동생이 먹어요. 남자, 운동하다 → 남자가 운동해요.
자다 → 자요. 운동하다 → 운동해요. 판서해 둔 것과 같이 세 가지 형태가 있음을 보여 줍니다. 어간 모음이 '아'인 것에는 '-아요'를 붙이라며 왜 '하다'는 그렇지 않느냐는 질문이 있어, '하다' 동사만 '해요'로 하라고 하자, '하다' 동사의 예외 상황이 없냐며 재차 확인하더니 얼굴이 환해집니다. 항상 예외 상황이 골칫거리입니다.

안 + 동사(공부하다, 운동하다 → 공부를 안 하다, 운동을 안 하다)
'공부하다, 운동하다'와 같은 경우는 '공부를 안 하다, 운동을 안 하다'로 사용 형태는 간단하지만 좀 더 연습을 해야 할 것 같아요. 질문에 '네, 아니요'로 답하기를 짝 활동으로 시켜 보았습니다.
목적격조사 '을/를'의 도입으로 빵, 주스 카드와 동사 카드를 보여 주면서 말하기(선생님, 빵, 먹다 → 선생님이 빵을 먹어요/선생님, 주스, 마시다 → 선생님이 주스를 마셔요)
받침이 있으면 '을', 없으면 '를'을 사용한다는 것을 카드와 예문을 함께 사용해서 눈과 귀에 익을 수 있도록 유도했습니다.

'도'는 예문 몇 번만 들어주면 금방 이해합니다. 중간에 누군가 'also'라고 친절하게 번역도 해 주네요. 이것은 의자예요, 이것도 의자예요. 이것은도(×) 이것도(○), 조사 두 개를 같이 쓰지 않는다고 표시해 주었습니다. 짝을 지어 국적과 직업에 관해 묻고 답하도록 하는데 '은/는'과 '도'를 적절히 잘도 이용하는 게 기특해요. 수준 차이가 많이 나다 보니 빠른 학생들은 여유 있게 미리 숙제를 하는 반면, 느린 학생들은 글씨를 그리고 있습니다.

다른 선생님들의 댓글

▶ 아직도 한글을 그리는 사람이 있는 걸 보면 완전 초보 단계에서 처음 동사의 활용을 배우는 게 너무 어려울 것 같아요.

▶ 수고하셨어요. 학생들의 수준 차이가 많이 나는데 함께 끌고 가려면 힘드시겠어요.

▶ 예외의 경우에서 처음 벽에 부딪히는 것 같아요. 수학공식처럼 외워서만 할 수 있는 거라면 차라리 좋을 텐데……

> 날짜와 요일

1-3 생일이 몇 월 며칠이에요?

학습 문법	이/가　　몇　　에(시간)　　무슨
수업 목표	날짜와 요일을 묻고 답할 수 있다. 숫자를 읽고 말할 수 있다.
수업 자료	활동지 이/가 몇 에(시간)

교실에 들어가기 전에

	확인할 내용	네	아니요
1	'이/가'의 의미와 결합 형태를 제시할 수 있다.		
2	'에'의 사용 환경을 제시할 수 있다.		
3	'몇'의 쓰임에 대해 제시할 수 있다.		

1. '이/가'의 의미와 결합 형태를 제시할 수 있다.

'이/가'는 주격조사로서 체언 뒤에 붙어서 앞의 말이 문장의 주어임을 나타냅니다. 가장 일반적인 주격조사로 받침이 있는 경우에는 '이', 받침이 없는 경우에는 '가'를 사용합니다.

받침 (O)	이	동생 + 이 → 동생**이** 이름 + 이 → 이름**이**	동생**이** 책을 읽어요. 이름**이** 뭐예요?
받침 (X)	가	친구 + 가 → 친구**가** 유카 씨 + 가 → 유카 씨**가**	친구**가** 밥을 먹어요. 유카 씨**가** 주스를 마셔요.

2. '에'의 사용 환경을 제시할 수 있다.

'에'는 '시간+에'의 형태로 사용되어 어떤 동작이나 행동, 상태가 일어나는 시점을 나타냅니다.

월요일에 한국어를 배워요.
생일에 미역국을 먹어요.

시간을 나타내는 문장이지만 '에'를 사용하지 않을 때가 있습니다. '어제, 오늘, 내일' 및 '이제, 방금, 지금' 등과 같이 시간을 나타내는 부사 뒤에는 '에'가 붙지 않습니다. '에'가 시간을 나타내는 말과 함께 쓰임을 제시하고 학습자가 이를 받아들인 후에 예외를 알려 주어 오류를 방지하는 것이 좋습니다.

오늘에 친구를 만나요. (×)
지금에 텔레비전을 봐요. (×)

3. '몇'의 쓰임에 대해 제시할 수 있다.

흔히 의문문에 쓰여 뒤에 오는 말과 관련된 수를 물을 때 쓰는 말입니다. 날짜를 표현할 때 평서문의 문장 구조에서 숫자를 넣는 대신에 '몇'을 넣어 의문문을 만듭니다. 대상의 종류에 따라 단위명사가 다르게 붙습니다. '몇 월', '몇 번' 등으로 사용할 수 있습니다.

가: 전화번호가 몇 번이에요?
나: 010-1234-6789예요.

'월'을 물을 때에는 수사를 넣는 위치인 월 앞에 '몇'을 붙여 '몇 월이에요?'와 같이 질문합니다. 하지만 '일'을 물을 때에는 '몇일'이 아닌 '며칠'로 사용한다는 것을 알려 주어야 합니다. '몇 월'이 '며둴'로 발음되는 것과는 다르게 '몇일'은 '며딜'이 아니라 '며칠'로 발음되는 것으로 보아, '어원이 분명하지 않은 것은 원형을 밝히어 적지 아니한다'는 어문 규정에 따라 그 발음대로 '며칠'로 표기합니다.

가: 몇 월 며칠이에요?
나: 3월 20일이에요.

 **문법 수업은 이렇게**

이/가

교재 48쪽

도입 및 제시

동사 그림 카드를 사용하여 그림 속의 동작을 행하는 사람이 누구인지에 집중하게 합니다.

교 사 (밥을 먹는 그림을 보여 주며)동생이에요. 무엇을 해요?
학습자 밥을 먹어요.
교 사 동생이에요. 밥을 먹어요. 동생이 밥을 먹어요.

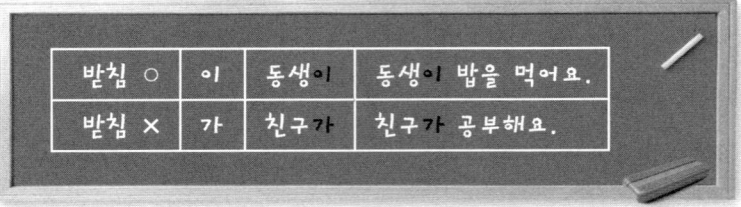

'이/가'를 동사 앞에 쓰는 것을 보여 줍니다. 교사는 그림을 통해서 그림 속 사람이 누구인지 먼저 말할 수 있도록 도와줍니다. 그리고 동사와 연결하여 '이/가'를 쓸 수 있도록 합니다. 문장을 제시한 후 받침이 있을 때는 '이'로, 받침이 없을 때에는 '가'를 사용함을 보여 줍니다.

연습

① 주어가 될 수 있는 명사를 동사와 함께 제시하여 '이/가'와의 결합 형태를 익히도록 합니다.

___이	___가
동생	친구
선생님	어머니
학생	아버지
마틴	지수
호민	유카

활용

친구가 무엇을 해요? 활동지 14쪽 '이/가'

주의

'나'에 결합하면 '나가'가 아니라 '내가'가 된다는 것을 알려 줍니다.

나가 먹어요. (×)
내가 먹어요. (○)

	몇	교재 49쪽

도입 및 제시	달력을 읽기 전에 숫자 읽기 연습을 충분히 해야 합니다. 학습자가 숫자에 익숙해진 후에 달력을 이용해서 오늘 날짜를 물어봅니다. **교 사** (월을 가리키며) 몇 월이에요? **학습자** 칠이에요. **교 사** 7월(칠월)이에요. **교 사** (일을 가리키며) 며칠이에요? **학습자** 십일이에요. **교 사** 11일이에요. 몇 월이에요? - 7월(칠월)이에요. 며칠이에요? - 11일(십일일)이에요.
연습	교사는 달력을 준비해서 학습자와 말하기 연습을 합니다. **교 사** (숫자로 된 달력을 들고) 1. 20. 몇 월 며칠이에요? **학습자** 일월 이십일이에요. **교 사** (숫자로 된 달력을 들고) 3. 15. 몇 월 며칠이에요? **학습자** 삼월 십오일이에요. **교 사** (숫자로 된 달력을 들고) 6. 28. 몇 월 며칠이에요? **학습자** 육월 이십팔일이에요. **교 사** 유월 이십팔일이에요. **교 사** (숫자로 된 달력을 들고) 10. 5. 몇 월 며칠이에요? **학습자** 십월 오일이에요. **교 사** 시월 오일이에요.
활용	전화번호 말하기, 달력 읽기 활동지 15쪽 '몇'
주의	'월'을 읽을 때 6월을 '유월', 10월을 '시월'로 읽어야 하며 '월'을 읽을 때 연음으로 발음되는 것이 많으므로 반복적으로 연습하여 표기와 발음의 차이를 인식시키는 것이 중요합니다. 예) 일월[이뤌] / 삼월[사뭘] / 칠월[치뤌] / 팔월[파뤌] / 십일월[시비뤌] / 십이월[시비월] 날짜를 물을 때 쓰는 표현은 '며칠이에요?'라고 설명합니다. '몇 월 며칠이에요?'도 쓰지만 보통 '며칠이에요?'를 더 많이 쓰는 편입니다.

	에(시간)	교재 52쪽

도입 및 제시	학습자에게 특정 시간에 무엇을 하는지 질문하여 대답할 수 있게 합니다. 교 사 토요일이에요. 무엇을 해요? 학습자 친구를 만나요. 교 사 토요일에 친구를 만나요. 월요일이에요. 무엇을 해요? 학습자 공부해요. 교 사 월요일에 공부해요. 교사는 학생에게 '토요일에 뭐 해요?'라고 질문을 하고 판서합니다. '에' 부분에 색을 다르게 하여 학습자가 집중할 수 있게 합니다. 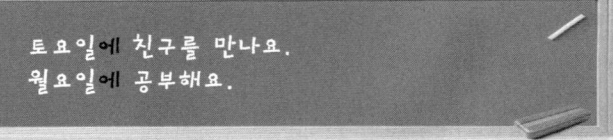

연습	① 시간을 나타내는 말과 후행 문장을 함께 제시하여 '에'를 반복 연습할 수 있게 합니다.
	
	       _____ 에 _____
	
	       월요일 한국어를 배워요
	       주말 영화를 봐요
	       생일 미역국을 먹어요
	
	② 요일별로 무엇을 하는지 학습자들에게 질문하고 '에'를 사용하여 대답할 수 있게 합니다.
	
	교 사 월요일에 무엇을 해요?
	학습자 월요일에 영화를 봐요.
	교 사 화요일에 무엇을 해요?
	학습자 화요일에 수영을 해요.

활용	일주일 계획 이야기하기 활동지 16쪽 '에(시간)'
주의	'어제, 오늘, 내일' 등에는 '에'를 사용하지 않는 것을 확인시킵니다.

무슨

교재 54쪽

도입 및 제시

교실에 있는 달력을 이용해서 오늘 요일을 물어봅니다.

교 사	(요일을 가리키며) 무슨 요일이에요?
학습자	월요일이에요.
교 사	(다음 요일을 가리키며) 무슨 요일이에요?
학습자	화요일이에요.

'무슨'을 이용하여 요일에 대한 질문을 한 후에 다른 명사와 결합하여 질문을 하여 '무슨'의 의미를 생각하게 합니다.

교 사	○○ 씨, 운동을 좋아해요?
학습자	네, 좋아해요.
교 사	무슨 운동을 좋아해요? 축구? 야구? 테니스?
학습자	저는 축구를 좋아해요.

> **무슨** 요일이에요? 월요일이에요.
> **무슨** 운동을 좋아해요? 축구를 좋아해요.

연습

일	월	화	수	목	금	토
친구를 만나요	한국어를 배워요	일을 해요	영어를 가르쳐요	쇼핑을 해요	피아노를 배워요	영화를 봐요

달력을 보고 질문을 하는 연습을 합니다. 교사가 먼저 질문을 한 후 돌아가면서 다음 사람에게 질문을 합니다.

①
교 사	오늘은 월요일이에요. 내일은 무슨 요일이에요?
학습자 1	내일은 화요일이에요.
	오늘은 수요일이에요. 내일은 무슨 요일이에요?
학습자 2	내일은 목요일이에요.

②
교 사	무슨 요일에 친구를 만나요?
학습자 1	일요일에 친구를 만나요.
	무슨 요일에 일을 해요?
학습자 2	화요일에 일을 해요.

주의

'무슨'은 여러 대상 가운데 가리키는 대상이 무엇인지를 물어볼 때 쓰는 말입니다. 학습자에게 질문을 하면 어떻게 대답을 해야 할지 몰라 당황할 때가 있습니다. 이럴 때에는 대답이 가능한 대상을 먼저 말해 주어 '무슨'의 의미를 파악할 수 있도록 하는 것이 좋습니다.

 **함정을 피해 가려면**

무슨

무슨 좋아해요? (×)
뭐 좋아해요? (○)

어떠한 대상에 대해 더 구체적으로 질문하고자 할 때에는 명사 앞에 '무슨'을 이용하여 질문합니다. 여러 대상 중에서 어떤 대상의 종류에 대해 질문할 때에는 '무슨'을 씁니다. '무슨'은 명사를 수식해 주는 것으로 명사 앞에 있어야 하고, '뭐'는 명사를 물을 때 쓰는 것으로 동사 앞에 놓여야 합니다.
'뭐'나 '무슨'은 학습자가 구분하기 힘들 수도 있기 때문에 적절한 질문과 답을 제시하여야 합니다.

가: 무슨 운동을 좋아해요?
나: 축구를 좋아해요.
가: 뭐 해요?
나: 청소해요.

이/가

차를 있어요. (×)
꽃을 많아요. (×)

'있다' 앞에 '이/가'가 아니라 목적격조사 '을/를'을 써서 오류를 보인 것인데, 이처럼 '있다', '없다', '많다' 등 소유를 나타내는 형용사 앞에서 '을/를'을 쓰는 오류를 범할 수 있습니다. 소유를 의미하는 '있다'는 영어로 'to have'로 번역되며 목적어를 요구하는 동사이기 때문에 영어권 학습자들이 자주 오류를 일으킵니다.

꽃이 좋아요. (○)
꽃을 좋아요. (×)

위와 같이 목적격조사 '을/를'은 타동사 목적어 뒤에 결합되어 쓰이는 것이 일반적입니다. 위의 예문은 주격조사 '이/가'와 목적격조사 '을/를'을 구분하지 못해 발생한 오류입니다. 이러한 오류는 한국어의 서술어가 요구하는 조사의 종류를 알고 있어야 해결할 수 있습니다. 즉, 자동사나 형용사에는 보통 주격조사 '이/가'를 사용하고 타동사의 경우에는 목적격조사 '을/를'을 사용한다는 사실을 주지시켜 줄 필요가 있습니다. 위의 예문에서도 '좋다'는 형용사이기 때문에 '이/가'를 사용해야 합니다. 또한 한국어의 '좋다'가 영어의 'to like', 즉 목적어를 필요로 하는 동사와 대응하기 때문에 오류가 나타날 수 있습니다. '좋다'는 형용사이므로 학습자에게 먼저 형용사인지 동사인지를 구분한 다음에 형용사일 때 '이/가'를 사용한다고 설명해 주는 것이 좋습니다.

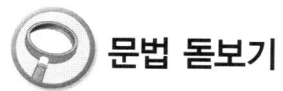 문법 돋보기

이/가

'이/가'는 '은/는'과 바꾸어 쓰는 것이 가능한 경우도 있지만 그렇지 않을 때도 있습니다. 보통 새로운 화제를 도입할 때는 '이/가'를 씁니다. 그리고 문장 속에 있는 또 다른 문장의 주어에는 '이/가'를 주로 씁니다.

① 동생이 음식을 먹었는데 맛있대요. (O)
② 동생은 음식을 먹었는데 맛있대요. (×)
③ 친구가 한국에 왔다고 해서 기뻤다. (O)
④ 친구는 한국에 왔다고 해서 기뻤다. (×)

'이/가'와 '은/는'은 학습자들이 가장 많은 오류를 보이는 부분인데 초급에서는 이를 문형으로 제시하기 때문에 자세한 설명은 하지 않는 것이 좋습니다. 처음부터 두 조사의 차이점을 설명하면 학습자에게 부담이 될 수 있기 때문에 많이 사용하는 상황을 통해 차이를 보여 주며 이해를 시키는 것이 좋습니다.

숫자 읽기

① 하나, 둘, 셋, 넷, 다섯……
② 일, 이, 삼, 사, 오……

숫자는 ①의 고유어로 읽는 방법과 ②의 한자어로 읽는 방법이 있습니다.
한국어에서 날짜는 대체로 한자어로 읽습니다.

③ 2011년 5월 9일이에요.
④ 010-1234-5678이에요.

③은 '이천십일년 오월 구일'로 읽고 ④는 '공일공 일이삼사 오육칠팔'로 읽습니다. 전화번호는 항상 한자어로만 읽는데 '-'는 '의[의/에]'로 읽기도 하고 생략하기도 합니다.
'0'은 '영'으로 읽기도 하지만 전화번호, 주민등록번호, 계좌번호 등에서는 '공'으로 읽습니다.

활동은 이렇게

이/가 ⟨활동지 14쪽⟩

친구가 무엇을 해요?

친구의 행동을 보고 무엇을 하는지 이야기해 봅시다.

① 교사는 미리 동사 카드를 준비한 후 학생들에게 동사 카드를 나누어 줍니다.
② 한 학생이 동사 카드를 다른 친구들에게 보여 줍니다.
③ 나머지 학생들은 친구의 이름과 동사 카드를 보면서 '이/가'가 포함된 문장을 만듭니다.

예) 호민이 공부를 해요.
　　유카가 책을 읽어요.

몇 ⟨활동지 15쪽⟩

숫자 말하기

몇 번이에요?
몇 월 며칠이에요?

배달 주문을 해 봅니다.
기념일을 말해 봅니다.

에1 ⟨활동지 16쪽⟩

일주일 계획 이야기하기

나의 일주일 계획을 친구와 이야기해 봅시다.

① 교사는 일주일 동안의 계획표를 학생들에게 나누어 줍니다.
② 학생들은 자신의 일주일 계획을 표에 간단히 메모합니다.
③ 작성한 계획표를 바탕으로 다른 친구들과 묻고 대답합니다.

가: ○○ 씨, 월요일에 뭐 해요?
나: 저는 월요일에 한국어를 배워요.
　　△△ 씨는 월요일에 뭐 해요?
가: 저는 월요일에 친구를 만나요.

④ 친구들이 무엇을 하는지 안 하는지 질문하고 돌아가면서 이야기하도록 합니다.

어느 날 교실에서 – 수업일지의 실제

한국 음식에 김치가 있다면 한국어에는 조사가 있다?

김치는 한국 음식의 시작이자 끝이라고 해도 과언이 아닐 만큼 기본이지만 만들기가 까다롭고 어려운 음식 중의 하나입니다. 한국어의 조사 역시 가장 기본이 되지만 고급 단계에서까지 오류를 보이는 것이 바로 '이/가'와 '은/는'이죠. 첫 차시에 '은/는'을 하고 '이/가'를 하려면 우선 한숨부터 나옵니다. 그러나 역시 정면 돌파를 해야겠죠? 사실 문법적으로는 '이/가'는 주격조사, '은/는'은 보조사라고 하지만 주격조사와 거의 대등하게 사용하고 있는 것이 사실이기에 한글만 겨우 떼고 지나온 병아리 단계에서 이 미묘한 차이를 이해시키기란 하늘에서 별을 따오는 것만큼 힘든 일입니다만, 보통 '이/가'는 질문할 때, '은/는'은 대답할 때, 새로운 것을 질문할 때는 '이/가', 두 사람의 공통 화제를 질문할 때는 '은/는'이라는 것을 기본적인 차이로 가볍게 시작해 봅니다. 한국어만으로는 설명이 안 되니까 되도록 많은 예문을 연습합니다.

       몇 월이에요? 며칠이에요?
       (오늘이 / 생일이 / 크리스마스가) 몇 월 며칠이에요?

생일이 몇 월 며칠인지 묻고 답하기를 하는데, 8월 5일이라기에 오늘이 생일이냐고 되물으니 아니라고 합니다. 영어에서 일을 먼저 쓰고 달을 뒤에 쓰는 것과 헷갈려서 5월 8일인데 잘못 말했더라고요. 무엇, 어느, 몇, 무슨 등, 물어볼 때 쓰는 말이 여러 가지더라고요. 바꿔서 사용하면 안 되는 의문사도 있고, 아무튼 영어 선생님들이 많다 보니 세세한 구분을 요청합니다. 그나마 이것들 구분은 어느 정도 설명해 줄 수 있었는데, 며칠은 왜 몇 일이 아니냐고 묻습니다. 저도 몇 일이면 얼마나 좋을까 싶지만 일단은 며칠이 날짜를 묻는 한 단어의 의문사라는 정도로 마무리 지었습니다.

숫자는 2차시에서도 시간과 사람 수 세기 등 계속 나오기 때문에 오늘은 숫자 발음 연습과 쓰기까지 천천히 했습니다. 다음 시간에는 고유어 숫자까지 해야 하기 때문에 미리 한자어 숫자를 해 놓지 않으면 헷갈려하거든요.

다른 선생님들의 댓글

> 한국어가 안 되니 설명해 봤자 알아 들을 수 있는 것도 아니고 초급반 수업은 정말 힘들 것 같아요.

> 그럴 때 교사는 멀티플레이어가 되는 거죠. 몸으로 말하고 얼굴로 표현하고, 어떨 때는 코미디언이 따로 없어요.

1-4 극장은 위층에 있어요

위치

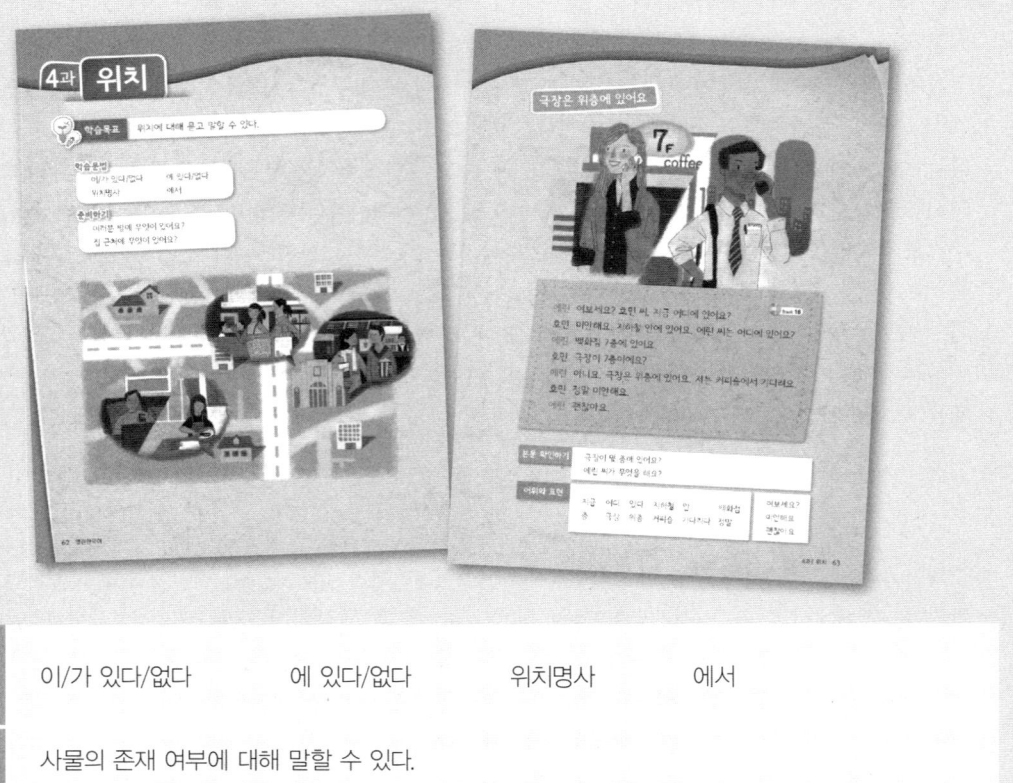

학습 문법	이/가 있다/없다　　에 있다/없다　　위치명사　　에서
수업 목표	사물의 존재 여부에 대해 말할 수 있다. 위치에 대해 묻고 말할 수 있다.
수업 자료	활동지　이/가 있다/없다　에 있다　위치명사　에서

 교실에 들어가기 전에

	확인할 내용	네	아니요
1	'이/가 있다/없다'의 의미와 결합 형태를 제시할 수 있다.		
2	위치명사의 의미와 사용 환경을 제시할 수 있다.		
3	'에서'의 의미와 '에'의 차이점을 제시할 수 있다.		

1. '이/가 있다/없다'의 의미와 결합 형태를 제시할 수 있다.

사물이나 사람의 존재 여부를 표현할 때 사용합니다. 어떤 사물이 존재함을 나타낼 때에는 '이/가 있다', 반대로 존재하지 않음을 나타낼 때에는 '이/가 없다'를 씁니다.

① 우산이 있어요.
② 지우개가 없어요.

①은 우산이 존재한다는 것을 표현하는 것이며 ②는 지우개가 존재하지 않는다는 것을 나타낸 것입니다. 대상을 나타내는 명사가 받침이 있으면 '이', 받침이 없으면 '가'가 '있다/없다' 앞에 붙습니다.

2. 위치명사의 의미와 사용 환경을 제시할 수 있다.

위치명사는 어떤 대상이 특정 공간의 구체적인 위치에 있음을 나타낼 때 사용하는 '위, 아래' 등과 같은 말입니다. 문장은 기준이 되는 특정 공간 뒤에 '위, 아래'와 같은 구체적인 위치를 나타내는 것을 쓰고 '에'를 붙여서 구성합니다. 다른 명사 뒤에 쓰여 그 명사를 기준으로 사물의 위치를 표현하므로 다양한 명사를 예로 들어 위치명사의 쓰임에 대해 설명하는 것이 필요합니다.

① 사과가 상자 위에 있어요.
② 공이 의자 아래에 있어요.

①은 사과가 상자를 기준으로 위쪽에 있음을 나타내는 것이고 ②는 공이 의자를 기준으로 아래쪽에 있음을 나타내는 것입니다.

3. '에서'의 의미와 '에'의 차이점을 제시할 수 있다.

'에 있다'에서의 '에'와 장소를 나타내는 '에서'의 차이가 있다면 '에'는 동작이나 상태가 가리키는 '지점'이고, '에서'는 동작이 일어나는 '장소'를 가리킵니다. 따라서 '에'는 이동이나 위치, 존재를 나타내는 동사가 쓰이며 '에서'는 다양한 동작 동사와 어울립니다.

① 학교에 공부해요. (×)
② 학교에서 공부해요. (○)
③ 저는 한국에 살아요.
④ 저는 한국에서 살아요.

①은 비문으로 '공부하다'라는 동작이 일어나는 장소를 나타내야 하므로 ②가 맞습니다. 또한 ③과 ④의 의미에 차이가 있는데 ③과 ④는 한국에 거주한다는 뜻으로 유사하지만 ④는 살고 있다는 동작의 의미가 좀 더 강합니다. 초급 단계에서는 이 둘의 의미 차이를 구분하기 힘들기 때문에 이 단원에서는 '에 있다/없다'로 한정하여 가르치는 것이 좋습니다.

 **문법 수업은 이렇게**

| 이/가 있다/없다 | 교재 66쪽 |

도입 및 제시

친근한 사물을 대상으로 '있다/없다'의 개념을 이해시킵니다.

    교 사   (책을 손에 들고) 뭐예요?
    학습자 책이에요.
    교 사   (책을 앞으로 보여 주며) 책이 있어요.
             (책을 뒤로 숨기며) 책이 없어요.

준비한 그림 카드 중 책 그림을 보여 주며 학생들에게 그것이 무엇인지 대답하게 한 다음 앞에 오는 명사의 받침 유무에 따라 조사가 달리 쓰임을 알려 주고 '이/가 있어요/없어요'로 판서합니다.

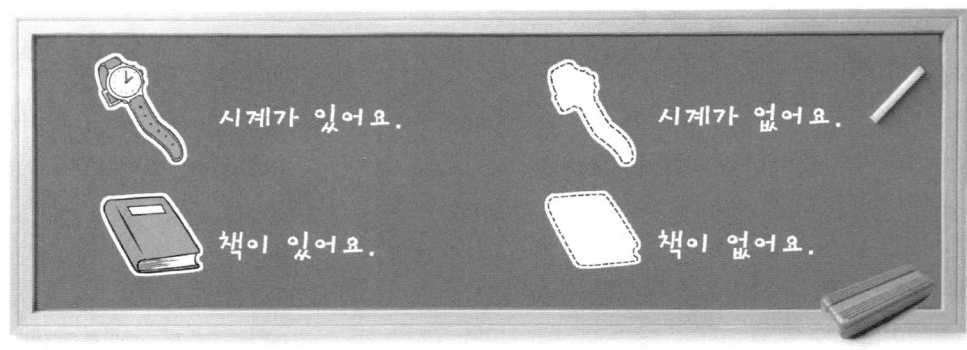

연습

그림 카드를 칠판에 붙이고 사물의 존재 유무를 물어봅니다.

    있다: 책상 / 의자 / 컴퓨터 / 가방 / 시계 / 휴대폰
    없다: 지갑 / 열쇠 / 모자 / 책 / 볼펜 / 안경

    교 사   책상이 있어요?
    학습자 네, 책상이 있어요.
    교 사   지갑이 있어요?
    학습자 아니요, 지갑이 없어요.

활용

무엇이 있어요? 활동지 17쪽 '이/가 있다/없다'

이/가 에 있다/없다

교재 68쪽

도입 및 제시

주변에서 볼 수 있는 사물에 대한 질문을 한 후 어디에 위치해 있는지 질문합니다.

교 사	(책상을 가리키며) 뭐예요?
학습자	책상이에요.
교 사	여기는 어디예요?
학습자	교실이에요.
교 사	책상은 어디에 있어요?
학습자	교실 있어요.
교 사	교실에 있어요.

> 책상이 교실에 있어요.
> 책이 가방에 있어요.
> 친구가 도서관에 있어요.

연습

건물 그림을 보고 무엇이 몇 층에 있는지 말하는 연습을 합니다.

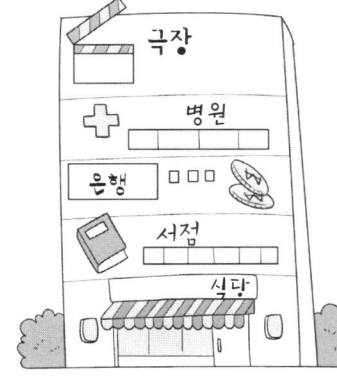

교 사	병원이 몇 층에 있어요?
학습자	병원이 4층에 있어요.
교 사	서점이 몇 층에 있어요?
학습자	서점이 2층에 있어요.

활용

친구들이 어디에 있어요? 활동지 18쪽 '에 있다'

주의

사물의 위치를 나타낼 때 사용하는 '에'와 존재의 유무를 나타내는 '있다/없다'를 함께 사용하여, 어떤 대상이 특정 공간에 존재하거나 위치해 있음을 말합니다. 문장을 만들 때 '책상이 교실에 있어요.'와 같이 '이/가'가 '에'에 선행하기도 하고 '교실에 책상이 있어요.'와 같이 '에'가 선행하는 경우도 있습니다. 영어권 학습자들은 어순이 유동적인 것을 매우 어려워할 수 있기 때문에 하나의 문형으로 고정하여 제시하는 것이 좋습니다. 제시한 문형에 학습자가 익숙해지면 부사어의 위치를 바꾸면서 부사어가 이동한다는 것을 자연스럽게 노출하는 것이 좋습니다.

| | 위치명사 | 교재 70쪽 |

도입 및 제시	교사의 위치를 바꾸어 가며 다양한 위치명사를 제시합니다. 교 사 (학습자 앞에 서서) 저는 ○○ 씨 앞에 있어요. (학습자 옆에 서서) 저는 △△ 씨 옆에 있어요. 교 사 (책을 책상 위에 놓고) 책이 책상 위에 있어요. 교재의 그림(70쪽)을 보며 위치명사를 제시합니다. 상자와 공을 준비하여 실제로 보여 주며 제시해도 좋습니다. 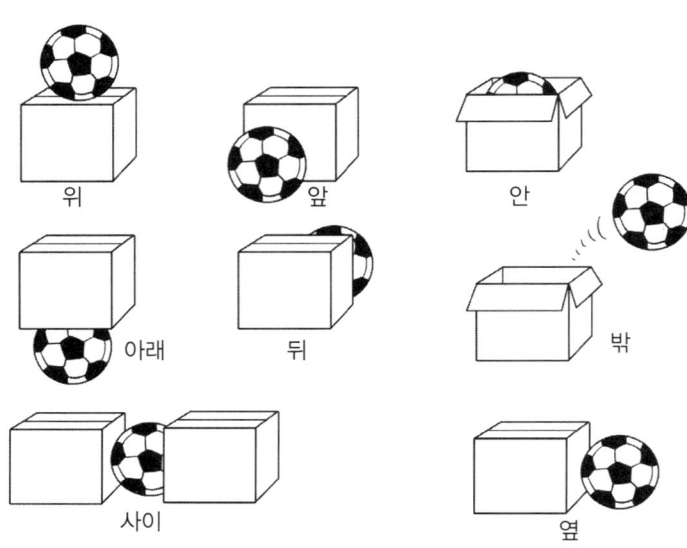
연습	① 학습한 단어에 해당하는 물건이나 그림 카드를 준비하여 위치명사와 함께 말하는 연습을 합니다. 교 사 (가방을 책상 위에 놓으며) 가방이 어디에 있어요? 학습자 가방은 책상 위에 있어요. 교 사 (가방을 열어 안에 있는 지갑을 보여 주며) 지갑이 어디에 있어요? 학습자 지갑은 가방 안에 있어요. ② 교재의 연습 문제 2를 통해 그림을 보고 위치명사를 사용하여 질문에 답하는 연습을 합니다.
활용	어디에 있어요? 활동지 19쪽 '위치명사'
주의	위치명사를 읽을 때 앞에[아페], 옆에[여페], 밖에[바께]와 같이 발음에 주의해야 할 단어는 두세 번 더 읽게 합니다.

에서

교재 72쪽

도입 및 제시

학생들에게 지금 하고 있는 일에 관해 질문을 한 후 장소에 집중시켜 '에서'를 제시합니다.

교 사	여러분 무엇을 해요?
학습자	공부해요.
교 사	여기는 어디예요?
학습자	교실이에요.
교 사	네, 교실에서 공부해요.

> 집에서 청소를 해요.
> 백화점에서 옷을 사요.

예문의 상황을 나타내는 그림을 함께 제시하여 '에서'가 장소명사와 함께 쓰인다는 것과 동작동사와 결합하는 것을 보여 줍니다.

연습

장소 그림 카드를 보여 주고 그 장소에서 하는 일을 '에서'를 사용하여 문장을 만들도록 합니다.

교 사	(집에서 청소하는 그림을 들고) 여기는 어디예요?
학습자	집이에요.
교 사	(집에서 청소하는 그림을 들고) 집에서 무엇을 해요?
학습자	집에서 청소를 해요.

여러 가지 장소명사를 제시하여 '에서'를 연습합니다.

_____에서 _____

학교	공부를 해요
도서관	책을 읽어요
집	청소를 해요
극장	영화를 봐요
백화점	옷을 사요
커피숍	커피를 마셔요
회사	일을 해요
서점	책을 사요

활용

사람들이 무엇을 하고 있어요? 활동지 20쪽 '에서'

주의

'-에서'가 장소를 나타내는 명사와 결합하면 뒤의 서술어가 의미하는 동작이 일어나는 장소를 의미하므로 이때 서술어는 동사만 올 수 있습니다.

 함정을 피해 가려면

이/가 있다/없다

책을 있어요. (×)
책이 있어요. (○)

소유의 의미 또는 존재의 의미로 '있다'를 사용하는 경우 학습자는 모국어의 영향으로 소유 대상 뒤에 '이/가' 대신 '을/를'을 잘못 쓰는 경우가 있습니다. 가지고 있는 대상을 말할 때에도 '이/가 있다'로 되는 것을 강조해야 합니다.

에 있다/없다

가: 가방이 어디에 있어요?
나: 교실 있어요. (×)
　　교실에 있어요. (○)

학습자가 한국어의 조사 사용을 어려워하기 때문에 처음부터 형태나 의미를 명확하게 밝혀 주고 연습시키지 않으면 자주 생략하려는 경향이 있습니다. 한국어의 조사는 구어에서는 생략이 가능할 때도 있지만 '에 있다/없다'에서 '에'는 생략하면 의미 전달이 정확하지 않을 수 있기 때문에 학습자가 처음부터 생략하지 않도록 지도해야 합니다.

학교에↗ 있어요. (×)
학교에→ 있어요. (○)

간혹 교사가 조사를 너무 강조하면서 억양을 높게 올리는 경우가 있는데 이것은 지양해야 합니다. 학습자는 교사를 통해서 한국어를 접하고 이를 표준이라고 생각하기 때문에 교사가 수업 시간에 잘못된 억양으로 지도한다면 학습자는 이를 그대로 받아들일 수도 있습니다. 초급에서는 교사의 잘못된 언어 습관이나 지도 방식 때문에 학습자의 오류가 생길 수 있으므로 세심하게 주의해야 합니다.

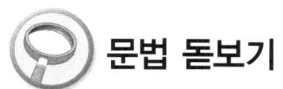 **문법 돋보기**

'에'와 '에서'

'에'와 '에서'를 비교하면 '에'는 동작이나 상태가 가리키는 지점을 나타내는 데 반해 '에서'는 어떤 행위나 동작이 벌어지고 있는 장소를 나타냅니다. 그러므로 '에'는 이동이나 존재를 나타내는 동사들과 쓰이는 반면, '에서'는 일반적인 행위나 동작이 일어나는 장소를 나타내므로 그밖의 많은 동사가 올 수 있습니다.

① 도서관에 공부를 해요. (×)
② 도서관에서 공부를 해요. (○)

'공부를 하다'는 특정한 동작을 하는 동사이므로 '에서'와 함께 써야 합니다. 학습자는 장소와 함께 쓰는 '에'와 '에서'를 구분하지 못해 오류를 범하는 경우가 많습니다. 초급 학습자에게 장소와 함께 쓰이는 '에'를 가르칠 때에는 '가다, 오다, 다니다'와 같은 이동 동사와 함께 문형으로 제시하는 것이 좋습니다.

또한 교사는 '에'와 '에서'가 같이 쓰일 때, 그 의미 차이를 알고 있어야 합니다.

③ 친구가 한국에 왔어요.
④ 친구가 한국에서 왔어요.

③에서는 친구가 온 장소가 한국이라는 것을 나타내고 ④에서는 친구가 오기 위해 출발하는 지점이 한국이라는 것을 나타냅니다. 그런데 '에'와 '에서'가 '살다'라는 동사와 같이 쓰이면 의미의 차이가 거의 없어집니다. '에'는 동작의 움직임이 그 상태로 계속되는 것을 나타내는 데 반해 '에서'는 움직임이 변화되면서 계속 일어나는 것을 나타내기 때문입니다. 결국 '에'는 정적인 특질을, '에서'는 동적인 특질을 나타내는 것입니다.

⑤ 저는 서울에 살아요.
⑥ 저는 서울에서 살아요.

위에서 ⑤는 서울에 거주하거나 존재하고 있다는 사실을 나타내고, ⑥은 서울에서 살고 있는 동작이나 생활을 강조하는 의미를 나타냅니다.

⑦ 동생이 문 앞에 있어요.
⑧ ?동생이 문 앞에서 있어요.

'에'나 '에서'가 장소를 나타내는 명사와 결합하지만 뒤의 서술어가 '있다'라는 존재를 의미하기 때문에 ⑦은 맞지만 ⑧은 비문이 됩니다.

활동은 이렇게

이/가 있다/없다
〈활동지 17쪽〉

무엇이 있어요?

친구 가방에 무엇이 있는지 이야기해 봅시다.

① 활동지에 제시된 가방에 모자, 지갑, 열쇠, 책, 볼펜, 시계, 안경, 휴대폰이 있는지 없는지 이야기할 수 있도록 지도합니다.
② 가방에 물건이 있으면 '이/가 있다', 없으면 '이/가 없다'를 이용해서 말하는 연습을 합니다.

에 있다/없다
〈활동지 18쪽〉

친구들이 어디에 있어요?

그림을 보고 친구들이 어디에 있는지 이야기해 봅시다.

① 그림 속 인물이 어디에 있는지 장소를 파악할 수 있게 지도합니다.
② 장소 명사와 함께 '에 있다'를 말하는 연습을 합니다.

위치명사
〈활동지 19쪽〉

방 안에 물건이 어디에 있어요?

방 안에 무엇이 있는지 그리고 어디에 있는지 이야기해 봅시다.

① 그림에 제시된 방에 무슨 물건이 있는지 '이/가 있다'를 이용해 이야기합니다.
② 방에 있는 사물이 어디에 있는지 '위치명사'를 이용하여 구체적으로 말하는 연습을 합니다.

에서
〈활동지 20쪽〉

사람들이 어디에서 무엇을 해요?

사람들이 어디에서 무엇을 하는지 이야기해 봅시다.

① 그림 속 인물이 어디에 있는지 '에 있다'를 통해 확인합니다.
② 특정 장소에서 무엇을 하는지 '에서'를 이용해서 말하는 연습을 합니다.

어느 날 교실에서 – 수업일지의 실제

위치명사를 하는 날에는 초급 교사의 준비물이 더욱 많아집니다. 빈 상자와 지갑, 휴대폰 등 교사가 가지고 있는 물건 가운데 이름을 이미 배운 것들을 모아서 책상 위에 올려 놓고 물어보았습니다. 먼저 학생들에게 물건 이름을 알고 있는지를 확인한 후에, 하나씩 '있다/없다'를 반복해 존재의 유무를 알려 줍니다.

"휴대폰이 있어요, 없어요?"
"휴대폰이 있어요.", "휴대폰이 없어요."
"○○ 씨 가방에 무엇이 있어요?"
"지갑과 안경이 있어요."
"네, ○○ 씨 가방 안에 지갑과 안경이 있어요."

위치명사를 이해시키기 위해 학습자 가운데 두 사람을 앞으로 나오게 해서 앞과 뒤, 옆을 확인시키고 직접 말하기 연습을 시켜 봤습니다. 그런 다음 빈 상자에 물건들을 하나씩 넣었다가 뺐다가 하면서 표현 익히기를 하고 나서 학습자들의 물건 그리고 교실 안의 여러 가지 사물들을 활용해서 연습하다 보면 언제나 교실 안의 분위기는 어수선해지기 마련이죠. 어느 정도 표현이 익숙해지면 준비한 활동지를 각각 다르게 나눠 주고 "가방 안에 무엇이 있어요?"를 활용하여 말하기 연습을 합니다.

한국어를 모르는 것일 뿐 성인 학습자인데도 유치원 분위기가 나오는 건 어쩔 수가 없는 것 같아요. 그래도 눈에 보이는 것을 학습할 수 있는 표현들은 설명도 연습도 비교적 쉬운 편입니다. 동사와 위치명사 학습이 끝나고 점점 확장되어 가는 단어와 표현들을 배우는 학습자들의 눈이 더욱 초롱초롱해지는 것을 느낍니다. 천진난만한 어린아이들처럼 말이죠.^^ 오늘도 이렇게 정신없이 수업 시간이 흘러가 버렸군요.

다른 선생님들의 댓글

▶ 저도 가끔씩 착각할 때가 많아요. 저도 모르게 아이들에게 하는 것처럼 소리 지르고 있는 제 모습을 발견하곤 혼자 웃을 때가 있다니까요.

▶ 처음 수업을 시작할 때, 말을 모르는 초급반에서는 어떻게 수업을 할까 참 궁금했는데 역시 만국공통어가 빠질 수가 없죠. 손짓 발짓 등 교사는 정말 연기자가 되어야 할 것 같아요.

하루 일과

1-5 저는 한국어 교실에 가요

학습 문법	부터 까지 에 가다/오다 -고(순서) ㄷ 불규칙
수업 목표	하루 일과를 묻고 답할 수 있다. 시간을 묻고 답할 수 있다.
수업 자료	활동지 「부터 까지」 「에 가다1/2」 「-고1」

교실에 들어가기 전에

	확인할 내용	네	아니요
1	'부터 까지'의 의미를 제시할 수 있다.		
2	'에 가다'와 '에 오다'의 차이를 제시할 수 있다.		
3	'-고(순서)'의 제약을 파악하고 있다.		
4	'ㄷ 불규칙'의 종류와 활용 형태를 제시할 수 있다.		

1. '부터 까지'의 의미를 제시할 수 있다.

'부터 까지'는 장소나 시간을 나타내는 명사와 함께 쓰이며 어떤 일을 시작하는 시간과 마치는 시간을 나타낼 때 사용합니다.

아침부터 밤까지
서울부터 부산까지

2. '에 가다'와 '에 오다'의 차이를 제시할 수 있다.

'에 가다/오다'는 장소를 나타내는 말과 같이 쓰이며 여기에서 '에'는 서술어의 동작이 일어난 장소를 나타냅니다. 동작이 말하는 사람 쪽으로 진행되면 '오다', 말하는 사람에서 멀리 진행되는 과정을 말할 때는 '가다'를 쓰는데, 두 가지 개념을 많이 어려워하기 때문에 행동이나 그림으로 의미 차이를 확실히 보여 줘야 합니다.

학교에 가요

학교에 와요

3. '-고(순서)'의 제약을 파악하고 있다.

'-고'는 시간적 순서대로 진행된 두 문장을 연결할 때 사용합니다. 동사와 함께 사용하며 순서의 의미로 사용했을 때에는 과거 시제를 나타내는 '-았/었'과는 함께 사용할 수 없습니다. 과거 시제를 사용하게 되면 나열의 의미가 되기 때문에 주의해야 합니다.

밥을 먹고 약을 먹었어요. (○)
밥을 먹었고 약을 먹었어요. (×)

'고'가 순서의 의미일 때 연결된 두 문장은 서로 앞뒤를 바꾸면 다른 의미가 됩니다. 시간의 순차적인 연결의 의미가 있으므로 예문을 제시할 때 시간의 의미를 함께 부여하는 것이 좋으며 이때 앞 문장과 뒤 문장의 주어는 동일해야 합니다.

운동하고 샤워해요. ≠ 샤워하고 운동해요.

4. 'ㄷ 불규칙'의 종류와 활용 형태를 제시할 수 있다.

동사의 불규칙 활용은 어떤 환경에서 불규칙하게 적용되는지 분명하게 설명해 줘야 합니다. 동사의 받침이 'ㄷ'으로 끝나는 동사들 중에는 'ㄷ'이 'ㄹ'로 변하는 것도 있고 변하지 않는 것도 있는데 학습자에게는 많이 사용하는 불규칙 동사를 먼저 제시하여 동사의 불규칙적인 활용에 익숙하게 만드는 것이 좋습니다(2-2과 불규칙 참조).

 **문법 수업은 이렇게**

| | 부터 까지 | 교재 86쪽 |

도입 및 제시

'부터 까지'를 사용할 수 있는 상황을 예로 들어 줍니다.

  교 사 ○○ 씨는 몇 시에 자요?
  학습자 11시에 자요.
  교 사 몇 시에 일어나요?
  학습자 7시에 일어나요.
  교 사 ○○ 씨는 11시부터 7시까지 자요.

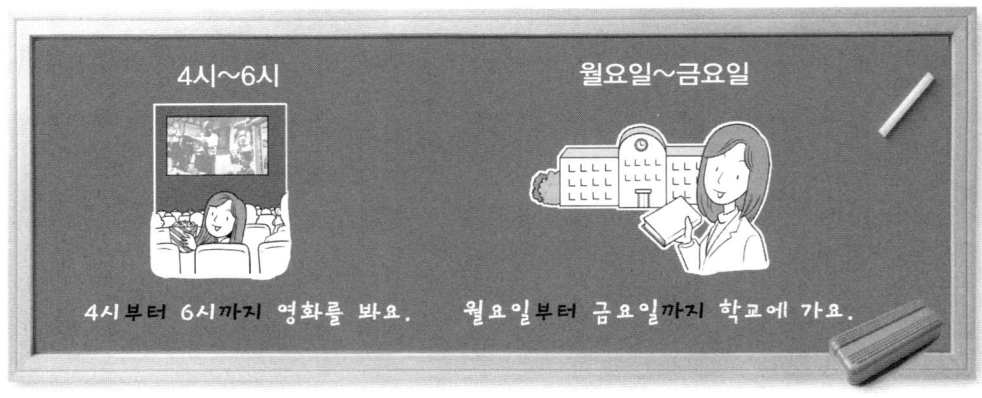

연습

'부터 까지'와 함께 쓸 수 있는, 시간을 나타내는 명사를 동사와 함께 제시하여 충분히 연습합니다.

_____부터 _____까지 _____

8시	10시	운동을 해요
월요일	금요일	공부를 해요
3월	8월	피아노를 배워요

활용

오늘 무엇을 해요? 활동지 21쪽 '부터 까지'

에 가다/오다

교재 88쪽

도입 및 제시

학습자에게 장소에 대한 개념을 다시 확인시키고 '에 가다/오다'를 제시합니다.

교 사	여기가 어디예요?
학습자	집이에요.
교 사	(사람 모양 판으로 집으로 이동하면서) 어디에 가요?
학습자	집 가요.
교 사	네, 집에 가요.

집에 가요.
한국에 와요.

이동 장소를 말하고자 할 때 앞에 오는 장소명사에 '에'를 붙여 사용한다는 것을 알려 줍니다. 또한 말하는 사람의 위치에서 멀어지느냐 가까워지느냐에 따라 '가다/오다'가 구별되어 사용됨을 설명합니다.

연습

그림 카드를 이용해 학생들과 묻고 답합니다.

교 사	어디에 가요?
학습자	식당에 가요.
교 사	어디에 가요?
학습자	회사에 가요.

처음에는 '에 가다'가 익숙해질 수 있도록 장소 카드를 제시하며 문장을 만드는 연습을 합니다. '에 가다'에 익숙해지면 '가다'와 '오다'의 차이를 설명하여 이동하는 동사와 '에'가 함께 쓰임을 제시합니다.

활용

어디에 가요? 활동지 22, 23쪽 '-에 가다1, 2'

주의

'에 가다/오다'에서는 '가다'와 '오다'의 차이를 분명하게 이해하기 전에 장소명사에 붙어 이동하는 동사와 함께 쓰이는 '에'의 용법을 명확히 제시하는 것이 중요합니다.

−고(순서)

교재 90쪽

도입 및 제시

학생들에게 오늘 아침에 교사가 한 일을 두 가지 말하고 '−고'를 사용하여 연결합니다.

교 사	저는 아침 7시에 운동을 했어요. 8시에 샤워를 했어요.
	저는 운동을 하고 샤워를 했어요.
	○○ 씨는 아침에 무엇을 했어요?
학습자	아침을 먹었어요. 학교에 갔어요.
교 사	아침을 먹고 학교에 갔어요.

> 아침을 먹고 학교에 가요.
> 세수를 하고 이를 닦아요.

교사는 문장을 판서하고 '−고'를 사용한 문장을 말하면서 '−고'가 사용된 위치를 다른 색으로 표시를 해 학생들의 주의를 집중시킵니다. 다양한 동사와 결합하는 활용을 보여 주고 '−고'가 동사의 어간에 사용됨을 알려 줍니다.

연습

교사는 운동을 하는 그림과 샤워를 하는 그림을 칠판에 붙이고 위에 시간을 써서 시간 순서대로 진행된 두 문장을 연결할 때 '−고'를 사용함을 시각적으로 보여 줍니다. 이어 학습자와 동사 그림 카드를 이용하여 연습합니다. 교사가 먼저 카드를 보여 주고 해당 동사가 사용된 문장을 만들어 판서한 후 학생들에게 두 문장을 연결해 보도록 합니다.

① 아침을 먹어요. 신문을 봐요. → 아침을 먹고 신문을 봐요.
② 청소를 해요. 쉬어요. → 청소를 하고 쉬어요.
③ 세수를 해요. 자요. → 세수를 하고 자요.

활용

그림을 보고 문장 말하기 활동지 24쪽 '−고1'

주의

'−고'는 나열의 의미와 시간의 순차성을 나타내는 의미로 나뉩니다. 예문은 나열의 의미를 나타내는 '고'와 분명한 차이가 있는 것으로 제시해야 합니다. 또 그림으로 제시하는 경우 시간이 경과했음을 보여주면 학습자가 쉽게 받아들입니다.

ㄷ 불규칙

교재 92쪽

도입 및 제시

'ㄷ 불규칙'이 구현되는 동사를 설명한 후 동사의 활용을 보여 줍니다.

교 사	(천천히 걸으면서) 저는 무엇을 해요?
학습자	걷다
교 사	걷다, 걸어요.
	(다른 소리에 귀 기울이면서) 저는 무엇을 해요?
학습자	듣다
교 사	듣다, 들어요.

'ㄷ 불규칙' 적용을 받는 동사를 다양한 예문을 통해 많이 듣게 한 후 익숙해지면 판서를 통해 형태를 보여 줍니다.

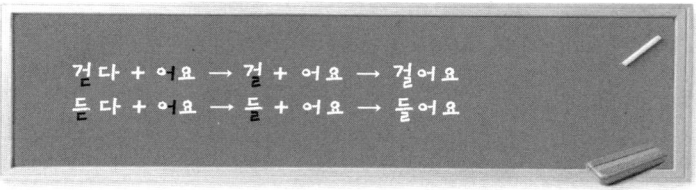

걷다 + 어요 → 걸 + 어요 → 걸어요
듣다 + 어요 → 들 + 어요 → 들어요

'ㄷ 불규칙'에서는 받침 'ㄷ'이 모음 앞에서 'ㄹ'로 바뀌는 것을 알 수 있도록 다른 색으로 표시를 하여 시각적으로 확인할 수 있게 합니다.

연습

① 'ㄷ 불규칙' 적용을 받는 동사를 제시한 다음 학생들이 '아/어요'형으로 충분히 연습할 수 있도록 합니다.

걷다 → 걸어요
듣다 → 들어요
묻다 → 물어요

② 단순한 형태 연습이 끝나면 'ㄷ 불규칙' 동사를 이용하여 문장을 만드는 연습을 합니다.

활용

불규칙 동사를 활용하여 말하기 활동지 91-93쪽 '불규칙 용언'

주의

'ㄷ' 받침이 있는 동사는 모음을 만나면 'ㄹ'로 변하기도 하고 변하지 않기도 합니다. 처음에는 '걷다, 듣다, 묻다'와 같은 불규칙 동사를 먼저 제시하고 활용이 익숙해지면 '닫다, 받다'와 같은 규칙 동사의 활용을 제시합니다.

함정을 피해 가려면

에

부사격 조사 '에'는 주격 조사 '이/가'나 보조사 '은/는'과 함께 학습자 오류의 빈도가 아주 높은 조사 중의 하나입니다. 이는 의미와 기능이 아주 다양한 데다 유사하게 사용될 수 있는 '에서'와도 혼란을 일으킬 수 있기 때문입니다. 이러한 혼란과 오류를 방지하기 위해서는 '에'가 가지고 있는 의미와 기능을 명확하게 파악할 필요가 있습니다(1–4과 49쪽 문법 돋보기 '에'와 '에서' 참조).

① 내일 2시에 만나요.
② 아침에 운동을 해요.
③ 어제에 친구를 만났어요. (×)
④ 지금에 밥을 먹어요. (×)

①이나 ②는 '시간'을 나타내는 경우로 '2시'나 '아침'이라는 시간을 나타내는 말과 함께 쓰여 어떤 동작이나 상태가 일어나는 시간을 표현합니다. 그러나 일반적으로 시간을 나타내는 말에 사용한다는 것에서 ③과 ④에서처럼 오류 문장이 나타나기도 합니다. '어제'나 '지금'과 같은 말에는 이미 시간을 나타내는 의미가 포함되어 있기 때문에 '에'와 결합하면 안 된다는 제약을 알려 줘야 합니다.

⑤ 학생들이 교실에 있어요.
⑥ 학생들이 교실에서 있어요. (×)
⑦ 책상 위에 책이 있어요.

⑤와 ⑦은 사람 또는 사물이 '존재'하는 위치를 나타내고 있는데 ⑤는 사람을, ⑦은 사물의 존재 또는 위치를 나타낼 때 사용합니다. 이때 ⑥과 같이 장소를 나타내는 의미 기능에서 '에'와 '에서'를 혼동하여 잘못 쓰기도 합니다. 따라서 '에'는 이동이나 존재, 위치를 나타내는 동사와 쓰인다는 것을 분명하게 이해시켜야 합니다.

⑧ 저는 오늘 학교에 가요.
⑨ 1년 전에 한국에 왔어요.

⑧이나 ⑨는 행동의 진행 방향이나 목적지를 나타내는 경우인데 주로 '가다', '오다' 등의 동사와 함께 쓰이고 ⑧은 '학교', ⑨는 '한국'이라는 목표 또는 목적지를 의미하고 있습니다.

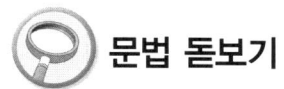 문법 돋보기

–고(순서)

'–고'는 동사에 붙어 시간 순서에 따른 동작의 연결을 나타냅니다.

① 아침에 세수를 하고 이를 닦아요.
② 밥을 먹고 약을 드세요.
③ 운동을 하고 힘들어졌어요.

①은 아침에 세수를 한 후에 이를 닦는다는 뜻이며 ②는 밥을 먹은 뒤에 약을 먹으라는 의미를 나타냅니다. ③에서 '운동을 하고'는 '운동을 한 뒤'라는 의미를 나타냄과 동시에 '힘들어진 것'에 대한 원인이나 이유를 나타내기도 합니다.
'–고'가 시간의 앞뒤 순서를 나타낼 때 '–아/어서'와 바꿔 쓸 수 있지만 그 의미가 조금 다릅니다. '–고'는 단순히 시간적인 앞뒤 순서를 드러내지만, '–아/어서'는 앞절의 행동이 뒷절의 전제가 되고 뒷절의 행동의 목적이 되는 차이가 있습니다.

④ 친구를 만나고 영화를 봤다.
⑤ 친구를 만나서 영화를 봤다.

⑤와 같이 '–고'를 사용하면 '친구를 만난 것'과 '영화를 본 것' 두 가지 행동이 순차적으로 일어난 것이 됩니다. 그러나 ⑤와 같이 '–아/어서'를 사용하면 '친구를 만난 것'이 '영화를 보는 것'을 위한 전제가 되는 것으로 풀이됩니다. 이런 의미상의 미묘한 차이는 학습자의 모국어에 없는 경우가 많기 때문에 이해하기 어려워할 수 있습니다. 따라서 '–고'가 시간 순서의 의미를 나타낼 때에는 '–아/어서'가 쓰여서 더 자연스러운 예문은 제외하고 제시하는 것이 좋습니다.

⑥ 일어나고 세수를 해요. (×)
⑦ 일어나서 세수를 해요. (○)

위의 예문에서 ⑥은 어법에 맞지 않는 문장입니다. '일어나다'와 '세수하다'는 일반적으로 순차적인 행동이 되므로 ⑦과 같이 '–아/어서'를 사용하는 것이 좋습니다. 따라서 '–고'를 학습할 때에는 위와 같이 오류가 예상되는 예문은 피하는 것이 좋습니다.

 활동은 이렇게

부터 까지 ⟨활동지 21쪽⟩

오늘 무엇을 해요?

일과표를 작성하고 무엇을 하는지 이야기해 봅시다.

① 일과표에 하루 동안 무엇을 하는지 씁니다.
② 작성한 일과표를 보면서 친구와 이야기하며 '부터 까지'를 연습합니다.

에 가다/오다1, 2 ⟨활동지 22, 23쪽⟩

어디에 가요?

그림을 보면서 짝에게 어디에 가는지 이야기해 봅시다.

① 두 명의 학습자에게 각각 〈가〉와 〈나〉 활동지를 나누어 줍니다.
② 그림을 보면서 짝에게 어디에 가는지 묻고 대답하며 '에 가다/오다'를 연습합니다.

-고1 ⟨활동지 24쪽⟩

그림을 보고 문장 말하기

그림을 보고 '-고'를 넣어 문장을 만들어 봅시다.

① 활동지를 나누어 주고 무엇을 하는지 말하는 연습을 합니다.
② 동사를 말하는 연습이 끝나면 '-고'를 이용해서 두 문장을 연결하여 말하는 연습을 합니다.

어느 날 교실에서 – 수업일지의 실제

"선생님, 저는 매일에 한국어를 공부해요."
"식당에 밥을 먹어요."
"백화점에서 가요."

학습자 발화에서 조사 오류가 가장 많은 것이 '이/가'나 '을/를'이기는 하지만, 시간을 나타내는 '매일'이나 '지금'과 같은 표현에도 과감하게 '에'를 넣는다든지 또 '에'와 '에서'의 혼란도 만만치 않습니다. 동사를 공부해서 서술어를 익히고 나면 한마디라도 더 말하고 싶어서 어떻게든 문장을 만들어 보려고 하는 학생들을 보면 기특하고 대견하지만, 위에서처럼 마구 오류를 쏟아내는 걸 보면 교사로서 반성을 많이 하게 됩니다.

그래서 오늘은 방향을 나타내는 조사 '에 가다/오다'를 시작하는 날이라 아예 방향을 나타내는 손가락 지시봉을 준비했습니다. 다들 아시죠? 손가락으로 지시하면 자칫 문화 차이에서 생기는 실수를 할 수도 있어서 하나 장만했는데 아주 유용하게 사용하고 있답니다.

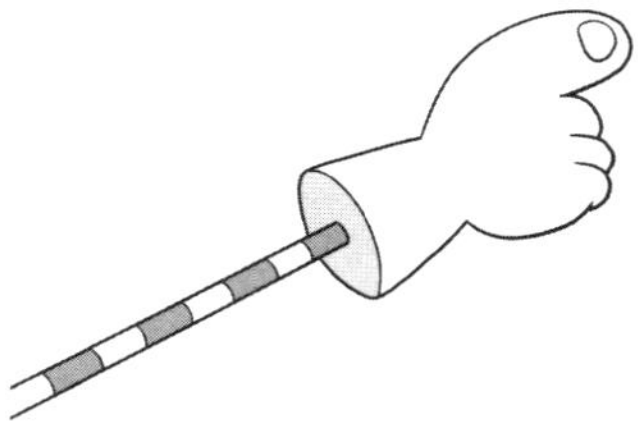

학교에 가다 / 백화점에 가다 / 한국에 오다

칠판에 여러 가지 장소를 나타내는 그림이나 사진을 붙여놓고 지시봉을 가지고 방향을 가리키며 '가다, 오다'를 익히도록 했어요. 이쯤 되면 똑똑한 학생의 질문이 나옵니다.

"선생님, 학교로 가요. 한국으로 와요. 이것도 같아요?"
"네, 맞아요. '(으)로 가다/오다'가 같아요."

지속적으로 오류를 보이기 쉬운 항목이므로 한 가지 용법이라도 확실하게 하기 위한 노력이 필요한 것 같습니다. 오늘 수업은 성공?!

다른 선생님들의 댓글

▶ '에'는 워낙 용법이 다양해서 하나씩 익힐 때마다 확실하게 해 두고 넘어가지 않으면 안 돼요.

▶ 그러나 아무리 연습을 하고 넘어가도 다음 항목이 바로 계속되니까 헷갈려하더라고요.

▶ 손가락 지시봉, 좋은 아이디어네요. 여러 교실 활동에도 활용할 수 있겠어요. 저도 하나 준비해야겠는데요.

물건 사기

1-6 이 책갈피 한 개에 얼마예요?

학습 문법	단위명사　　　　이/그/저　　　　에(단위)　　　　하고
수업 목표	물건의 이름을 알고 셀 수 있다. 물건의 가격을 묻고 살 수 있다.
수업 자료	활동지 `단위명사` `에2` `하고, 주세요` `쇼핑하기`

 교실에 들어가기 전에

	확인할 내용	네	아니요
1	'에(단위)'의 의미를 제시할 수 있다.		
2	'이/그/저'의 의미를 제시할 수 있다.		
3	'와/과', '하고'의 의미와 결합 형태를 제시할 수 있다.		

1. '에(단위)'의 의미를 제시할 수 있다.

'에'는 단위명사 혹은 의존명사에 붙여 사용하며, 셈을 하거나 값을 매길 때 기준이 되는 단위임을 나타냅니다.

사과 한 개에 천 원이에요.
천 원에 두 개입니다.
바지를 삼만 원에 샀어요.

2. '이/그/저'의 의미를 제시할 수 있다.

'이/그/저'는 사물이나 사람을 가리키는 관형사로 '이'는 화자로부터 가까운 대상, '그'는 청자에게는 가깝지만 화자에게는 먼 것이나 이미 앞에서 언급한 것 또는 화자와 청자 모두 알고 있는 것을 가리킵니다. '저'는 화자와 청자로부터 먼 거리에 있는 대상을 가리킬 때 씁니다.

이 사과 좀 주세요.
아저씨, 그 바지 얼마예요?

3. '와/과', '하고'의 의미와 결합 형태를 제시할 수 있다.

'와/과'는 두 개 혹은 그 이상의 단어를 연결시키는 기능을 합니다. '와'는 받침이 없는 명사와 결합하고 '과'는 받침이 있는 명사와 결합합니다.

받침 (×)	와	우유와 빵
받침 (○)	과	빵과 우유

구어체에서는 '와/과'보다는 '하고'를 더 자주 사용합니다.

사과와 우유 = 사과하고 우유
책상과 책 = 책상하고 책

문법 수업은 이렇게

| 단위명사 | 교재 104쪽 |

| 도입 및 제시 | 가장 많이 사용하는 단위명사인 '개'를 먼저 제시하여 단위명사가 물건을 셀 때 사용하는 명사임을 알려 줍니다.

    교 사   (펜을 손에 들고) 뭐예요?
    학습자 펜이에요.
    교 사   (펜을 한 개 들고) 펜 한 개
             (펜을 두 개 들고) 펜 두 개
    교 사   (책 그림) 뭐예요?
    학습자 책이에요.
    교 사   (책을 한 권 들고) 책 한 권
             (책을 두 권 들고) 책 두 권

그림 카드를 이용해 단위명사를 제시하고 학생들에게 어휘를 익히도록 합니다.

 |

| 연습 | 교사가 물건을 말하면 학생들은 적절한 단위명사를 사용하여 말하기 연습을 하도록 합니다.

    교 사   (사과 그림을 들고) 사과
    학습자 사과 한 개
    교 사   (커피 그림을 들고) 커피
    학습자 커피 한 잔

단위명사에 익숙해지면 금액에 관한 어휘를 제시하여 함께 연습합니다. |

| 활용 | 무엇이 있어요? 활동지 25쪽 '단위명사' |

| 주의 | 단위명사를 배울 때는 사물을 가리키는 명사, 물건을 셀 때 사용하는 숫자 등이 한꺼번에 제시되어 학습자가 부담스러워할 수도 있습니다. 먼저 학습자가 아는 명사와 가장 많이 쓰는 단위명사인 '개'를 이용하여 충분히 의미를 파악하게 한 다음 다양한 단위명사를 제시하고 충분한 시간을 두고 익힐 수 있도록 하는 것이 좋습니다. |

이/그/저

교재 105쪽

도입 및 제시

교실에 앉아 있는 학생들을 교사의 기준에서 가리키며 설명합니다.

교 사	(교사에게 가까운 학생을 가리키며) 이 학생은 누구예요?
학습자	호민이에요.
교 사	이 학생은 호민이에요.
	(교사에게 먼 학생을 가리키며) 저 학생은 누구예요?
학습자	샤오진이에요.

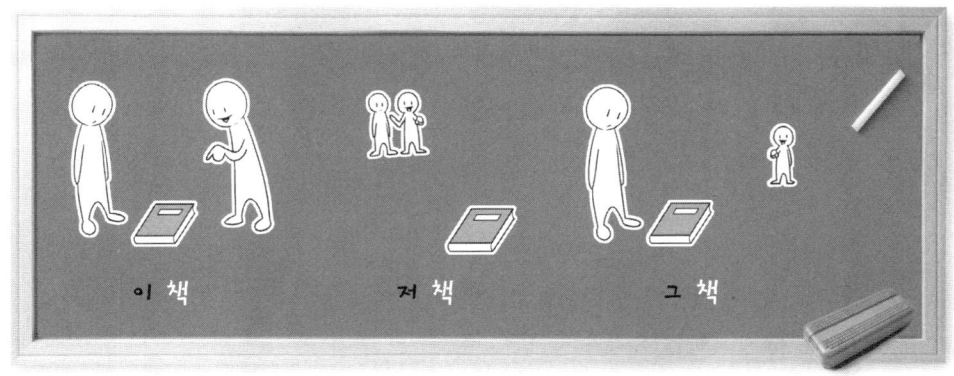

교사가 위치를 바꾸어 가며 같은 방법으로 어휘를 다르게 사용하여 학습자에게 화자와 청자의 거리에 따라 다르게 사용하는 것을 알려 줍니다.

연습

교실에 가격표가 붙은 그림 카드를 배치해 놓고 학생들과 '이/그/저'를 연습합니다.

교 사	(교사와 학습자에게 모두 가까운 책상을 가리키며)
	이 책상은 얼마예요?
학습자	이 책상은 오만 원이에요.
교 사	(교사와 학습자에게 모두 먼 시계를 가리키며)
	저 시계는 얼마예요?
학습자	저 시계는 이만 원이에요.
교 사	(교사에게 가깝지만 학습자에게는 멀리 떨어진 책을 가리키며)
	이 책은 얼마예요?
학습자	그 책은 만 오천 원이에요.

활용

친구와 물건 가격을 묻고 대답하기

주의

교실에서 교사가 질문을 할 때는 학습자들의 위치에 따라서 '이/그/저'의 대답이 달라질 수 있습니다. 교사와 가까이 있는 학습자는 '이'로 답하겠지만 교사와 멀리 떨어져 앉은 학생은 '저'로 답할 수도 있습니다. '이/그/저'의 개념이 익숙하기 전까지는 교사의 입장에서 충분히 예문을 보여 준 후 학습자의 위치에 따라 다른 대답이 나올 수 있음을 제시하는 것이 좋습니다.

1-6 물건 사기

	에(단위)	교재 106쪽

도입 및 제시	물건 값에 대한 질문을 통해 목표 문법에 접근합니다.
	교 사　(가격표가 붙은 사과 그림을 들고) 사과 한 개 얼마예요? 학습자　천 원이에요. 교 사　사과 한 개에 천 원이에요. 　　　　사과 두 개 얼마예요? 학습자　이천 원이에요. 교 사　사과 두 개에 이천 원이에요. 　　　　사과 한 개에 천 원이에요. 　　　　책 한 권에 만 삼천 원이에요.

연습	① 처음에는 한 개의 명사로 단위명사 뒤에 '에'를 붙이는 연습을 합니다. 　　교 사　(가격표가 붙은 볼펜 그림을 한 장 들고) 얼마예요? 　　학습자　볼펜 한 개에 오백 원이에요. 　　교 사　(가격표가 붙은 볼펜 그림을 두 장 들고) 얼마예요? 　　학습자　볼펜 두 개에 천 원이에요. ② 앞에서 배운 다양한 단위명사를 활용해서 '에'를 연습합니다. 　그룹을 나누어 교사가 그림 카드를 들면 한 그룹은 "~에 얼마예요?"를 말하고 나머지 한 그룹은 가격을 말하는 연습을 합니다. 　　교 사　　(모자 1/20,000원) 　　학습자 1　모자 한 개에 얼마예요? 　　학습자 2　모자 한 개에 이만 원이에요. 　　교 사　　(커피 1/5,800원) 　　학습자 1　커피 한 잔에 얼마예요? 　　학습자 2　커피 한 잔에 오천 팔백 원이에요.

활용	할인 마트 광고지를 이용하여 물건 값 말하기　활동지 26쪽 '-에2'

주의	'에'는 문법을 따로 제시하는 것보다 '책 한 권에 얼마예요?', '책 한 권에 만 오천 원이에요.'와 같이 고정된 문형으로 제시하는 것이 좋습니다.

하고, 와/과

교재 108쪽

교사가 책상 위에 여러 가지 물건을 올려 놓고 학생들에게 무엇이 있는지 대답하게 한 다음, 조사 '와/과'를 넣어 문장을 말합니다.

교 사	책상 위에 무엇이 있어요?
학습자	책이 있어요. 지우개가 있어요.
교 사	(책과 지우개를 손으로 들면서) 책과 지우개가 있어요.

이와 같이 교사는 두 개 이상 나열할 수 있는 물건들로 질문을 만들어 제시하여 학습자들이 '와/과'의 용법과 의미를 추측할 수 있게 합니다.

교사는 학습자에게 준비한 그림 카드를 보여 주고 무엇이 있는지 말하게 한 다음 판서합니다. 이때 마지막 음절에 받침이 있는 것과 없는 것을 구분하여 제시합니다.

도입 및 제시

의자 + 책상 → 의자와 책상
옷 + 모자 → 옷과 모자

명사를 하나 이상 나열할 때 쓰는 표현임을 제시하고 형태를 보여 준 후에 '와/과'와 같이 쓸 수 있는 '하고'를 제시합니다.

칠판에 쓰여 있는 '와/과' 옆에 '='표시를 하고 '하고'를 씁니다. '하고'는 명사의 받침 유무와 상관없이 쓴다는 것을 설명하고 '와/과'의 예문에 '하고'를 넣어 제시합니다.

연습

① 교사는 다양한 그림 카드를 준비하여 학습자에게 질문을 합니다.

교 사	(책상과 의자 그림을 같이 들고) 뭐예요?
학습자	책상과 의자예요.
교 사	(사과와 바나나 그림을 같이 들고) 뭐예요?
학습자	사과와 바나나예요.

② 단순한 연습이 끝나면 동사와 결합된 형태로 대답할 수 있는 그림 카드를 제시합니다.

교 사	(빵과 우유를 사는 그림을 들고) 무엇을 사요?
학습자	빵과 우유를 사요.

활용

그림 보고 물건 사고 팔기, 쇼핑하기 활동지 27쪽 '하고, 주세요', 28쪽 '쇼핑하기'

주의

'와/과'는 받침 유무에 따라 형태가 달라지지만 '하고'는 받침과 상관없이 명사와 결합합니다.

 **함정을 피해 가려면**

단위명사

한국어에는 사람이나 사물을 셀 때 쓰는 단위명사가 다양하게 발달해 있습니다. 어떤 사물의 수를 나타낼 때 가장 일반적인 방법은 명사 뒤에 단위명사를 쓰는 것입니다.

  ① 한 잔 커피에 오천 원이에요. (×)
  ② 커피 한 잔에 오천 원이에요. (○)

①은 대상이 되는 사물 앞에 단위명사를 써서 발생한 오류입니다. 사물과 단위명사에 대해서는 이해하고 있지만 문장에서 어떻게 사용하는지 알지 못했기 때문에 일어날 수 있는 오류입니다. 사물과 단위명사를 연결하는 연습이 끝나면 문장 안에서 어떤 순서로 명사와 단위명사가 배치되는지 다양한 예문을 통해 확인해 주는 것이 필요합니다.

  ③ 커피 일 잔 주세요. (×)
  ④ 커피 한 잔 주세요. (○)

개수를 셀 때에는 단위명사 앞에 '한, 두, 세, 네'와 같은 고유어 (수)관형사를 써야 하는데 '일, 이, 삼'과 같은 한자어 (수)관형사를 써서 발생한 오류입니다. 사람이나 물건을 세는 경우, 단위명사와 함께 쓸 때에는 일반적으로 고유어 (수)관형사를 씁니다. 고유어는 수를 셀 때, 한자어는 번호를 읽을 때 사용한다는 것을 명확히 구별해 주어야 합니다.

  ⑤ 한 사람이 있어요. (○)
  ⑥ 두 책이 있어요. (×)
  ⑦ 책이 두 권 있어요. (○)

'이/가 있다/없다'와 같이 쓰일 경우, 세는 대상이 사람일 때에는 ⑤와 같이 '한 사람, 두 사람'이 가능하지만 대상이 물건일 경우에는 '한 책, 두 책'과 같이 쓰일 수 없습니다. 이러한 오류가 나올 때마다 교사는 오류를 수정해 주고 학습자에게 문장 구조를 다시 한 번 확인해 줘야 합니다.

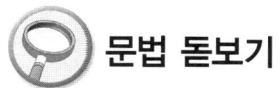 **문법 돋보기**

와/과, 하고

'와/과', '하고'는 체언과 체언 사이에 사용되며, 두 개 혹은 그 이상의 것을 나열할 때 사용됩니다. 명사의 받침이 있으면 '과', 받침이 없으면 '와'를 사용하고, '하고'는 받침의 유무와는 상관없이 사용합니다. '와/과'는 '하고'보다 문어적인 표현입니다.

    한국어와 일본어를 공부해요.
    한국어하고 일본어를 공부해요.

'하고'와 같은 기능을 하는 조사로 '(이)랑'도 있습니다. '(이)랑'은 '하고'와 마찬가지로 일상의 대화에서 많이 쓰입니다.

    빵하고 우유를 먹었어요.
    빵이랑 우유를 먹었어요.

'하고'는 말할 때 주로 쓰이며 [하구]로 발음하는 경우가 종종 있는데 이것은 잘못된 발음이므로 바로잡아 줘야 합니다.

'하고'는 '와/과'와는 달리 연결되는 마지막 말에도 쓰일 수 있습니다.

    사과하고 배하고 살까요? (O)
    사과와 배와 살까요? (×)

'와/과'와 '하고'는 명사를 나열할 때 사용하지만 누구와 함께함을 나타내는 동반의 의미로 사용하기도 합니다. 이처럼 '와/과'와 '하고'가 동반의 의미로 쓰일 때에는 '같이'와 함께 쓰기도 합니다.

    친구와 (같이) 영화를 봤습니다.
    친구하고 (같이) 영화를 봤습니다.

 **활동은 이렇게**

단위명사 〈활동지 25쪽〉

무엇이 있어요?

그림을 보고 무엇이 있는지 이야기해 봅시다.

① 활동지를 보고 무엇이 있는지 '이/가 있다'를 사용하여 이야기합니다.
② 무엇이 있는지 확인이 끝나면 얼마나 있는지 개수를 확인하여 적으며 단위명사를 연습합니다.

에2 〈활동지 26쪽〉

물건 값 묻고 답하기

그림을 보면서 물건 값을 묻고 답해 봅시다.

① 두 명의 학습자에게 각각 〈가〉와 〈나〉 활동지를 나누어 줍니다.
② 가격을 모르는 물건을 다른 학습자에게 물어보고 적으면서 '에'를 연습합니다.
③ 학습자가 빈칸을 모두 채우면 교사는 학습자 전체에게 질문하여 물건 값을 맞게 적었는지 확인합니다.

하고, 주세요, 쇼핑하기 〈활동지 27, 28쪽〉

물건 사기

쇼핑 목록을 보고 물건을 사 봅시다.

① 두 명의 학습자에게 각각 〈가〉와 〈나〉 활동지를 나누어 줍니다.
② 학습자는 사야 할 물건의 가격을 다른 학습자에게 묻습니다.
③ '하고'와 '주세요'를 사용하여 물건을 사는 연습을 합니다.

어느 날 교실에서 – 수업일지의 실제

열린한국어

오늘은 쇼핑하는 날!

무슨 말이냐고요? 바로 '단위명사'를 공부하는 날입니다. 물건 그림 카드를 모두 준비해서 교실로 들어갔습니다. 이럴 때 아주 훌륭한 실제적 수업 자료가 되는 것이 할인 마트 전단지입니다. 갖고 싶고 먹고 싶은 각종 상품들이 화려한 색상으로 유혹을 하지요.

우선 책상 위에 사물 그림 카드를 늘어놓고 단위명사 익히기에 들어갑니다.

책, 콜라, 사과, 구두, 안경, 바지, 휴대폰, 자동차…….
책 1권, 사과 1개, 구두 1켤레, 안경 1개, 바지 1벌, 휴대폰 1개, 자동차 1대 등등.

단위명사를 다 익히고 나면 본격적인 쇼핑을 해 봅니다. 가격을 말하거나 계산을 할 때 사용하는 조사 '에'를 사용하여 물건 값을 물어봅니다.

가: 사과 1개에 얼마예요?
나: 사과 1개에 천 원이에요.

학습용 지폐를 만들어 나누어 주고 한쪽은 판매자, 한쪽은 소비자가 되어 물건 사고팔기를 시작합니다. 물건 사기 활동지(활동지 26, 27, 28쪽 참조)를 활용하여 교실 활동을 해 보았더니 교실 안은 순식간에 시끌벅적 시장이 되고 할인 마트가 되네요. 조용히 앉아서 교사의 설명과 교과서만으로 하는 단조로운 수업은 가라! 이런 것이 바로 학습자 중심의 실제 수업이 될 수 있겠지요?

다른 선생님들의 댓글

▶ 아, 그래서 초급반 교실이 아주 시끄러웠군요. 학생들의 웃음소리가 떠나질 않더군요.

▶ 재미있었겠어요. 꼭 공부가 아니더라도 쇼핑은 언제나 즐거운 거 아닐까요? 호호.

▶ 피자나 치킨 주문 등 아예 직접 주문하기 같은 것을 해 보면 더 재미있어 하는 것 같아요. 교실 안에서의 물건 사기는 단순한 역할극이 되니까 조금 더 실질적인 활동도 되잖아요.

1-7 친구하고 쇼핑을 했어요.

학습 문법	–았/었어요 '으' 탈락	–고(나열) 빈도부사	–아/어서 하고

수업 목표	주말에 한 일에 대해 묻고 답할 수 있다. 두 가지 이상의 행동이나 사실을 나열하여 말할 수 있다. 이유나 원인을 말할 수 있다.

수업 자료	불규칙 용언 카드, 활동지 -고2 -아/어서1 빈도부사

 교실에 들어가기 전에

	확인할 내용	네	아니요
1	과거 시제 '–았/었–'의 형태와 의미를 제시할 수 있다.		
2	'–고'의 의미와 기능을 알고 있다.		
3	'–아/어서'의 의미와 오류 가능성의 경우를 파악하고 있다.		
4	'으' 탈락 용언의 활용 형태를 정확하게 제시할 수 있다.		

1. 과거 시제 '-았/었-'의 형태와 의미를 제시할 수 있다.

과거 시제를 나타내는 '-았/었-'은 문장에서의 의미를 중심으로 생각하면 동작이 현재나 과거에 완료되었음을 나타냅니다.

① 지하철이 지금 막 도착했어요.
② 어제 친구와 영화를 봤어요.
③ 약국 문이 닫혔어요.
④ 어제는 비가 왔어요.

여기에서 ①은 현재 완료가 되고 ②의 문장은 과거 완료의 의미가 됩니다. ③은 동작이 완료되어 그 상태가 계속 지속됨을 나타내는 문장이고, ④는 과거의 상태를 나타냅니다.

형태를 살펴보면 다음과 같습니다.

동사 형용사	ㅏ,ㅗ(O)	-았어요	갔어요
	ㅏ,ㅗ(×)	-었어요	먹었어요
	하다	했어요	운동했어요
명사	받침(O)	이었어요	학생이었어요
	받침(×)	였어요	의사였어요

2. '-고'의 의미와 기능을 알고 있다.

① 저는 한국 사람이고 유카 씨는 일본 사람이에요.
② 전화를 받고 밖에 나갔어요.
③ 택시를 타고 가는 게 어때요?
④ 자고 또 자도 졸려요.

①은 시간의 순서와는 상관없이 그냥 단순한 나열이 되고, ②는 앞의 상황과 뒤의 상황이 순차적으로 연결되며, ③은 앞의 행동이 뒤의 결과에까지 그대로 유지되는 것이고, ④는 어떤 행위를 반복적으로 하고 있음을 나타냅니다.

3. '-아/어서'의 의미와 오류 가능성의 경우를 파악하고 있다.

이유나 원인 표현의 연결어미 '-아/어서'와 '-으니까'의 차이를 분명하게 파악하고 학습자의 오류를 방지할 수 있도록 쓸 수 없는 상황과 써도 되는 상황을 구분하여 제시하는 것이 좋습니다. '-아/어서'는 과거 시제와 결합할 수 없으며 명령과 청유에서는 쓸 수 없습니다. '-으니까'는 '죄송합니다, 미안합니다, 감사합니다, 고맙습니다'와 같은 인사말이나 감정 등을 나타내는 이유에는 쓸 수 없으며 주로 명령문이나 청유문에서 사용된다는 것을 확실하게 이해시키고 익숙해질 때까지 연습시키는 것이 중요합니다(문법 돋보기 참조).

4. '으' 탈락 용언의 활용 형태를 정확하게 제시할 수 있다.

다른 불규칙 용언과는 달리 '으' 탈락의 경우는 규칙적인 탈락이 이루어지므로 불규칙 용언과는 구별하여 가르쳐야 하며 활용 형태를 분명하게 교수해야 합니다(2-2 불규칙 참조).

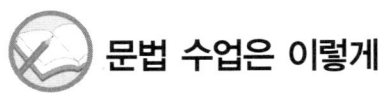
문법 수업은 이렇게

–았/었어요
교재 120쪽

도입 및 제시

선행 학습한 동사들을 제시하며 현재의 상황을 말해 보고 과거의 일을 도입합니다.

교 사	지금 공부를 해요. (학습자를 보며) 지금 뭐해요?
학습자	지금 공부를 해요.
교 사	(빵을 먹는 그림) 아침에 뭐 먹어요?
학습자	아침에 빵을 먹어요.
교 사	○○ 씨는 아침에 빵을 먹었어요.

가다	가요	가 + 았어요	갔어요
읽다	읽어요	읽 + 었어요	읽었어요
배우다	배워요	배우 + 었어요	배웠어요
하다	해요	하 + 였어요	했어요

'–았–'과 '–었–' 그리고 받침의 유무에 따라 바뀌는 형태를 정확하게 알려 줍니다.
어제, 오늘 아침, 주말 등의 과거를 나타내는 단어를 함께 제시합니다.

연습

동사와 형용사의 단어나 그림 카드를 보여 주면서 어제와 오늘의 시제가 다름을 인식시키고 반복적으로 형태 연습을 하여 과거 시제를 연습하도록 합니다. 이어 문장으로 질문하고 답하게 합니다.

교 사	아침에 몇 시에 일어났어요?
학습자	7시에 일어났어요.
교 사	어제 저는 영화를 봤어요. 어제 뭐 했어요?
학습자	친구를 만났어요.

교재의 연습 문제를 풀어 보고 변형 형태를 확장합니다.

활용

교재의 '말하기' 문제를 활용하여 형태 확장을 하게 합니다. 상황 그림을 통하여 현재와 과거 시제의 형태와 의미를 익힙니다.
① 교실 활동으로 교재의 '빙고 게임(133쪽)'을 진행하여 과거 시제를 확인합니다.
② 사진의 추억 말하기: 학습자들의 사진을 준비해서 옆 사람 혹은 반 친구들과 묻고 답하기를 해 봅니다.

　　어디에서 누구하고 찍었어요?
　　그곳에서 무엇을 했어요?

주의

한국어에서는 과거를 나타내는 '–았/었–'이 과거에 일어난 어떤 상황이 현재까지 지속되는 완료의 의미를 나타내므로 처음 제시할 때는 문장이 나타내는 상황이나 사건이 일어난 때가 과거임을 확실하게 인식시켜 줄 필요가 있습니다.

–고(나열)

교재 122쪽

도입 및 제시

두 가지 이상의 상태, 상황, 사실 등을 연결하는 '–고'의 도입으로 먼저 단순 나열의 예문을 제시합니다. 학습자의 국적을 말하게 하고 두 가지 이상의 국적이 나올 경우 예를 들어 이야기를 합니다.

교 사 ○○ 씨는 미국 사람이고, ○○ 씨는 중국 사람이에요.
교 사 △△ 씨는 일본 사람이고, 주부예요.

교 사 서울은 어때요?
학습자 커요. 사람이 많아요.
교 사 서울은 커요. 사람도 많아요. 서울은 크고 사람도 많아요.

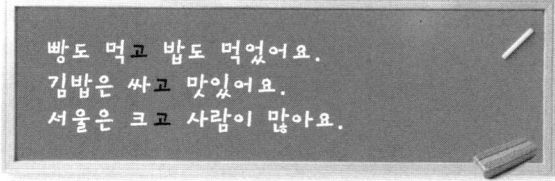

두 가지 이상의 사실을 이야기할 때 두 문장을 하나로 연결하는 것을 학습합니다.

연습

학습자들이 돌아가면서 자신의 나라와 직업을 말하게 하고 두 가지 사실을 연결하도록 합니다. 그리고 옆 사람의 나라와 국적도 말하게 하여 반복 연습을 합니다.

학습자 1 에린 씨는 러시아 사람이고 회사원이에요.
학습자 2 유카 씨는 일본 사람이고 주부예요.

형용사 어휘를 익힌 다음 '–고'를 사용하여 한 문장으로 두 가지 이상을 표현하게 합니다.

학습자 백화점은 커요. 물건이 많아요. 백화점은 크고 물건도 많아요.
학습자 에린 씨는 예쁘고 친절해요.

반 친구들의 나라와 국적, 직업 그리고 특징을 표현합니다. 교재의 연습 문제를 풀어 보면서 여러 가지 상황을 연습합니다.

활용

상태 설명하기 활동지 29쪽 '–고2'

주의

시간 순서를 표현하는 경우도 있으므로 먼저 단순 나열의 예문을 연습한 후에 시간 순서 표현을 익히도록 합니다. 단, 단순 나열의 경우는 동사와 형용사 모두 사용할 수 있으나 시간 순서 표현은 동사에만 사용한다는 것을 주지시켜야 합니다.

−아/어서(이유)

교재 122쪽

| 도입 및 제시 | 어떤 일이나 상태의 원인 또는 이유를 말하고 두 개의 문장을 연결합니다.

교 사 　머리가 아파요. 어떻게 해요?
학습자 　약을 먹어요. / 병원에 가요.
교 사 　네, 머리가 아파서 병원에 가요. / 머리가 아파서 약을 먹어요.

| 먹다 + 어서 | 먹어서 | 밥을 많이 먹어서 배가 불러요 |
| 아프다 + 아서 | 아파서 | 배가 아파서 병원에 가요 |
하다 + 여서	하여서→해서	피곤해서 쉬어요 | 위와 같이 판서를 하고 활용 형태를 익힙니다. 먹다, 쉬다, 공부하다 등의 동사의 동작에 앞서 그 이유를 제시합니다. 　　배가 고프다 → 빵을 먹다 → 배가 고파서 빵을 먹어요. 　　머리가 아프다 → 쉬다 → 머리가 아파서 쉬어요. 　　시험이다 → 열심히 공부하다 → 시험이어서 열심히 공부해요.
연습	문법 익히기 연습 문제를 사용하여 여러 상황을 제시합니다. 　　비가 와요. 산에 안 가요. 교 사 　왜 산에 안 갔어요? 학습자 　비가 와서 산에 안 갔어요. 　　비빔밥을 좋아해요. 자주 먹어요. 교 사 　왜 비빔밥을 자주 먹어요? 학습자 　비빔밥을 좋아해서 자주 먹어요. 　　서울은 차가 많아요. 복잡해요. → 서울은 차가 많아서 복잡해요. 　　어제 많이 걸었어요. 피곤해요. → 어제 많이 걸어서 피곤해요. 교사가 제시하고 발화하게 한 후에는 학습자가 자신이나 주변의 상황을 스스로 생각해서 말하도록 유도합니다.
활용	이유와 결과 말하기　활동지 30쪽 '−아/어서1'
주의	'−아/어서'의 앞에는 과거 시제 '−었/았−'을 사용할 수 없는 것과 뒤에 명령문이나 청유문을 쓸 수 없다는 것을 알려줘야 합니다.

'으' 탈락

교재 127쪽

도입 및 제시

해당 단어 기본형 카드를 보여 주고 탈락되는 형태로 말하는 연습을 합니다. 이때 '-고'와 '-아/어서' 등 앞서 배운 활용 형태를 같이 연습해도 좋습니다.

_____아요	_____어요
바쁘다 → 바빠요	크다 → 커요
아프다 → 아파요	쓰다 → 써요
나쁘다 → 나빠요	슬프다 → 슬퍼요
배고프다 → 배고파요	예쁘다 → 예뻐요

아래와 같이 칠판에 판서를 하고 형태의 변화를 시각적으로 보여 줍니다.

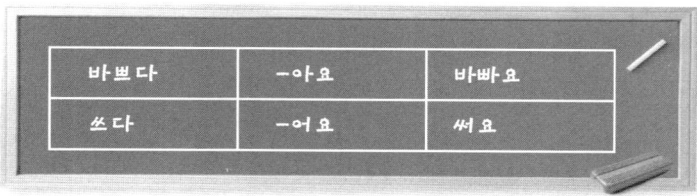

'으' 탈락은 어미 'ㅏ' 또는 'ㅓ'로 시작되는 경우 발생하므로, 이런 환경에서 규칙적으로 '으'가 탈락함을 알려 줍니다.

연습

교재의 연습 문제를 풀어 보고 해당 용언의 다른 예문을 말하게 합니다.

교 사 　서울은 어때요? 커요? 작아요?
학습자 　커요. 사람도 많아요.
교 사 　네. 서울은 크고 사람도 많아요.
　　　　서울은 커서 복잡해요.

활용

불규칙 용언의 기본형 단어 카드를 학습자에게 주고 교사가 문법 카드를 한 장씩 보여 주며 활용형을 대답하게 합니다. 활동지 91-93쪽 '불규칙 동사/형용사'

주의

기본형에서 탈락되고 변형된다고 해서 무조건 불규칙이 아닙니다. '으'는 규칙적인 탈락이 이루어지기 때문에 불규칙이 아닌 탈락이며, 이와 같은 차이점을 학습자가 파악할 수 있도록 규칙과 불규칙 형태를 정확하게 제시하는 것이 좋습니다.

빈도부사

교재 128쪽

도입 및 제시	교사는 운동을 한다는 표시를 매일, 일주일에 세 번, 일주일에 한 번, 한 달에 한 번, 아무 것도 표시하지 않은 각각의 달력을 보여 주며 '매일(날마다), 자주, 가끔, 거의 안, 전혀 안'을 설명합니다. 매일(날마다)　　자주　　가끔 거의 안　　전혀 안 **교사**　○○ 씨는 매일(날마다) / 자주 / 가끔 운동을 해요. 　　　　운동을 거의 안 해요. / 운동을 전혀 안 해요.
연습	학습자에게 돌아가며 질문을 합니다. 운동, 청소, 빨래 등의 집안일이나 취미 또는 좋아하는 일을 물어보고 그 횟수를 말하게 합니다.
활용	조를 나누어 빈도부사 질문지를 이용한 점수 게임을 합니다. **활동지 31쪽 '빈도부사'**

하고

도입 및 제시	교사는 가족 사진을 학습자에게 보여 주고 누구와 함께 찍었는지를 이야기하며 자연스럽게 '하고'를 사용하여 이야기합니다. **교사**　아버지, 어머니, 동생과 사진을 찍었어요. 　　　　아버지하고 어머니하고 동생하고 사진을 찍었어요. 　　　　○○ 씨는 언제 가족 사진을 찍었어요? 누구하고 찍었어요? **학습자**　작년에 사진을 찍었어요. 부모님하고 사진을 찍었어요. 친구하고 극장에 갔어요. 주말에 친구하고 같이 숙제해요. **교사**　○○ 씨는 언제 극장에 갔어요? 누구하고 영화를 봤어요? **학습자**　어제 극장에 갔어요. 친구하고 영화를 봤어요.
연습	'-하고' 다음에는 동사로 이어지는 경우가 있습니다. 친구하고 이야기했어요. 동생하고 놀았어요.
활용	빈도부사 질문지로 '누구하고'를 확장 연습합니다. **활동지 31쪽 '빈도부사'**
주의	나열하는 것을 더하여 말하는 표현은 '하고' 외에도 '와/과', '(이)랑'이 있지만 한꺼번에 다루는 것은 바람직하지 않으므로 결합 형태가 간단한 '하고'를 먼저 제시하는 것이 좋습니다.

 **함정을 피해 가려면**

'-아/어서'와 '-으니까'

'-아/어서'는 흔히 '-으니까'와 비교를 많이 하게 됩니다. 이는 이유나 원인을 나타내는 연결어미로 학습자들이 가장 많은 오류를 보이는 문법 중 하나이기 때문입니다. 여기에서는 '-아/어서'를 쓸 수 없는 경우를 살펴봅니다.

1. '-았/었-', '-겠-'과 결합하지 않습니다. '-아/어서'가 구현되는 앞 절에는 과거나 미래를 나타내는 시제가 나타날 수 없고 언제나 현재 시제로만 사용되며 시제는 뒷 절에만 반영됩니다.

   머리가 아파서 쉬었어요. (O)
   머리가 아팠어서 쉬었어요. (×)

2. 원인과 결과를 이어 주는 문장에서 보통의 평서문은 '-아/어서'와 '-으니까'를 같이 써도 무방하지만 '-으니까'의 경우가 그 인과 관계를 더욱 확실하게 하는 느낌이 강합니다. 따라서 자신의 의지를 나타내는 문장에서는 '-아/어서'보다 '-으니까'를 쓰는 것이 좋습니다.

   시험이어서 열심히 공부했어요. (O)
   시험이어서 열심히 공부하겠습니다. (×)
   시험이니까 열심히 공부하겠습니다. (O)

3. 뒷절에 명령문이나 청유, 권유의 문장이 올 때에는 '-아/어서'를 쓰지 않습니다. 이때에도 말하는 사람의 의지나 기호 등이 강하게 포함되므로 '-으니까'가 더 자연스러운 것입니다.

   시간이 없어서 택시를 탈까요? (×)
   시간이 없으니까 택시를 탈까요? (O)
   내일이 시험이어서 열심히 공부하세요. (×)
   내일이 시험이니까 열심히 공부하세요. (O)

4. 반면에 '미안해요, 고마워요, 반가워요, 기뻐요' 등의 감정을 나타내는 형용사가 뒷절에 나올 때에는 '-으니까'를 쓸 수 없습니다.

   늦어서 죄송해요. (O)
   만나서 반가워요. (O)
   늦었으니까 죄송해요. (×)
   만났으니까 반가워요. (×)

이와 같이 '-아/어서'와 '-으니까'는 대치하여 쓸 수 있는 표현이지만 의미의 차이가 미묘하게 나타나는 경우가 많으므로 초급 단계에서는 함께 제시하지 않는 것이 좋습니다. 각각의 표현을 도입할 때에는 '-아/어서'나 '-으니까' 만 쓸 수 있는 상황의 예문을 제시하는 것이 바람직합니다.

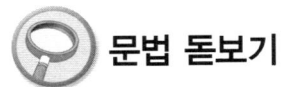 문법 돋보기

-았/었-

비격식체 높임 표현에서 현재 시제는 '-아/어요', 과거 시제는 '-았/었어요'를 사용합니다. 용언의 어간에 붙는 형태가 동일하기 때문에, 형태를 제시할 때 현재형 '-아/어요'에서 '요' 대신에 그대로 '-ㅆ어요'를 결합시킨다는 것을 알려 줍니다. 또한 과거 시제를 도입할 때에는 시간을 나타내는 표현과 함께 연습을 시키는 것이 좋습니다.

지금 빵을 먹어요 + ㅆ어요 → 어제 빵을 먹었어요.

그러나 '이다'는 '이에요/예요'의 과거 시제로 '이엤어요/옜어요'로 사용하는 오류를 보일 수도 있으므로 반드시 '이다'의 활용형은 '이었어요/였어요'라는 것을 별도로 연습을 시켜야 합니다.

-고(나열)

나열된 두 개의 문장을 연결하는 표현인 '-고'는 동사, 형용사에 모두 사용하지만 학습자에게 제시하는 순서를 정할 필요가 있습니다. 동사는 시간의 흐름이나 순서로 해석될 수도 있기 때문에 단순 나열이 되는 '형용사+형용사'를 먼저 제시하는 것이 좋고 그 다음 '형용사+동사'나 '동사+동사'의 순서로 제시합니다.

① 김밥은 싸고 맛있어요.
② 빵도 먹고 밥도 먹었어요.
③ 의자에 앉고 차를 마셔요. (×)

①은 '형용사+형용사', ②는 '동사+동사'의 결합입니다. 그러나 ③처럼 동사 '앉다'나 '서다'처럼 동작의 행위가 지속적으로 계속되는 의미를 나타내는 경우에는 앞의 행동이 뒤 문장에 영향을 주게 되므로 '-고'가 아닌 '-아/어서'를 써야 합니다(문법 돋보기 참조).

따라서 시간 상의 순서로 해석될 수 있는 미묘한 동사는 예문으로 제시하지 않는 것이 좋습니다.

밥을 먹고 커피를 마셔요. 운동하고 샤워해요.

위의 예문들을 보면 각각이 다른 행동일 수도 있고 앞의 행동 후에 뒤의 행동으로 이어지는 순차적 연결이 될 수도 있습니다. 그러나 시간적 순서를 표현하는 경우에도 단순 연결이나 나열이 아닌 앞 행동이 뒤의 행동에 영향을 미치는 경우에는 '-아/어서'를 써야 합니다.

친구를 만나고 영화를 봤어요.
친구를 만나서 영화를 봤어요.

 **활동은 이렇게**

–고2 〈활동지 29쪽〉

상황 설명하기

선생님, 가방, 식당, 아파트, 백화점
_____은 어때요?

① 위의 명사의 상황을 질문합니다.
② '–고'를 사용하여 두 개 이상의 형용사를 연결합니다.
③ 제시된 단어 외에도 다른 형용사를 이야기해 봅니다.

〈도움말〉
성질이나 유형이 같은 형용사끼리 나열해야 합니다.
예를 들어 '크고 나빠요'나 '맛없고 깨끗해요'라고 연결하면 어색합니다.

–아/어서1 〈활동지 30쪽〉

문장 연결하기

① 불완전한 문장이 쓰여 있는 카드를 각각 1장씩 나누어 줍니다.
② 각각 짝이 맞는 문장 카드를 가지고 있는 사람을 찾아 완전한 문장을 만들어 봅니다.
③ 완전한 문장을 만들어 발표하게 합니다.

〈도움말〉
이유나 원인만 주고 뒤의 문장을 만들게 하거나 뒤의 문장만 주고 이유나 원인을 찾도록 합니다.

빈도부사

〈활동지 31쪽〉

인터뷰하기

① 교사는 질문지를 나눠 주고 반 친구들에게 질문하고 빈도부사를 사용하여 답하게 합니다.
② 질문자는 응답자가 대답하는 빈도부사를 자신의 인터뷰지에 씁니다.
③ 점수를 합산하여 가장 많은 점수를 얻은 사람을 인터뷰한 사람이 1등입니다.

〈도움말〉
두 팀으로 나누어 해도 좋고 개인별로 해도 좋습니다.

어느 날 교실에서 – 수업일지의 실제

수업 시간에 한 학습자가 늦게 들어옵니다.

"왜 늦었어요?"
"늦게 일어났어요. 죄송합니다."
"○○씨는 늦게 일어나서 늦었어요. 이럴 때에는 '늦어서 죄송합니다.'라고 하면 좋아요."

문법을 교수할 때 교사가 인위적으로 상황을 지어내는 것보다 실제 상황을 연결해서 예문을 들거나 설명하는 것이 학습자의 이해를 가장 빨리 확실하게 할 수 있는 방법인 것 같아요.

한국어 초급에서 꼭 넘어야 하는 고비가 있다면 바로 '-아/어서'와 '-으니까'의 차이 인식하기가 아닐까요? '-아/어서'와 '-으니까'의 차이를 설명하고 각각에서 쓸 수 없는 경우를 수없이 설명하고 예문을 들어줘도 학습자들에게는 쉽지 않은가 봅니다. 특히 '-아/어서'를 써야 하는 상황에서 '-으니까'를 많이 쓰는가 하면, 명령이나 청유형에서도 두 가지를 함께 쓰고 '-아/어서' 앞에서 과거 시제를 그대로 사용하는 오류가 가장 많습니다.

*우리 만났으니까 정말 반가워요.
*배가 고파서 밥 먹으러 갈까요?
*아침에 늦잠을 잤어서 지각했어요.

한국인들도 이 차이를 설명하기 힘든데 하물며 학습자들이 이 차이를 명확하게 인식하고 제대로 사용하기란 어려울 것 같아요. 결국 많은 오류와 실수를 거쳐서 그리고 반복 연습을 통해서 서서히 인식하게 되는 것 아닐까요. 흠…… 모국어 습득이 아닌 외국어 학습은 무조건적인 연습과 꾸준한 학습 외에는 정도가 없지 않나 싶습니다.

다른 선생님들의 댓글

▶ '-아/어서'와 '-으니까'는 정말 초급에서 한 번씩 치러야 하는 홍역 같다고나 할까요?

▶ 맞아요. 저도 되도록 실제 상황에서 예문을 끌어내려고 하는데 그게 참 어려워요.

▶ 고급 단계에서도 헷갈려하고 잘못 쓰는 경우가 허다한 것이 바로 '-아/어서'와 '-으니까'입니다.

휴가

1-8 친구들하고 동해에 갈 거예요

학습 문법	–을 거예요　　　　–아/어서　　　　–고 싶다 –지만　　　　ㅂ 불규칙
수업 목표	계획을 말할 수 있다. 희망을 말할 수 있다. 여행 관련 표현을 말할 수 있다.
수업 자료	활동지　–을 거예요　–아/어서2　–지만

 교실에 들어가기 전에

	확인할 내용	네	아니요
1	의지나 추측의 '–을 거예요'의 의미와 형태를 제시할 수 있다.		
2	순서의 '–아/어서'와 '–고'의 의미 차이를 알고 있다.		
3	'–고 싶다'의 인칭 제약을 파악하고 있다.		
4	'–지만'의 의미와 형태를 정확하게 제시할 수 있다.		
5	'ㅂ 불규칙'의 종류와 활용 형태를 제시할 수 있다.		

1. 의지나 추측의 '-을 거예요'의 의미와 형태를 제시할 수 있다.

주어가 1인칭일 때는 자신의 의지나 계획의 의미가 강하고 1인칭이 아닐 경우에는 추측의 의미가 더 강하므로 이 부분에 대한 의미 전달이 될 수 있도록 예문을 제시합니다. 또한 받침이 있는 경우 ①과 ②에서처럼 연음되는 현상과 '거'가 '꺼'로 발음됨을 교수·학습해야 합니다.

① 먹을 거예요 → /머글 꺼예요/
② 읽을 거예요 → /일글 꺼예요/
③ 살 거예요 → /살 꺼예요/

여기에 ③과 같이 받침이라도 'ㄹ'의 경우에는 '-을'이 나오지 않고 그대로 '거예요'만 결합하는 형태를 분명하게 알려 주는 것이 좋습니다.

2. 순서의 '-아/어서'와 '-고'의 의미 차이를 알고 있다.

이유, 원인을 나타내는 '-아/어서'와 달리 시간의 순차적인 상황을 연결하는 경우에는 '-고'와 구별할 수 있도록 시간적인 상황이 분명한 예문을 제시할 필요가 있습니다. ①은 단순히 시간적인 순서만을 나열하지만 ②는 앞의 상황이 뒤에도 영향을 주고 있는 것입니다. 즉, '-고'의 경우에는 행위의 연관성이 없는 시간적 전후 사건이 연결됩니다.

① 친구를 만나고 영화를 봤어요.
② 친구를 만나서 영화를 봤어요.

3. '-고 싶다'의 인칭 제약을 파악하고 있다.

'-고 싶다'는 무엇인가를 바라거나 희망하는 것을 나타내는 표현인데 이때 주어가 반드시 1인칭이어야 하고 3인칭이 주어가 되면 '-고 싶어 하다'로 사용해야 합니다.

4. '-지만'의 의미와 형태를 정확하게 제시할 수 있다.

단순 대조의 문장 ①과 기대와 상반된 내용의 대조 문장 ②와 같은 경우를 구분하여 먼저 단순한 대조의 상황을 제시한 후에 상반된 내용의 대조 상황을 제시합니다.

① 에린은 회사원이지만 바트는 학생이에요.
② 열심히 공부했지만 성적이 안 좋아요.

5. 'ㅂ 불규칙'의 종류와 활용 형태를 제시할 수 있다.

'입다', '좁다' 등의 규칙 활용을 함께 제시하면 학습자의 혼란을 가져올 수 있으므로 불규칙 활용만 별도로 구분해서 제시하고 익숙해진 후에 규칙 활용과 함께 연습하도록 하는 것이 좋습니다(2-2 불규칙 참조).

문법 수업은 이렇게

-을 거예요 교재 140쪽

도입 및 제시

교사는 달력이나 시간을 표현하는 단어 카드 등을 학습자에게 보여 주면서 어제나 지난 주말의 일을 질문하고 나서 자연스럽게 미래 상황을 유도합니다.

교 사　어제 뭐 했어요?
학습자　친구를 만났어요.
교 사　○○ 씨는 내일은 뭐 해요?
학습자　내일은 영화를 봐요.
교 사　○○ 씨는 내일 영화를 볼 거예요.

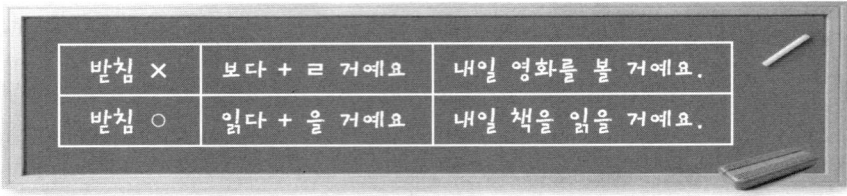

미래 계획이나 상황을 표현하는 것이므로 미래 시간과 관련한 표현을 함께 제시하는 것이 좋습니다.

내일 저녁에 비빔밥을 먹을 거예요.
주말에 바다에 갈 거예요.
내년에 고향에 돌아갈 거예요.

연습

과거 시제와 미래 시제를 비교할 수 있도록 시간의 여러 가지 표현을 제시하고 형태를 익히는 연습을 합니다.

어제	오늘	내일
밥을 먹었어요	밥을 먹어요	밥을 **먹을 거예요**
도서관에 갔어요	도서관에 가요	도서관에 **갈 거예요**

받침의 유무에 따라 달라지는 형태의 활용 연습을 하고 나서 옆 친구에게 주말 계획을 질문하고 답하는 연습을 합니다.

학습자 1　주말에 뭐 할 거예요?
학습자 2　주말에 친구와 쇼핑을 할 거예요.

활용

10년 후의 나에 대해서 이야기하고 친구에게도 물어보세요.　활동지 32쪽 '-을 거예요'

주의

주어가 1인칭일 때 의지 표현에는 주로 동사와 쓰이고, 주어가 1인칭이 아닐 때 형용사나 동사에 결합하면 어떤 일의 진행이나 상태를 추측하는 의미가 강합니다.

-아/어서(순서)

교재 142쪽

도입 및 제시

앞 단원의 원인과 결과를 연결하는 '-아/어서'에 이어 어떤 행동이나 상황을 시간 순서에 따라 연결하는 의미를 익힙니다.

교 사	아침에 일어나요. 그리고 뭐 해요?
학습자	세수를 해요.
교 사	네, 아침에 일어나서 세수를 해요.
교 사	도서관에 가요. 그리고 뭐 해요?
학습자	책을 읽어요.
교 사	네, 도서관에 가서 책을 읽어요.

씻다 + 어서	씻어서	딸기를 씻어서 먹어요.
가다 + 아서	가서	도서관에 가서 공부를 해요.
하다 + 여서	하여서→해서	운동해서 살을 빼요.

연습

순차적인 행동을 확연하게 알 수 있는 문장으로 연습합니다.

① 시장에 가요. 딸기를 사요 → 시장에 가서 딸기를 사요.
② 딸기를 씻어요. 먹어요 → 딸기를 씻어서 먹어요.
③ 서점에 가요. 책을 사요 → 서점에 가서 책을 사요.
④ 책을 사요. 읽어요 → 책을 사서 읽어요.

두 가지의 행동이나 상황이 나열되어 연결하는 문장이지만 그것이 시간상 순차적으로 일어나는 것임을 학습자가 확실하게 이해할 수 있도록 그림이나 행동으로 보여 주는 것도 좋습니다. 특히 먹다, 읽다, 마시다, 보다 등의 동사는 '-아/어서'의 뒤에 바로 사용하는 경우가 많으므로 시간상 순서로 제시하기에 적합합니다.

활용

순차적 행동의 문장 쓰고 말하기 활동지 33쪽 '-아/어서2'

주의

시간 순서를 나타내는 표현으로는 '-고'도 쓸 수 있지만 앞의 행동이 뒤에도 계속 영향을 주게 되는 경우에는 '-아/어서'를 써야 더 정확합니다. 따라서 순차적인 의미가 확실한 상황의 예문을 제시해야 학습자가 쉽게 이해할 수 있습니다.

-고 싶다

교재 144쪽

도입 및 제시

학습자가 무엇인가 갖고 싶거나 하고 싶은 일, 바라는 일을 표현할 수 있도록 자연스럽게 상황을 만들어서 목표 문장을 이끌어 냅니다.

교 사	무슨 과일을 좋아해요?
학습자	오렌지를 좋아해요.
교 사	저는 사과를 좋아해요. 지금 사과가 먹고 싶어요. 지금 오렌지가 먹고 싶어요?
학습자	네, 오렌지가 먹고 싶어요.

> 음악을 듣고 싶어요.
> 방학에 제주도에 가고 싶어요.

교사가 인위적으로 상황을 만들기보다는 학습자가 실제로 체감할 수 있는 상황으로 예문을 제시하는 것이 좋습니다.

| 교 사 | 방학에 어디에 가고 싶어요? |
| 학습자 | 방학에 고향에 가고 싶어요. |

이밖에도 학습자가 하고 싶은 것, 가고 싶은 곳, 갖고 싶은 것 등을 학습자끼리 또는 교사가 질문하고 대답하게 합니다.

연습

'-고 싶다'는 동사하고만 결합하는 것으로 형태는 '-고'와 마찬가지로 어간이 변하지 않고 그대로 '-고'만 결합하게 됩니다. 이 경우 항상 주어가 1인칭이 되어야 하는데 한국어의 구어체에서는 흔히 주어가 생략되므로 인칭의 차이를 인식하지 못할 수 있습니다. 따라서 처음에는 주어를 사용해서 연습을 시켜서 주어가 항상 1인칭이 되어야 한다는 사실에 익숙해지도록 합니다.

> 저는 영화를 보고 싶어요.
> 저는 아이스크림이 먹고 싶어요.
> 저는 여행을 가고 싶어요.

활용

휴가에 대하여 이야기하기 (교재 153쪽 '날개 달기' 참조)

주의

'-고 싶다'의 주어는 항상 1인칭으로 화자 자신의 희망이나 원하는 일을 말하는 것이므로 주어가 3인칭일 때는 '-고 싶어 하다'로 바꿔 씁니다. 따라서 무엇인가를 하고 싶어 하는 사람이 3인칭이 되지 않도록 주의해야 합니다.

−지만

교재 146쪽

도입 및 제시

앞 문장과 반대되는 내용이 뒤에 이어지는 표현으로 두 가지 사실이 단순한 대조나 대비를 나타내는 것과 내용상 기대와 상반되는 의미를 나타내는 경우에 사용합니다.

교 사	서울에서 인천은 가까워요. 부산은 어때요?
학습자	멀어요.
교 사	네, 서울에서 인천은 가깝지만 부산은 멀어요.
교 사	한국에서 일본은 가까워요. 미국은 어때요?
학습자	일본은 가깝지만 미국은 멀어요.
교 사	회사원은 일을 해요. 학생은 뭘 해요?
학습자	공부해요.
교 사	네. 맞아요. 회사원은 일을 하지만 학생은 공부를 해요. 학생이지만 저녁에는 일을 해요.

단순 대조가 아닌 기대와 상반되는 상황을 유도하여 보여 주고, 이 경우에도 '−지만'을 사용할 수 있다는 것을 제시합니다.

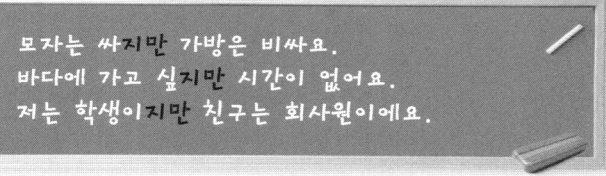

모자는 싸지만 가방은 비싸요.
바다에 가고 싶지만 시간이 없어요.
저는 학생이지만 친구는 회사원이에요.

연습

형용사의 반대 표현 어휘를 사용하여 단순 대조를 연습합니다.

여름은 덥지만 겨울은 더워요.
김밥은 싸지만 불고기는 비싸요.
아이는 키가 작지만 어른은 키가 커요.

기대와 상반되는 내용상의 대조를 연습합니다.

한국어가 어렵지만 재미있어요.
가방이 싸지만 아주 좋아요.
여행을 가고 싶지만 시간이 없어요.

활용

문장 카드를 보고 뒤의 상황을 이야기하기 활동지 34–35쪽 '−지만'

주의

두 개의 문장을 연결할 때 접속부사를 미리 연습해 둔다면 문장의 연결을 좀 더 쉽게 이해할 수 있습니다.

ㅂ 불규칙

교재 148쪽

도입 및 제시

불규칙 용언이 구현되는 상황을 제시하고 불규칙 활용을 도입합니다.

교 사 겨울에는 날씨가 추워요. 여름은 어때요?
학습자 여름에는 더워요.

불규칙 단어와 문법 카드를 같이 제시하며 변형되는 형태를 하나하나 짚어 줘도 좋습니다.

춥다 → 추우니까 → 추워서
덥다 → 더우니까 → 더워서 → 더워요

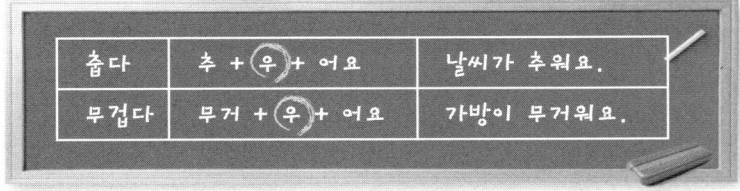

'ㅂ 불규칙' 활용에서는 'ㅂ'이 탈락하고 그 자리에 '우'가 온다는 것을 붉은 색 펜으로 O 표시를 하여 시각적으로 확인하게 해 주면서 형태 변화를 알 수 있게 합니다.

연습

교재의 연습 문제를 풀어 보고 이와 같이 불규칙 동사가 사용될 수 있는 상황을 유도하는 질문으로 자연스럽게 대답이 이어질 수 있도록 합니다.

방이 추워요. → 방이 추워서 창문을 닫아요.
학교가 가까워요. → 학교가 가까워서 좋아요.
한국어가 어려워요. → 한국어가 어려워서 힘들어요.
제주도가 아름다워요. → 제주도가 아름다워서 가고 싶어요.

앞서 배운 표현들을 이용하여 다양한 문장으로 연습할 수 있도록 합니다.

활용

불규칙 단어 카드를 활용하여 표현 확장하기 활동지 91-93쪽 '불규칙 용언'

주의

대부분의 경우는 'ㅂ'이 '우'로 바뀌지만 '돕다, 곱다'의 경우에는 '오'로 바뀌기 때문에 예외가 있다는 것을 알려 줍니다. 또한 불규칙 활용에 앞서 '입다' 등의 규칙 활용을 함께 제시하지 않는 것이 혼선을 피하는 방법이 될 수 있습니다(2-2 불규칙 참조).

 함정을 피해 가려면

-아/어서(순서)

앞서 이유나 원인을 나타내는 경우를 학습했다면, 이번에는 시간의 순서에 따라 나열하는 의미를 가진 '-아/어서'의 기능을 알아봅니다. 이와 유사한 표현으로 시간의 나열을 뜻하는 '-고'가 있습니다.

① 친구를 만나고 저녁을 먹어요.
② 친구를 만나서 저녁을 먹어요.

①은 단순한 시간적인 행동의 나열이 되므로 친구를 만나고 같이 저녁을 먹었는지 아니면 혼자서 저녁을 먹었는지가 확실하지 않지만, ②는 친구를 만나서 같이 저녁을 먹었다는 의미가 명확하게 표현이 됩니다. '-아/어서'는 앞의 문장이 뒤의 문장과 유기적인 관련이 있기 때문에 학습자에게 예문을 제시할 때는 이런 혼란을 가져올 수 있는 예문은 피하는 것이 좋습니다.

③ 학교에 가고 공부를 해요.
④ 학교에 가서 공부를 해요.

③의 경우에는 '학교에 가다'와 '공부를 하다'가 별개의 문장으로 느껴지는 데 반해, ④는 학교에 간 다음에 공부를 한다는 의미가 명확하므로 시간의 순차적인 행동에 대한 예문으로 바람직합니다.

-고 싶다

희망이나 바람을 표현하는 '-고 싶다'는 동사와만 결합하는데, '듣다, 먹다, 마시다, 보다' 등 일부 동사들은 앞에 오는 조사로 '을/를'만 사용해야 하는 '-아/어요'와 달리 '이/가'도 함께 사용할 수 있습니다.

① 음악을 들어요. (○)
  음악이 들어요. (×)

② 음악을 듣고 싶어요. (○)
  음악이 듣고 싶어요. (○)

그러나 초급 단계에서는 조사 사용이 어려울 수 있으므로 동시에 제시하기보다는 '을/를'에 그대로 '-고 싶다'를 결합한 형태가 익숙해진 다음에 '이/가 -고 싶다'를 자연스럽게 노출시켜 낯설지 않게 받아들일 수 있도록 합니다.

-지만

앞 문장과 반대되는 내용이 뒤에 올 때 대조의 의미를 나타내는 연결어미 '-지만'을 쓸 수 있습니다. '-지만'은 '동사', '형용사', '이다'에 결합하며 받침의 유무에 상관없이 어간에 결합을 하면 됩니다.

그런데 초급 학습자들은 시제의 결합이 허용되는 경우와 그렇지 않는 경우를 어려워합니다. 특히 앞서 과거 시제를 쓰지 않는 '-아/어서'를 학습했다면 ①과 같이 '-지만'에서도 과거 시제를 쓰지 않고 형태를 결합하는 오류를 범하기 쉽습니다. 따라서 '-지만' 앞에서는 ②와 같이 과거 시제 '-았/었-'을 써야 한다는 것을 미리 알려줄 필요가 있습니다.

① 어제 시험공부를 열심히 하지만 시험이 너무 어려워요. (X)
② 어제 시험공부를 열심히 했지만 시험이 너무 어려워요. (O)

③ 한국어는 처음에는 어렵지만 지금은 재미있어요. (X)
④ 한국어는 처음에는 어려웠지만 지금은 재미있어요. (O)

③은 얼핏 보면 맞는 듯 보이지만 처음에는 어려웠는데 지금은 재미있다는 뜻으로, 과거에서 현재의 상태로 변화된 내용이 되어야 하므로 ④가 맞습니다. 이렇게 앞과 뒤가 대조적이거나 상반된 내용이 이어지는 문장에서는 형태보다는 내용의 의미를 먼저 이해할 수 있도록 중점적으로 지도해야 합니다. 의미가 확실하게 파악이 되어야 대조적인 상황이나 기대되는 내용의 상반됨을 받아들이고 연결어미를 정확하게 사용할 수 있게 됩니다. 흔히 초급 단계에서는 유창성보다는 정확성을 먼저 강조하여 형태적인 변화만을 반복적으로 연습하는데, 그러다 보면 활용에서 의미상의 오류를 범하기 쉬운 지름길로 인도하는 격이 될 수도 있습니다.

또한 '-지만'은 비교적 시제 결합이 자유롭기 때문에 미래 시제도 쓸 수 있는데 이때 ⑤와 같이 '-겠-'을 쓰면 되고, '-았/었-'과 '-겠-'을 결합하기도 합니다. 그러나 ⑥과 같이 '-았/었겠-'이 결합하는 경우는 과거의 상황에 대한 추측을 나타내므로 충분한 학습과 완전한 이해가 이루어진 상태에서 제시되어야 오류를 줄일 수 있습니다.

⑤ 많이 바쁘겠지만 휴일에는 좀 쉬세요.
⑥ 많이 바빴겠지만 몸을 챙기세요.

부정 표현에는 동사나 형용사 앞에 ⑦, ⑧과 같이 '안'이나 '-지 않지만'을 쓰면 되고 '명사+이다'의 부정문은 ⑨와 같이 '아니지만'을 붙이면 됩니다.

⑦ 아침을 안 먹지만 점심은 꼭 먹어요.
⑧ 아침을 먹지 않지만 점심은 꼭 먹어요.
⑨ 학생이 아니지만 공부를 열심히 해요.

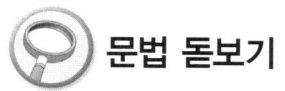 **문법 돋보기**

-을 거예요

미래의 어떤 행위를 하겠다는 자신의 의지를 나타내거나 추측을 나타내는 표현인 '-을 거예요'는 '-을 것이에요'의 준말입니다. 이와 같은 의미를 가진 표현의 '-겠-'은 '-을 거예요'보다 좀 더 강한 판단이나 강한 의지를 담고 있습니다.

① 내일 여행을 갈 거예요.
② 내일 여행을 가겠습니다.

③ 비가 올 거예요.
④ 비가 오겠습니다.

위의 ①은 단순한 계획을 의미하지만 ②는 자신의 확고한 의지를 나타내는 표현이 됩니다. 또한 ③은 판단이나 정보의 정확성이 약하고 ④는 판단이나 정보의 정확성이 좀 더 강한 의미를 가지고 있습니다. 또한 ①과 ③처럼 '-을 거예요'는 비격식체로 주로 구어체에서 사용하지만 ②나 ④는 격식을 갖춘 표현으로 문어체나 공식적인 어투로 활용이 됩니다.

⑤ 내일 등산 가요. (O)
⑥ 내일 등산 갈 거예요. (O)
⑦ 10년 후에 집을 사요.
⑧ 10년 후에 집을 살 거예요.

위에서 보면 ⑤와 ⑥ 모두 앞으로의 계획을 이야기하는 문장입니다. 한국어에서 가까운 미래는 현재의 표현으로 쓰기도 하지만 좀 더 먼 미래에 대해서는 '-을 거예요'를 주로 씁니다. ⑦도 틀린 문장은 아니지만 ⑧처럼 미래 시제인 '-을 거예요'를 쓰는 것이 더 자연스러운 표현이 됩니다. 그러나 주어가 1인칭이 아닐 때에는 의지나 계획보다는 추측의 의미가 됩니다.

⑨ 내일 에린 씨가 올 거예요.
⑩ 유카 씨가 전화할 거예요.

위의 ⑨, ⑩과 같이 주어가 1인칭이 아닐 때에는 추측의 의미를 나타내는 문장이 됩니다.

 **활동은 이렇게**

-을 거예요　　　　　　　　　　　　　　　　　　　　　　　　　　　〈활동지 32쪽〉

10년 후의 나

자신의 10년 후의 계획을 말해 봅시다.

> 1. 어떤 일을 할 거예요?
> 2. 어떤 집에서 살 거예요?
> 3. 어떤 사람과 결혼할 거예요?
> 4. 어느 나라에서 살 거예요?

① 학습자들을 2명씩 짝지어 앉게 하고 위의 질문을 하고 답하게 합니다.
② 위의 질문 외에도 자유롭게 10년 후의 계획을 물어보게 합니다.

-아/어서2　　　　　　　　　　　　　　　　　　　　　　　　　　　〈활동지 33쪽〉

하루 일과 말하기

두 가지의 그림을 보고 시간 순서대로 문장 만들기

① 한 사람씩 하루 일과를 이야기하게 합니다.
② 학습자 전체를 두 팀으로 나누어 더 많은 문장을 만들어내는 팀이 이깁니다.

-지만　　　　　　　　　　　　　　　　　　　　　　　　　　　　〈활동지 34쪽〉

문장 완성하기

그림을 보고 문장을 완성해 봅시다.

공부를 열심히 했지만 시험 문제가 너무 어려워요.

〈도움말〉
문장 한 가지씩 이야기를 시켜 봐도 좋습니다.
두 사람씩 짝을 지어 먼저 문장을 완성하는 팀이 이기는 게임을 해도 좋습니다.

어느 날 교실에서 – 수업일지의 실제

대부분의 학습자들은 그들의 모국어에도 시제를 표현하는 것들이 있으므로 현재와 과거 시제를 배우고 나서 미래 시제의 '-을 거예요'를 배우는 것을 그렇게 어려워하지는 않습니다. 단지 오류를 보인다면 미래 시제의 형태 변화인 것 같아요. 현재와 과거 시제와 달리 '-으-'가 구현되는 상황이 낯설기 때문입니다. 또한 불규칙 활용 가운데 어려워하는 것 중의 하나가 'ㄹ 탈락'이기 때문에 '-을 거예요'로 바뀌는 형태는 어려울 수 있으니까 이 형태가 익숙해질 수 있도록 반복 연습을 했습니다(2-2과 'ㄹ 불규칙' 참조).

도입할 때는 달력을 보여 주면서 시간을 표현하는 단어를 함께 사용해서 시제의 구분을 확실하게 인식할 수 있도록 했어요. 처음에는 받침이 없고 비교적 발음이 편한 '하다, 가다, 오다, 만나다' 등으로 시작해 보았습니다.

어제   오늘   내일
어제는 뭐 했어요?   오늘은 뭐 해요?   내일은 뭐 할 거예요?

내일 영화를 볼 거예요.
나중에 먹을 거예요.
다음 주에 여행을 갈 거예요.

'-을 거예요'의 계획이나 앞으로 있을 일에 대한 상황 표현에서 시간을 나타내는 표현을 같이 이야기해서 미래에 대한 시간을 인지할 수 있게 했습니다. '/할 꺼예요/'의 발음이 입에 자연스럽게 붙을 수 있게 반복 연습을 하고 옆 친구와 질문하고 답하기를 해 보았습니다. 처음에는 판서를 계속 보면서 이야기하지만 어느새 자신들의 계획을 얘기합니다. 현재와 과거, 미래 시제까지 학습을 하고 나면 문장이나 표현력이 한층 다양해지는 것을 느끼지 않을까요. 이럴 때 교사로서 가장 보람이 있는 것 같아요.

다른 선생님들의 댓글

▶ 그렇죠. 한글도 모르던 아이가 말 하나하나를 배우고 사용할 때 기뻐하는 엄마 마음이 이런 것 아닐까 싶어요.^^

▶ 미래 시제를 학습하고 나서 미래의 계획표를 세워 보게 하는 것도 재미있어 하더라고요.

▶ 우리가 외국어를 배울 때의 고충이나 어려움을 생각한다면 어떻게 가르쳐야 하는가를 항상 고민하게 됩니다. 기계처럼 단순 반복하는 것은 실제 상황에서의 사용과 거리가 있으니까요.

2-1 같이 영화를 보러 갈까요?

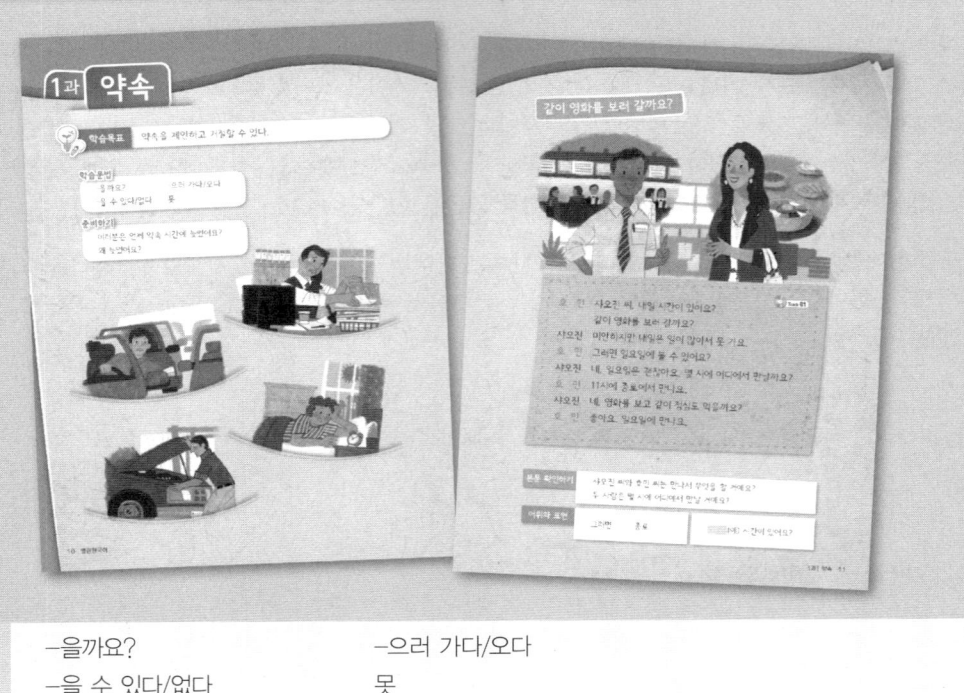

학습 문법	–을까요? 　　　　　　　　–으러 가다/오다 –을 수 있다/없다 　　　　못
수업 목표	약속을 제안하거나 변경할 수 있다. 약속을 취소하거나 거절할 수 있다.
수업 자료	활동지 –을까요? –으러 가다/오다 –을 수 있다/없다

 교실에 들어가기 전에

	확인할 내용	네	아니요
1	'–을까요?'의 의미와 기능을 제시할 수 있다.		
2	'–으러'와 '–으려고'의 차이를 알고 있다.		
3	'–을 수 있다/없다'를 제시할 수 있다.		
4	'안'과 '못'의 차이를 확실하게 제시할 수 있다.		

1. '–을까요?'의 의미와 기능을 제시할 수 있다.

    '–을까요?'는 상대에게 무엇인가를 제안하거나 의견을 물을 때 사용하는 표현입니다. 주어를 생략해서 쓰는 경우가 많은데, 실제 발화에서는 문장의 뒤를 올려서 말해야 의미 전달이 분명해집니다. 주로 제안하는 의미로 많이 사용하므로 현재 시제만 쓸 수 있으며, '같이'나 '함께' 등과 쓰이기도 하는데 이들 부사는 비교적 어순이 자유롭다고 할 수 있습니다.

    ① 오늘 점심은 뭐 먹을까요?
    ② 같이 영화 보러 갈까요?
    ③ 영화 보러 같이 갈까요?

    ①은 점심으로 무엇을 먹을지에 대해 상대방에게 의견을 묻는 것이고, ②와 ③은 영화를 보러 가자는 제안인데, 부사 '같이'가 '영화' 앞이나 뒤에 쓰여도 문장 전체의 의미는 변하지 않습니다.

2. '–으러'와 '–으려고'의 차이를 알고 있다.

    동사와 결합하여 동작의 목적을 나타내는 표현인 '–으러'는 주로 '가다, 오다, 다니다, 나오다, 들어가다' 등의 이동을 의미하는 동사와 함께 쓰입니다. 이와 유사한 표현으로 '–으려고'가 있으나 이 경우에는 분명한 의도와 목적의 의미를 포함하고 있습니다. 반면 '–으러'는 단순히 이동의 의미가 더 확실하기 때문에 이동을 나타내는 동사와만 결합합니다. '–으려고'는 대부분의 동사와 결합이 가능하나 ①, ②와 같이 '–으려고'는 권유나 명령의 문장에는 쓰일 수 없고 '–으러'는 이와 같은 제약이 없습니다.

    ① 도서관에 같이 공부하러 갈까요? (O)
    ② 도서관에 같이 공부하려고 갈까요? (×)

3. '–을 수 있다/없다'를 제시할 수 있다.

    능력을 나타내는 표현에는 '–을 줄 알다/모르다'와 함께 '–을 수 있다/없다'를 쓸 수 있으나 그 차이가 분명합니다.

    ① 운전할 줄 알아요?
    ② 운전할 수 있어요?
    ③ 내일 만날 수 있어요? (O)
    ④ 내일 만날 줄 알아요? (×)

    ①의 '–을 줄 알다/모르다'는 주로 행위의 방법, 즉 운전을 어떻게 하는지에 대해 묻는 표현이고 ②의 '–을 수 있다/없다'는 어떤 행동의 가능성, 즉 운전 자체가 가능한지를 묻는 표현인데 실제 대화에서는 뚜렷한 의미 구별 없이 쓰기도 합니다. 그러나 ③, ④에서 보는 바와 같이 방법을 알거나 재능을 가지고 있다는 의미가 아니라 일반적인 행동의 가능 여부를 나타낼 때는 그 차이가 명확해지므로 '–을 수 있다/없다'만 쓸 수 있습니다.

4. '안'과 '못'의 차이를 확실하게 제시할 수 있다.

    단형 부정 표현인 '안'과 '못'은 그 의미에서 차이를 보입니다. '안'은 능력이나 외부적인 조건에 관계없이 어떤 일을 하고 싶지 않다는 본인의 의사를 나타내지만 '못'은 능력이 없거나 그에 미치지 못함을 나타내며 이 경우에는 '–을 수 없다'와 바꾸어 쓸 수 있습니다.

문법 수업은 이렇게

	−을까요?	교재 14쪽
도입 및 제시	주로 제안이나 상대방의 의견을 묻는 표현이므로 제안할 수 있는 상황으로 도입합니다. 　교　사　　수업이 끝나면 뭐 해요? 저는 커피를 마시고 싶어요. 　학습자　　저도 커피를 마시고 싶어요. 　교　사　　우리 같이 커피를 마실까요? 　학습자　　네, 좋아요. 　교　사　　어떤 커피를 마실까요? 저는 아메리카노가 좋아요. 　학습자　　저는 아이스커피를 마실 거예요. 받침이 있는 동사와 결합할 때에는 '−을까요?', 받침이 없는 경우에는 '−ㄹ까요?'가 익숙해질 수 있도록 칠판에 써서 보여 줍니다. 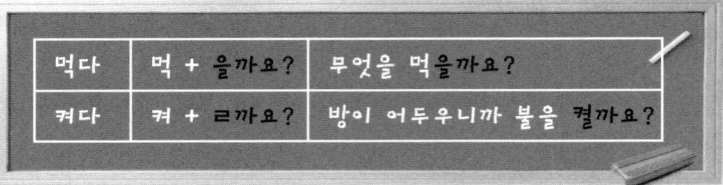	
연습	'마시다, 가다, 보다' 등과 같이 받침이 없는 동사와 '먹다, 찍다' 등과 같이 받침이 있는 동사에 따라 달라지는 형태 변화를 연습합니다. 상대방에게 같이 어떤 행동을 하자는 제안이므로 좀 더 확실하게 의미를 강조할 수 있는 '함께', '같이' 등과 같은 부사를 함께 사용하는 것이 좋습니다. 　　수업 후에 같이 녹차를 마실까요? 　　주말에 같이 공원에 갈까요? 　　우리 함께 사진을 찍을까요? 　　저녁 때 함께 불고기를 먹을까요? 이와 같은 질문에 대답할 수 있는 '좋아요'나 '알겠어요' 등의 수락하는 경우와 '죄송해요', '미안해요' 등의 거절하는 경우를 함께 연습해 봅니다.	
활용	여행 계획을 세우고 친구에게 제안하기　활동지 36쪽 '−을까요?'	
주의	제안을 나타내는 '−을까요?'의 경우에는 주어가 3인칭이 될 수 없으며, 주어가 3인칭일 때는 추측의 의미가 됩니다. 　　같이 커피를 마실까요? (제안) 　　영수 씨가 커피를 마실까요? (추측)	

-으러 가다/오다

교재 16쪽

도입 및 제시

동작을 해야 하는 이유나 목적을 이해할 수 있도록 유도하는 것이 좋습니다. 교사는 학교나 백화점, 시장 등의 장소 그림을 보여 주며 질문을 합니다.

교 사	학교에서 뭘 해요?
학습자	공부를 해요.
교 사	네, 학교에 공부를 하러 가요.
교 사	백화점에서는 뭘 해요?
학습자	쇼핑을 해요.
교 사	네, 백화점에 쇼핑을 하러 가요.

받침으로 끝나는 동사와 그렇지 않은 동사의 형태 변화를 보여 줍니다.

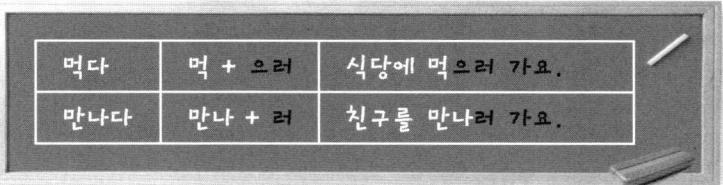

연습

동작의 목적을 이해하기 위해 여러 가지 장소와 그곳에서 어떤 동작이 행해지는지를 보여 주는 예문으로 연습을 합니다.

(장소)에	목적	동작
식당	밥을 먹으러	가요
도서관	책을 빌리러	가요
시장	과일을 사러	가요
극장	영화를 보러	가요
남산	서울의 경치를 보러	가요
한국어교실	한국어를 배우러	와요

활용

장소와 동작 연결하기 활동지 37쪽 '-으러 가다/오다'

주의

어떤 동작의 목적이나 의도를 나타내는 표현은 '-으러' 외에도 '-으려고'가 있습니다. 그러나 한꺼번에 제시하면 혼란을 줄 수 있으므로 그 차이를 분명하게 교사가 인지해야 합니다. 학습자의 질문이 있으면 '-으러'는 '가다, 오다' 등의 방향을 의미하는 동사와 함께 쓰인다는 것을 설명해 주어 학습자의 혼란을 줄여야 합니다.

2-1 약속 99

–을 수 있다/없다

교재 18쪽

도입 및 제시

능력을 나타내는 기능과 가능 여부를 나타내는 기능의 '–을 수 있다/없다'의 의미를 확실하게 구분할 수 있도록 학습자의 상황에 맞추어 제시합니다.

교 사	저는 한국 사람이에요. 한국어를 할 수 있어요.
	○○ 씨는 미국 사람이에요. 영어를 할 수 있어요?
학습자	네, 저는 영어를 할 수 있어요.
교 사	저는 프랑스어를 할 수 없어요. △△ 씨는 어때요?
학습자	저는 프랑스어를 할 수 있어요.

이 경우에는 동사와 결합한다는 것을 알려 주고 받침이 있는 경우와 없는 경우를 시각적으로 보여 줍니다.

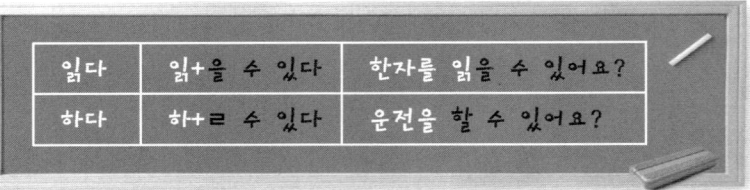

연습

능력을 묻는 여러 가지 질문으로 예문을 만들어 연습을 합니다.

피아노를 칠 수 있어요?
스키를 탈 수 있어요?
김치를 먹을 수 있어요?

위와 같이 능력의 의미에 익숙해지고 나면 약속이나 어떤 일의 가능성 여부를 묻는 질문을 연습합니다.

같이 식사를 할 수 있어요?
내일 만날 수 있어요?

위와 같은 질문에는 '못해요'나 '할 수 없다'라는 부정적인 대답의 표현도 함께 연습하는 것이 좋습니다.

활용

능력 알아보기 활동지 38쪽 '–을 수 있다/없다'

주의

능력을 묻는 경우는 동사와만 결합을 해야 하며 가능성 여부를 묻는 질문에는 이런 제한이 없습니다. 불가능하다는 대답을 할 때 '못'을 사용할 수 있으나 이때에는 동사와만 가능하다는 것에 주의해서 교수할 필요가 있습니다.

	못 　　　　　　　　　　　　　　　　　　　　　　　　　　　교재 20쪽
도입 및 제시	자신의 능력이나 외부적인 상황에 관계없이 하기 싫은 상황에 사용하는 부정 표현 '안'과 달리 '못'은 능력이 부족하거나 하고 싶지만 할 수 없는 상황에 사용하므로 그러한 예문을 들어 줍니다. 　　교　사　　비가 많이 와요. 　　　　　　　무엇을 할 수 없어요? 　　학습자　　자전거를 탈 수 없어요. 　　학습자　　조깅을 할 수 없어요. 　　교　사　　네, 자전거를 못 타요. 　　　　　　　조깅을 못 해요. 불가능하거나 할 수 없다는 의미를 나타내는 '못'은 동사와만 결합하며 동사의 앞에 와야 한다는 것을 칠판에 써서 보여 줍니다. 　　자전거를 타요. 　　자전거를 못 타요.
연습	앞서 배운 '-을 수 있어요?'의 대답으로 함께 연습을 하면 좀 더 효과적으로 상황을 이해할 수 있습니다. 　　　피아노를 칠 수 있어요? 　→ 아니요, (피아노를) 칠 수 없어요. 　→ 피아노를 못 쳐요. 　　　스노보드를 탈 수 있어요? 　→ 아니요, (스노보드를) 탈 수 없어요. 　→ 스노보드를 못 타요. 　　　프랑스어를 할 수 있어요? 　→ 아니요, (프랑스어를) 할 수 없어요. 　→ 프랑스어를 못해요.
활용	능력 알아보기　활동지 38쪽 '-을 수 있다/없다'
주의	'명사 + 하다'는 명사와 하다의 사이에 '못'이 들어가고 반드시 동사만 결합할 수 있으며 동사의 앞에 위치한다는 것에 주의해야 합니다.

 함정을 피해 가려면

-을까요?

상대방에게 제안하거나 의견을 물을 때 사용하는 표현인 '-을까요?'는 추측에도 사용할 수 있습니다. 그러나 의미에 따라 인칭의 제약이 있습니다. 하지만 형태가 같다고 하더라도 이 두 가지를 함께 제시하면 학습자가 오류를 범할 수 있으므로 한 가지 용법에 익숙해진 다음에 다른 용법을 제시하는 것이 좋습니다.

① 오늘 저녁에 같이 영화를 볼까요?
② 방이 어두우니까 불을 켤까요?
③ 오늘 영수 씨가 올까요?

①은 상대방에게 영화를 함께 보자는 제안의 표현이고 ②는 방이 어두우니까 불을 켜도 괜찮은지 상대방의 의견을 묻는 표현이며 ③은 영수가 과연 올까 하는 추측을 나타내는 경우입니다. 제안일 때 화자인 1인칭과 상대방인 2인칭에만 가능하며 3인칭에는 사용할 수 없습니다. 3인칭을 쓸 수 있는 경우는 ③과 같이 추측의 의미일 때에 한하므로 이 모든 것을 함께 제시하는 것은 바람직하지 않습니다.

못

능력이나 가능성을 묻는 표현인 '-을 수 있다'의 부정적인 대답을 할 때 '-을 수 없다'는 표현을 사용합니다. 이때 함께 연습할 수 있는 표현으로 '못'이 있는데, 학습자의 오류가 가장 많은 것이 형용사 앞에서 '못'을 사용하는 경우입니다. ①~⑥에서처럼 또 다른 부정 표현인 '안'은 형용사나 동사 앞에 자유롭게 사용하는 반면, '못'은 반드시 동사 앞에 위치합니다.

① 학교에 안 가요. (○)
② 학교에 못 가요. (○)
③ 내일은 안 추워요. (○)
④ 내일은 못 추워요. (×)
⑤ 말 못 해요. (○)
⑥ 못 말해요. (×)

또한 '못'의 경우에는 '할 수 없다'를 먼저 학습한 후에 동사 앞에 '못'을 사용하여 부정적인 표현을 사용할 수 있다는 것을 가르치며, '못 좋아요'와 같이 형용사 앞에는 사용할 수 없다는 것을 강조하여 오류를 방지하는 것이 좋습니다.

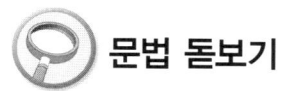 **문법 돋보기**

–을 수 있다/없다

앞서 언급한 바와 같이 '–을 수 있다/없다'는 동사와 결합하여 ①의 문장처럼 어떤 일에 대한 능력을 묻거나 ③의 문장처럼 어떤 상황에 대한 가능성을 나타낼 때 사용하는 표현입니다. 이때 어떤 일을 할 수 있는 능력이 있거나 가능함을 나타낼 때에는 '–을 수 있다'가 되며, 능력이 부족하거나 미치지 못하여 불가능함을 나타낼 때에는 '–을 수 없다'를 사용합니다.

① 한국어를 할 수 있어요?
② 한국어를 할 수 있어요.

③ 가: 주말에 같이 등산을 갈 수 있어요?
　　나: 미안해요. 약속이 있어서 같이 갈 수 없어요.

①과 ②처럼 능력의 여부를 묻는 경우에는 반드시 동사만 결합할 수 있습니다.

이밖에 형용사와 결합하여 어떤 일의 가능성 여부를 나타냅니다.

④ 주사를 맞으면 아플 수 있어요.
⑤ 짐을 잘못 넣으면 더 무거울 수 있어요.

④와 ⑤는 어떤 상황을 가정하여 예상치 못한 경우가 생길 수 있다는 표현입니다. 그러나 위의 문장과는 조금 다른 형태와 의미가 될 때가 있는데, '없다'라는 말과 함께 써서 앞의 내용을 극대화할 때입니다.

⑥ 그렇게 좋을 수(가) 없어요.
⑦ 그렇게 예쁠 수(가) 없어요.

⑥이나 ⑦은 뒤에 '없다'라는 부정적인 표현이 있지만 그 의미는 '가장 좋다', '가장 예쁘다'가 됩니다.

따라서 형태가 같다고 해서 여러 기능을 함께 제시하다 보면 학습자에게 혼란을 가져올 수 있습니다. 두 가지의 기능을 함께 제시하기보다는 먼저 능력의 여부를 묻는 예문으로 학습하고, 이 표현에 익숙해지면 형용사와 결합하여 어떤 일이 가능한지를 묻는 표현을 학습하는 것이 효율적입니다.

 **활동은 이렇게**

-을까요?

〈활동지 36쪽〉

제안하기

수락하기	거절하기
가: 수업 후에 커피를 마실까요? 나: 네, 좋아요.	가: 수업 후에 커피를 마실까요? 나: 미안해요. 　　오늘은 바빠요. 다음에 같이 마셔요.

제안할 수 있는 여러 가지 상황을 보고 '수락'과 '거절'의 경우를 말해 봅시다.

〈도움말〉
교사가 정해 주는 것도 좋지만 학습자들이 스스로 여행할 곳이나 가 볼 곳을 정하는 것도 좋습니다.

-으러 가다/오다

〈활동지 37쪽〉

장소와 동작 연결하기

① 장소 그림을 보고 그곳에서 할 수 있는 일을 말해 봅니다.
② 옆 사람과 어디에 무엇을 하러 가는지 묻고 답해 봅니다.

〈도움말〉
동작이 행해질 수 있는 다양한 장소를 학생들에게 물어보고 답하게 합니다.

-을 수 있다/없다

〈활동지 38쪽〉

능력 알아보기

가: 한국어를 할 수 있어요?
나: 네, 잘해요.
　　아니요, 못해요.

〈도움말〉
활동지를 복사하여 나눠 주고 옆 사람과 인터뷰를 하게 합니다.

어느 날 교실에서 – 수업일지의 실제

Naver

열린한국어

페이지(P) 도구(O)

초급반 수업은 언제나 예기치 못한 재미있는 상황들이 속출합니다. 특히 적극적인 학습자가 있을 때는 더욱 그렇죠. 말을 한창 배우기 시작하는 어린아이처럼 무슨 말이든 하고 싶어 하고 그에 대한 피드백을 받고 싶어 합니다. 이럴 때 가르치는 입장에서는 더 힘이 나는 법이죠.

상대방의 의견을 묻거나 제안할 때 사용하는 '-을까요?'가 오늘의 목표 문법입니다. 학습자에게 자연스러운 상황을 유도합니다.

> 저녁을 같이 먹고 싶어요. 친구에게 말해요.
> → 저녁을 같이 먹을까요?
> 이번 주말에 영화를 같이 보고 싶어요. 어떻게 말해요?
> → 이번 주말에 같이 영화를 볼까요?

적극적이고 똑똑한 학생은 이런 질문을 해 옵니다.

> "선생님, '-을래요'와 어디가 달라요?"

'-을래요'는 자신의 의지가 담긴 표현이고 '-을까요?'는 단순히 의견을 묻는 표현임을 예문을 통해 알려 줍니다. 설명이 많아 봤자 알아듣는 것은 얼마 되지 않으므로 되도록 많은 예문을 제시하는 것이 관건이겠지요. 여러 가지 제안을 하고 약속을 하는 법과 제안을 받았을 때 기분 나쁘지 않게 거절하는 방법도 함께 익히면 좋습니다. 실생활에 직접 사용해 볼 수 있는 표현이 나왔을 때 학생의 호응도나 성취도가 훨씬 더 높거든요.

다른 선생님들의 댓글

→ 적극적인 학생들이 많으면 수업하기가 훨씬 수월한 것 같아요. 아무리 교사가 애를 써도 반응이 신통치 않을 때는 정말 힘들어요. 이럴 때 좋은 방법이 없을까요?

→ 표현을 가지고 게임을 할 수 있는 방법을 생각해보는 것이 어떨까요? 거기에 상품을 걸면 더 좋고요. 역시 역동적인 수업이 최고가 아니겠어요? ^^

→ 정말 교사들은 끝없이 연구하고 공부해야 할 것 같아요. 우리 같이 연구해 보면 어떨까요?

완료 100%

장소와 방향

2-2 사거리에서 왼쪽으로 가면 있어요

학습 문법	–으세요　　　　으로　　　　–으면　　　　–으니까　　　　ㄹ 탈락
수업 목표	길을 묻거나 설명할 수 있다. 지시와 명령, 조언을 할 수 있다. 가정이나 조건 표현으로 미래 계획을 말할 수 있다.
수업 자료	활동지 　–으세요　 으로　 –으면　 –아/어서, –으니까

 교실에 들어가기 전에

	확인할 내용	네	아니요
1	'–으세요'의 기능과 인칭 제약을 제시할 수 있다.		
2	방향을 나타내는 '에'와 '으로'의 차이점을 알고 있다.		
3	'–으면'의 의미와 활용 형태를 정확하게 제시할 수 있다.		
4	'–아/어서'와 '–으니까'의 차이점을 알고 있다.		

1. '-으세요'의 기능과 인칭 제약을 제시할 수 있다.

　　　지시, 명령, 조언 등의 표현으로 사용하는 '-으세요'는 주어가 항상 2인칭이 되지만 주로 생략하여 사용합니다. 동사 어간에 받침이 있으면 '-으세요'가 되고 받침이 없으면 '-세요'가 됩니다. 그런데 이것은 높임법 표현의 현재 시제와 형태가 같으므로 학습자들의 혼선을 피하기 위해 명령이나 지시 등을 나타낼 수 있는 예문을 제시하는 것이 좋습니다. 방향을 나타내는 '으로'와 함께 사용하여 직접 행동으로 보여 주는 것이 효과적입니다.

　　　　　오른쪽으로 가세요.
　　　　　앞으로 오세요.
　　　　　이 의자에 앉으세요.

2. 방향을 나타내는 '에'와 '으로'의 차이점을 알고 있다.

　　　체언에 붙어서 방향이나 도구, 수단, 자격 등의 의미를 나타내는 표현으로 앞말이 받침으로 끝나면 '으로'가 되고 받침이 없거나 ㄹ받침으로 끝나면 '로'가 됩니다. 방향을 의미할 때에는 선행 학습한 방향성 조사 '에'와 헷갈릴 수 있는데, '에'의 경우에는 가는 곳이 목표가 되지만 '으로'는 단순히 방향만을 가리킵니다.

　　　　　나는 서울에 갑니다.
　　　　　나는 서울로 갑니다.

　　　'으로'는 다양한 의미와 기능을 가지고 있는 조사이기 때문에 각 기능마다 확실하게 학습자가 이해할 수 있도록 특징을 잘 나타내는 예문을 제시해야 합니다.

3. '-으면'의 의미와 활용 형태를 정확하게 제시할 수 있다.

　　　동사와 형용사에 붙어서 앞 절이 뒤 절의 조건이나 가정일 때 사용하는 표현으로 받침의 유무에 따라 각각 '-으면'과 '-면'이 되지만 ㄹ 받침일 경우에는 '-면'이 되는 것을 교수합니다. 주어가 2인칭이고 앞 절이 뒤 절의 조건이 될 경우, 뒤에 오는 절은 명령이나 청유가 됩니다.

　　　　　남산에 가면 케이블카를 타세요.
　　　　　배가 고프면 식사를 하세요.

　　　또한 말하는 사람의 희망이나 바라는 것을 표현하는 때에는 보통 '-으면 좋겠어요'나 '-었으면 좋겠어요'를 사용합니다.

　　　　　한국어를 잘하면/잘했으면 좋겠어요.
　　　　　서울에서 살면/살았으면 좋겠어요.

4. '-아/어서'와 '-으니까'의 차이점을 알고 있다.

　　　1-7과에서 다루었던 이유와 원인을 나타내는 연결어미 '-아/어서'와의 차이를 참조(지침서 79쪽). '-으니까'는 주로 말하는 사람의 주관적인 생각이나 느낌을 나타내며 청유문이나 명령문과 함께 사용합니다. 과거 시제를 사용하지 못하는 '-아/어서'와 달리 '-으니까'는 자유롭게 사용할 수 있으며 명사에 붙을 경우 '이니까'가 됩니다.

 문법 수업은 이렇게

| | –으세요 | 교재 32쪽 |

도입 및 제시

교사가 학습자에게 지시를 합니다. 교실에서 사용하는 표현을 도입해도 좋습니다. 주위에 있는 사물을 이용하여 직접 몸으로 보여 주는 것도 좋은 방법입니다.

> 책을 읽으세요.
> 의자에 앉으세요. 일어나세요.
> 이름을 쓰세요. 옆 사람과 인사를 하세요.

'안녕하세요'나 '안녕히 가세요' 등 처음 배웠던 인사 표현을 활용해도 좋습니다. 그 다음 받침의 유무에 따라 달라지는 형태를 보여 줍니다.

가다	가 + 세요	학교에 가세요.
읽다	읽 + 으세요	책을 읽으세요.
배우다	배우 + 세요	한국어를 배우세요.
하다	하 + 세요	운동을 하세요.

연습

교사는 학습자가 지금까지 일상생활에서 '–으세요'를 가지고 어떤 표현을 사용했는지 확인합니다. 이때 사진이나 그림을 제시하면서 이야기하면 더 좋습니다.

> 교 사 여러분이 집에 가요. 뭐라고 인사해요?
> 학습자 안녕히 계세요.
> 교 사 네, 맞아요. 계세요는 '있다'예요.
>   안녕히 가세요는 '가요'예요.

새로운 표현을 학습할 때는 앞서 배웠던 표현들을 다시 기억하게 하여 활용하는 것이 훨씬 효과적입니다. 동사의 기본형에 결합하여 바꿔볼 수 있도록 반복 연습을 시킵니다.

활용

'–으세요'가 일어날 수 있는 상황으로 인사 연습 활동지 39쪽 '–으세요'

주의

기본 동사들을 사용하여 각각의 형태를 연습한 다음 '먹다/자다'를 '드시다, 주무시다'와 같이 특별한 형태로 바뀌는 경우도 교수합니다.

으로

교재 33쪽

도입 및 제시

조사 '으로'의 여러 가지 의미와 기능 가운데 어떤 장소나 방향을 목적지로 하여 이동하거나 그곳을 향하는 것을 나타내는 표현임을 보여주기 위해 목적지 그림이나 단어를 먼저 제시합니다.

교 사	이번 휴가에 뭐 할 거예요?
학습자	여행을 갈 거예요.
교 사	어디로 가요?
학습자	미국이요.
교 사	미국으로 가요.

학교, 백화점, 여행 장소 등의 그림과 함께 걷거나 차를 타는 모습을 보여 준 다음 화살표를 표시하여 그곳을 향해 이동하는 것을 말할 때 쓰는 표현임을 이해할 수 있게 합니다. 결합하는 명사의 받침 유무에 따라 '으로/로'가 된다는 것을 알려 줍니다.

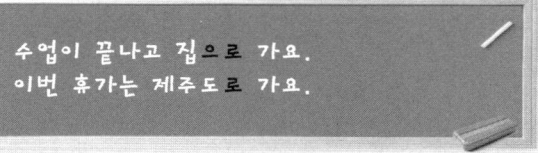

연습

방향 – 오른쪽, 왼쪽, 앞쪽, 뒤쪽
장소 – 학교, 집
여행지 – 서울, 부산, 제주도, 미국, 일본, 중국 등을 그림이나 행동으로 보여 주며 그곳을 향해서 움직인다는 것을 반복 연습합니다.

학생들을 앞으로 나오게 한 다음 교사가 카메라를 가지고 사진을 찍으면서 직접 행동으로 보여 주면 방향을 나타내는 것에 대해 좀 더 효과적으로 연습할 수 있습니다.

교 사	조금 앞으로 오세요. 뒤쪽으로 가세요. 오른쪽으로 가세요.
학습자	저는 어디로 가요?
교 사	앞쪽으로 오세요.

설명만으로 반복적이고 기계적인 연습을 시키는 것보다 이렇게 실제 생활에서 사용할 수 있는 표현법을 보여 주는 것이 새로운 표현 익히기에 더욱 좋습니다.

활용

방향, 장소 말하기 활동지 40쪽 '으로'

주의

방향을 나타내는 조사 '에'와 혼동하지 않도록 '에'에 대한 질문이 나올 때를 대비하여 교사가 문법 항목의 차이를 정확하게 숙지하고 있어야 합니다.

−으면

교재 34쪽

도입 및 제시

어떤 일이나 상태의 원인 또는 이유를 말하고 두 개의 문장을 연결합니다. 교사는 선행 학습한 표현을 이용하여 학습자의 상황에 대해 질문합니다.

교 사 이번 방학에 어디에 가요?
학습자 고향에 가요.
교 사 고향에 가서 뭐 할 거예요?
학습자 고향에 가서 친구도 만나고 가족들과 여행도 할 거예요.
교 사 고향에 가면 친구도 만나고 가족들과 여행도 할 거예요?

학습자의 대답에 되묻기를 반복하면서 목표 문법을 도입합니다. 여기에 받침의 유무에 따라 '−으면/면'이 되는 것과 'ㄹ'일 때는 그대로 '−면'이 된다는 것을 시각적으로 보여 줍니다.

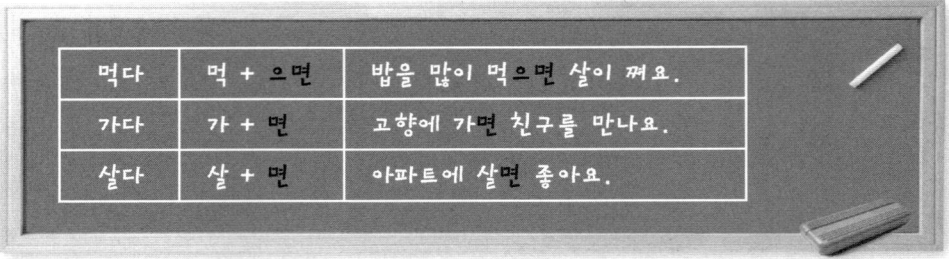

연습

앞의 문장이 뒤에 오는 내용의 조건이라는 것을 분명하게 인식할 수 있도록 예문을 제시합니다. 예를 들면 '돈이 많다', '키가 크다' 등으로 자신의 희망이나 바람을 표현하는 연습을 합니다.

돈이 많으면 세계 여행을 하고 싶어요.
키가 크면 농구선수가 되고 싶어요.

또한 앞의 상황을 가정하면 어떤 결과가 생기는지의 예문으로 상황을 바꾸어 활용할 수 있도록 말해 봅니다.

교 사 밤에 많이 먹어요. 그러면 살이 쪄요.
밤에 많이 먹으면 살이 쪄요.
교 사 살이 찌면 어떻게 해요?
학습자 다이어트를 해요.
교 사 네, 살이 찌면 다이어트를 해요.

활용

인터뷰하기 활동지 41쪽 '−으면'

주의

'−으면'을 사용할 수 있는 예문을 제시할 때는 조건이나 가정의 의미로만 가능한 것으로 하고, 아래와 같이 다른 표현과 대치될 수 있는 예문은 되도록 피하는 것이 좋습니다.

비가 오면 무엇을 해요? 비가 올 때 무엇을 해요?

-으니까

교재 36쪽

도입 및 제시

앞서 배운 '-아/어서'와 같이 앞 문장의 내용이 이유나 원인이 되어 뒤에 오는 결과로 이어진다는 표현이므로 원인이 될 수 있는 문장을 도입합니다. 그런데 일반적인 이유나 원인을 제시하면 '-아/어서'와 비교가 되므로 처음에는 '-으니까'만 쓸 수 있는 확실한 상황을 제시하는 것이 좋습니다.

교 사	내일부터 시험이에요. 어떻게 해요?
학습자	시험공부를 열심히 해요.
교 사	네, 시험이니까 공부를 열심히 하세요.
교 사	약속 시간에 늦었어요. 버스를 탈까요? 택시를 탈까요?
학습자	택시를 타요.
교 사	네, 약속 시간에 늦었으니까 택시를 타세요.

읽다	읽 + 으니까	읽으니까
싸다	싸 + 니까	싸니까
어렵다	어려 + 우니까	어려우니까
시험이다	시험 + 이니까	시험이니까

'ㅂ' 탈락의 경우 '-우니까'가 되는 형태 변화를 시각적으로 보여 줍니다.

연습

동사, 형용사, 명사의 경우 모두 사용할 수 있고, 자신의 의지나 좀 더 분명한 이유를 이야기하고 싶을 때 사용한다는 것을 반복 연습하도록 합니다.

오늘은 피곤하니까 내일 이야기해요.
배가 고프니까 밥을 먹으러 가요.
비가 오니까 우산을 쓰세요.
더우니까 에어컨을 켜세요.
추우니까 코트를 입으세요.
지금은 바쁘니까 나중에 전화하세요.

활용

'-아/어서'와 '-으니까' 골라 넣기 활동지 42쪽 '-아/어서', '-으니까'

주의

'-아/어서'보다 확실하게 이유를 밝힐 수 있는 예문이어야 변별력을 가질 수 있으므로 교사는 예문 선정에 좀 더 신경을 써야 합니다. 또한 앞의 이유로 인하여 뒤에 미안, 감사 등의 감정을 이야기할 때는 쓸 수 없다는 것도 알려 줘야 오류를 줄일 수 있습니다(지침서 79쪽 참조).

	ㄹ 탈락	교재 38쪽

| 도입 및 제시 | 학습자들이 어려워하는 부분 중 하나가 불규칙이나 탈락 용언이라고 할 수 있으므로 도입이 중요합니다. 그 중에서도 'ㄹ' 탈락의 경우는 형태 변화를 가져오는 중요한 받침이므로 특히 강조하여 가르칠 필요가 있습니다.

교 사 ㅇㅇ 씨는 어디에 살아요?
학습자 신촌에 살아요.
교 사 신촌에 사니까 어때요?
학습자 교통이 편리해요.
교 사 ㅇㅇ 씨는 학교에서 집이 가까워요?
학습자 아니요, 집이 멀어요. 멀어서 힘들어요.
교 사 네, 집이 머니까 힘들어요.

| 살다 | 사니까 | 살아요 | 사세요 |
| 열다 | 여니까 | 열어요 | 여세요 |
만들다	만드니까	만들어요	만드세요 | 시각적으로 형태 변화를 알 수 있게 지금까지 배운 표현들을 결합해 제시합니다.
연습	그동안 배웠던 단어들을 학습자들에게 물어보고 칠판에 교사가 쓰거나 아니면 학습자가 한 사람씩 앞으로 나와서 '-으니까'가 결합했을 때의 형태 변화를 직접 쓰도록 합니다. 팔다→ 파니까 멀다→ 머니까 알다→ 아니까 풀다→ 푸니까 힘들다→ 힘드니까
활용	불규칙 용언 카드를 활용하여 문장 만들기 활동지 91-93쪽 '불규칙 동사/형용사'
주의	'ㄹ'은 동사에 관계없이 언제나 탈락이 일어나므로 정확히 말하면 불규칙 용언이 아니라 탈락 용언이 되는 것입니다.

 함정을 피해 가려면

–으세요

학습자들이 '–으세요'의 표현을 사용할 때 가장 많이 보이는 오류가 아래 문장들처럼 받침이 있을 때 높임 표현의 형태를 생각하지 못하고 그대로 결합하는 경우와 ㄹ 받침 동사에 그대로 '–으–'를 결합시키는 것입니다.

① 선생님, 많이 먹으세요. (×)
② 아버지, 자세요. (×)
③ 문을 열으세요. (×)

①과 ②는 '먹다'와 '자다'에 '–으세요'를 그대로 결합한 형태인데, 높임말을 아직 배우기 전일 때가 많으므로 이때는 관용적인 표현으로 먼저 지도해야 합니다. '먹다'와 '마시다'는 '드시다'로, '자다'는 '주무시다'라는 표현을 그대로 이해하고 사용할 수 있게 하면 교실 밖 실제 상황에서 좀 더 성취감을 느낄 수 있습니다.
③은 받침이 있을 경우 '–으세요'가 결합한다는 것만을 생각하다 보니까 생기는 오류인데, 이때에는 'ㄹ 탈락' 용언이므로 주의해서 가르쳐야 합니다.

–으면

연결어미 '–으면'은 분명한 사실에 근거한 조건일 때나 불확실하거나 아직 이루어지지 않은 사실을 가정할 때에도 사용합니다. 뒤에는 과거 시제가 올 수 없으므로 도입할 때 다른 것과 형태가 동일한 현재 시제보다는 뒤의 시제를 '–을 거예요'와 같이 추측이나 미래 시제로 나타낼 수 있는 예문을 많이 제시하고, 익숙해지면 현재 시제 형태를 제시하는 것이 좋습니다.

돈이 있으면 여행을 갔어요. (×)
돈이 있으면 여행을 갈 거예요.
운동을 하면 건강해질 거예요.

또한 'ㄹ 탈락' 용언은 받침으로 끝나지만 '–으면'이 아니라 '–면'이 결합되어야 한다는 것을 알려 줍니다.

단어를 많이 알으면 좋아요. (×)
단어를 많이 알면 좋아요. (O)

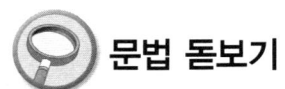
문법 돋보기

불규칙 활용

용언의 활용 형태 중에는 '불규칙'과 '탈락'이 있습니다. 형태가 변하지 않고 계속 유지하는 규칙 용언일 때에는 '불규칙', 예외가 없이 항상 특정한 부분에서 탈락이 일어나는 때에 '탈락'이라고 합니다. 불규칙 용언으로는 'ㅂ, ㄷ, ㅎ, ㅅ 불규칙'과 '르 불규칙'이 있고, '으'와 'ㄹ'은 항상 탈락이 일어나는 경우라고 할 수 있습니다. 따라서 '불규칙'과 '탈락' 표현을 혼용하지 않도록 주의할 필요가 있습니다.

불규칙	형태	예
ㅂ 불규칙	ㅂ + 모음 → 우/오 + 모음	춥다 → 추워요 덥다 → 더워요 쉽다 → 쉬워요 돕다 → 도와요
ㄷ 불규칙	ㄷ + 모음 → ㄹ + 모음	듣다 → 들어요 걷다 → 걸어요 묻다 → 물어요
ㅅ 불규칙	ㅅ + 모음 → (탈락) + 모음	짓다 → 지어요 낫다 → 나아요 젓다 → 저어요
ㅎ 불규칙	ㅎ + 모음 → (탈락) + 모음(ㅐ/ㅒ로 교체)	그렇다 → 그래요 파랗다 → 파래요 하얗다 → 하얘요
르 불규칙	르 + 모음 → 'ㅡ'탈락, 받침ㄹ, ㄹ + 모음	다르다 → 달라요 모르다 → 몰라요 흐르다 → 흘러요
으 탈락	으 + 모음 → (탈락) + 모음	쓰다 → 써요 예쁘다 → 예뻐요 바쁘다 → 바빠요
ㄹ 탈락	ㄹ + ㄴ, ㅂ, ㅅ → (탈락) + ㄴ, ㅂ, ㅅ	알다 → 아니까 살다 → 삽니다 만들다 → 만드세요

 **활동은 이렇게**

−으세요

〈활동지 39쪽〉

역할극

- 어서 오세요.
- 이쪽으로 오세요.
- 맛있게 드세요.

상황을 가정해서 '−으세요'를 사용하여 역할극을 해 봅니다.

〈도움말〉
한 사람이 앞에 나와서 명령을 하게 하고 다른 사람들이 따라 하게 연습해도 좋습니다.

−으로

〈활동지 40쪽〉

어느 쪽으로 가요?

- 어느 쪽으로 가요?
- 어디로 가요?
- 어디로 휴가 가요?
- 어디로 여행 가요?

① 방향을 이야기합니다.
② 가는 장소를 이야기합니다.
③ 휴가 가는 곳을 이야기합니다.
④ 여행 장소를 이야기합니다.

〈도움말〉
'으로'에는 여러 가지 의미와 기능이 있지만, 학습 순서에 상관없이 선행 학습한 기능을 한 번 더 복습해 주는 것이 좋습니다. 처음 학습할 때 두 가지를 한꺼번에 제시하는 것은 바람직하지 않으므로 되도록 따로 학습한 후에 익숙해지면 두 가지를 비교해 보는 연습을 합니다.

–으면

〈활동지 41쪽〉

인터뷰하기

① '–으면'을 사용해서 가정의 상황을 묻고 답합니다.
② 옆 사람에게 질문해도 좋고 교사가 질문해도 좋습니다.
③ 반 친구들에게 모두 질문하게 하고 질문지에 쓴 다음 발표를 합니다.

〈도움말〉
자신의 바람이나 희망 또는 미래의 계획을 말하게 해도 좋습니다.

'–아/어서', '–으니까'

〈활동지 42쪽〉

문장 연결하기

'–으니까', '–아/어서' 중 알맞은 표현을 골라서 두 개의 문장을 하나로 연결합니다.

〈도움말〉
활동지를 복사하여 문장 카드를 각각 잘라 학습자에게 나눠 주고 먼저 짝을 찾아서 하나의 문장으로 연결하는 게임을 해도 좋습니다.

어느 날 교실에서 – 수업일지의 실제

높임말을 배우기 전에 '-으세요'를 학습할 때는 교실에서 사용하는 용어들을 활용하면 좋은 것 같아요. 이미 첫 수업 때부터 많이 들어온 표현이므로 이해가 빠르지요. 한국에 온 첫날부터 귀가 아프게 들었을 인사말, '안녕하세요'부터 시작합니다.

　　어서 오세요.
　　앉으세요.
　　책을 읽으세요.

동사 카드를 보면서 동사에 따라 '으'가 붙는 경우를 연습하고 형태에 익숙해질 때까지 반복하다 보면 무조건 동사에 '-으세요'를 붙이는 오류가 속출하기도 합니다.

　　많이 먹으세요. 음식을 만들으세요.

이때 '먹다'의 높임 표현인 '드시다'를 알려 주고 그대로 익히는 것이 좋습니다. '만들다'의 경우 'ㄹ' 탈락이 일어나는 것도 꼭 확인해야겠지요?

연습이 어느 정도 진행되고 학생들과 '왕' 역할 게임을 해 보면 '-으세요' 활용에 아주 좋은 것 같아요. 한 사람이 앞으로 나와서 왕이 되어 다른 사람에게 명령을 내리는 게임입니다. 다른 사람들은 신하가 되어 왕이 내리는 명령을 수행합니다.

　　손을 올리세요. 인사를 하세요.
　　창문을 여세요. 밖으로 나가세요.

학생들이 어찌나 재미있어 하는지 오늘 수업은 아주 성공적이었던 것 같습니다. 내친 김에 병원에서 사용하는 표현들을 알려 주고 의사와 환자가 되어 역할극으로 활용해도 좋을 것 같습니다.

다른 선생님들의 댓글

▶ '왕' 게임이요? 정말 재미있겠어요. 저도 한번 해 봐야겠는데요. 역시 평면적인 수업보다 입체적인 수업이 언어학습에는 최고니까요.

▶ 그런 면에서 유치원에서 하는 한글 게임과 같은 언어 학습 게임이나 영어 교재 등의 활동 등을 차입하는 것도 좋겠어요. 한국어에 적용시키는 것이 관건이지만요.

▶ 한국어에 맞는 게임을 많이 개발하는 것도 우리 한국어 교사들의 몫이 아닌가 싶네요.

2-3 휴가 때 갔는데 정말 좋았어요

여행

학습 문법	–으려고 하다　　　　–아/어 보다(경험)　　　　–은/는데 –으면서　　　　　　–을 때
수업 목표	계획이나 경험을 말할 수 있다. 여행 계획을 세울 수 있다. 상황을 설명하거나 제안할 수 있다.
수업 자료	활동지　-으려고 하다　-은/는데1　-으면서　-을 때

 교실에 들어가기 전에

	확인할 내용	네	아니요
1	'–으려고 하다'의 쓰임을 제시할 수 있다.		
2	'–아/어 보다'의 의미와 쓰임을 알고 있다.		
3	'–은/는데'의 의미와 기능을 구분하여 제시할 수 있다.		
4	'–으면서'의 의미를 알고 활용 형태를 제시할 수 있다.		
5	'–을 때'의 의미와 활용 형태를 제시할 수 있다.		

1. '-으려고 하다'의 쓰임을 제시할 수 있다.

'-으려고 하다'는 보통 앞으로의 계획이나 일어나려는 상황 등을 나타낼 때 사용합니다. 주어가 어떤 일에 대한 의도나 예정이 있음을 표현하는데, 여기에서 '하다'는 '생각하다. 마음먹다' 등의 심리적인 상황을 나타냅니다. 주어는 사물로도 표현이 가능한데 이때는 어떤 일이 곧 발생할 것이라는 예정의 의미로 사용됩니다.

① 저는 이번 주말에 영화를 보려고 해요.
② 버스가 지금 막 떠나려고 해요.

2. '-아/어 보다'의 의미와 쓰임을 알고 있다.

'-아/어 보다'는 주어의 경험이나 시도의 의미를 나타낼 때 사용하는 표현입니다. ①과 ②처럼 스포츠나 취미 활동 등에 대한 경험을 이야기할 수도 있고 ③과 같이 여행이나 특별한 경험, 자신의 고향이나 문화 등을 소개할 때에도 사용할 수 있습니다.

① 스노보드를 타 봤어요.
② 번지점프를 해 봤어요.
③ 제주도에 가 봤어요. 경치가 아주 아름다웠어요.

3. '-은/는데'의 의미와 기능을 구분하여 제시할 수 있다.

'-은/는데'는 화자가 하고 싶은 말을 하기 전에 앞서 배경이나 상황을 설명하거나 제시할 때와 대조의 의미에 사용할 수 있습니다. 이때 모두 함께 제시하지 않고 둘 중에 하나가 먼저 익숙해진 다음에 다른 쓰임을 제시해야 합니다.

① 어제 처음 떡볶이를 먹어 봤는데 너무 매웠어요.
② 그 여자는 얼굴은 예쁜데 키는 좀 작아요.

①의 문장은 떡볶이를 먹은 경험을 얘기하면서 떡볶이가 맵다는 사실을 설명하고 있으며 ②는 얼굴은 예쁘지만 키는 작다는 사실, 즉 앞과 뒤의 상황이 대조되는 의미를 가지고 있습니다.

4. '-으면서'의 의미를 알고 활용 형태를 제시할 수 있다.

두 가지 동작이 동시에 일어나고 있음을 나타내는 경우와 두 가지 상황이 겹쳐 있음을 나타낼 때 사용하는 표현입니다. 이때 '도'를 붙여서 '-으면서도'가 되면 그 상황을 강조하게 됩니다.

5. '-을 때'의 의미와 활용 형태를 제시할 수 있다.

보통 시제는 뒤 절에서 구현되므로 과거일 때는 앞 절에서 현재형으로 썼다 해도 뒤 절 시제는 반드시 과거로 써야 합니다. 또한 명사 뒤에 붙어서 그 상황의 순간이나 어떤 일이 일어나는 시점을 나타내지만, 점심 때, 생일 때, 졸업 때, 휴가 때 등 빈도가 높은 몇몇 경우만 한정하여 제시해야 학습자가 무분별하게 사용하는 오류를 미연에 방지할 수 있습니다.

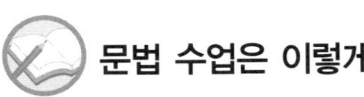
문법 수업은 이렇게

−으려고 하다 교재 50쪽

도입 및 제시

주어의 의지나 예정 또는 계획 등을 나타내는 표현이므로 주로 의도를 나타내는 동사가 옵니다. 앞서 배웠던 '−을 거예요'와 대치하여 사용해도 무방하나, '−을 거예요'는 좀 더 확실한 계획을 말할 때 사용하고 '−으려고 하다'는 아직은 확정되지 않은 계획을 말할 때 사용합니다. 그러나 그 차이를 명확하게 하지 않고 혼용하여 사용하기도 합니다.

교 사   오늘 저녁에 뭐 할 거예요?
학습자   친구를 만날 거예요.
교 사   네, ○○ 씨는 오늘 저녁에 친구를 만나려고 해요.

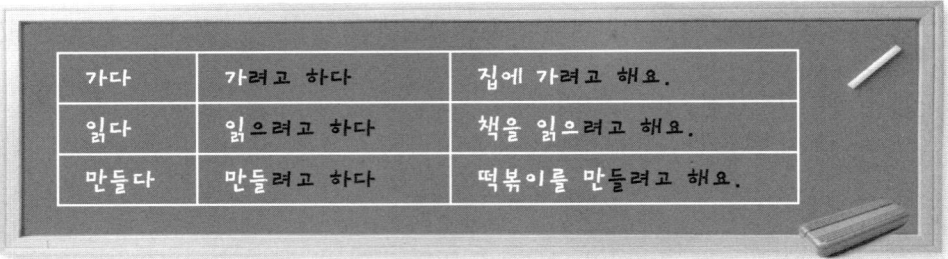

앞의 동사가 자음으로 끝나면 '−으려고 하다'가 되고 모음이면 '−려고 하다'가 되지만 받침이 'ㄹ'로 끝나면 그대로 '−려고 하다'가 된다는 것을 보여 줍니다.

연습

앞으로 하고 싶은 일에 대한 계획이나 예정을 물어보고, '−(으)려고 하다'를 사용하여 연습을 합니다.

　　　다음 주부터 운동을 시작하려고 해요.
　　　내일부터 금연하려고 해요.
　　　내년에는 대학원에 입학하려고 해요.
　　　졸업을 하면 취직을 하려고 해요.
　　　배낭여행을 하려고 해요.

옆 친구와 주말 계획에 대해서 서로 묻고 답하게 합니다.

　　　가: 주말에 뭐 할 거예요?
　　　나: 친구와 영화를 보려고 해요.

활용

여행 계획 세우기   활동지 43쪽 '−으려고 하다'

주의

받침이 'ㄹ'로 끝나는 동사의 활용에 주의합니다.

-아/어 보다(경험)

교재 52쪽

도입 및 제시

교사는 먼저 자신의 경험을 이야기하면서 자연스럽게 목표 문법을 도입합니다. 놀이공원과 놀이기구 사진을 보여 주며 이야기합니다.

교 사 여러분은 놀이공원에 가 봤어요?
학습자 네, 가 봤어요.
교 사 거기서 뭐 해 봤어요? 재미있었어요?
학습자 롤러코스터를 타 봤어요. 재미있었어요.
교 사 저는 바이킹을 타 봤어요. 무서웠어요.

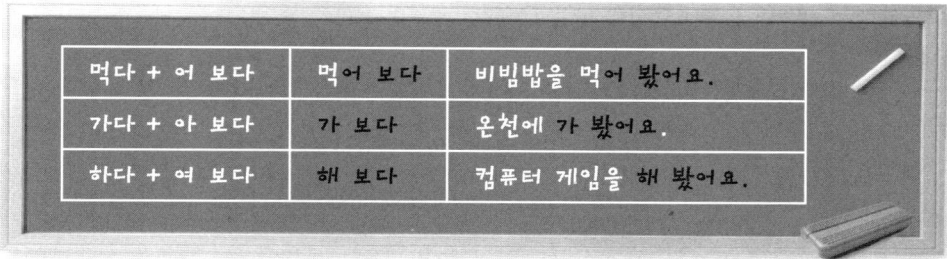

동사만 사용할 수 있는 표현임을 알려 주고 여러 가지 동사의 형태 변화를 보여 줍니다.

연습

학습자들이 알 수 있는 세계 여러 나라의 유명한 관광지나 한국 음식 등의 사진 또는 그림 카드를 보여 주며 학습자들의 경험을 이야기하도록 유도합니다.

저는 프랑스 파리에 가 봤어요. 도시가 아름다웠어요.
만리장성에 가 봤어요. 아주 크고 멋있었어요.
제주도에 가 봤어요. 음식이 맛있었어요.
순두부찌개를 먹어 봤어요. 좀 매웠어요.

표현이 익숙해지면 옆 친구와 짝 활동으로 자신의 경험을 이야기하고 좋은 점을 설명한 다음 선행 학습한 '-으세요'를 이용하여 추천하게 합니다.

활용

여행 경험과 특정 음식을 먹어 본 경험 등을 발표하기

주의

'-아/어 보다'를 써서 경험의 의미를 나타낼 때는 보다 동작성이 강한 동사를 사용합니다.

-은/는데

교재 54쪽

도입 및 제시	배경이나 상황을 설명하는 표현이므로 '-은/는데'로 사용하여 연결될 수 있는 두 개의 문장을 제시하며 학습자의 이해를 유도합니다. 영화표가 있어요. 같이 갈까요? 영화표가 있는데 같이 갈까요? 날씨가 좋아요. 같이 산책을 할까요? 날씨가 좋은데 같이 산책을 할까요? 이처럼 어떤 행동을 하기 전에 그 배경이 되는 사실을 제시해 주면 상황에 대한 이해가 쉽습니다. 아래와 같이 '-은/는데'의 형태 변화를 보여 줍니다. 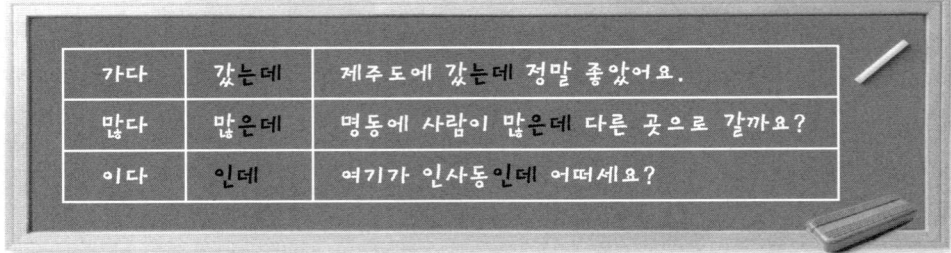
연습	우선 두 개의 문장을 기본형으로 말하거나 판서를 해서 보여 준 뒤에 두 개의 문장을 하나로 연결하여 활용하는 연습을 합니다. 활용 형태나 용법이 다양한 표현이므로 익숙해질 때까지 반복적인 연습이 필요합니다. 숙제를 하다, 어렵다 → 숙제를 하는데 어려워요. 김치찌개를 먹었다, 맛있다 → 김치찌개를 먹었는데 맛있어요. 이 사람은 내 동생이다, 학생이다 → 이 사람은 내 동생인데 학생이에요.
활용	문장 연결하기　활동지 44쪽 '-은/는데1'
주의	'-는데'의 경우에는 '했는데[핸는데], 먹는데[멍는데], 입는데[임는데]' 등과 같이 자음동화 현상이 일어나므로 발음의 변화를 하나씩 짚어 줄 필요가 있습니다.

-으면서

교재 56쪽

도입 및 제시

둘 이상의 행위나 동작을 동시에 하는 표현이므로 두 가지의 동작을 나타내는 그림이나 상황을 제시하며 교사가 직접 동작으로 표현합니다. 밥을 먹으면서 대화하는 그림을 보여 줍니다.

교 사	무엇을 해요?
학습자	밥을 먹어요. 이야기를 해요.
교 사	네, 밥을 먹어요. 그리고 이야기를 해요.
	밥을 먹으면서 이야기를 해요.
교 사	책을 읽어요. 음악을 들어요. 어떻게 해요?
학습자	책을 읽으면서 음악을 들어요.

읽다	읽 + 으면서	읽으면서
듣다	들 + 으면서	들으면서
가다	가 + 면서	가면서

받침이 있을 때와 없을 때 그리고 'ㄷ 불규칙'일 경우를 칠판에 쓰고 예문을 만들어 봅니다.

연습

두 가지 동작을 함께 행할 수 있는 상황을 만들어 두 문장을 연결하는 연습을 합니다.

TV를 보다, 과자를 먹다
→ TV를 보면서 과자를 먹어요.

길을 걷다, 전화를 하다
→ 길을 걸으면서 전화를 해요.

노래를 부르다, 춤을 추다
→ 노래를 부르면서 춤을 춰요.

공부를 하다, 음악을 듣다
→ 공부를 하면서 음악을 들어요.

활용

동시 동작을 설명하기　활동지 45쪽 '-으면서'

주의

두 가지 행동을 같이 하는 경우이므로 주어가 반드시 동일해야 하고 주어는 앞에 한 번만 나와야 한다는 것을 확실하게 알려 줘야 합니다.

2-3 여행

-을 때

교재 57쪽

도입 및 제시	학습자가 쉽게 알 수 있는 상황을 예로 들어 제시하며 행동이나 동작이 일어나는 시각이나 그것이 일어나는 동안을 말하는 표현임을 알게 합니다. 교 사 사람을 처음 만나요. 뭐라고 해요? 학습자 인사를 해요. 교 사 네, 사람을 처음 만날 때 인사를 해요. 　　　몸이 아파요. 어떻게 해요? 학습자 병원에 가요. 약을 먹어요. 교 사 네, 몸이 아플 때 병원에 가요. 약을 먹어요. 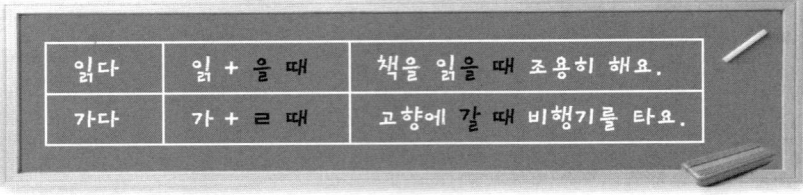
연습	어떤 동작이나 행동이 계속되거나 상태를 나타내는 다양한 상황을 만들어 그때에는 어떤 행동을 할 수 있는지를 표현하는 연습을 합니다. 언제　　　　　무엇을 해요? 사람을 만나다　　인사를 해요.　　→　사람을 만날 때 인사를 해요. 시간이 있다　　　영화를 봐요.　　→　시간이 있을 때 영화를 봐요. 피곤하다　　　　집에서 쉬어요.　→　피곤할 때 집에서 쉬어요. 화가 나다　　　　음악을 들어요.　→　화가 날 때 음악을 들어요. 현재 시제에 익숙해지면 과거 시제를 연습합니다. 　　작년에 유럽을 여행했을 때 정말 즐거웠어요. 　　친구가 전화를 갑자기 끊었을 때 기분이 나빴어요. 앞 절의 시제가 과거이면 뒤에도 과거를 써야 한다는 것을 알려 줍니다. 옆 사람과 질문과 대답을 하면서 대화를 주고받게 합니다.
활용	사물의 기능 말하기　활동지 46쪽 '-을 때'
주의	동사와 형용사에 결합하는 '-을 때'와 같이 어떤 행동이 일어나고 있는 시각을 나타낼 때 '명사 + 때'를 쓸 수도 있습니다. 그러나 이런 경우는 매우 제한적이므로 방학, 휴가, 생일 등 실생활에서 많이 쓰이는 몇 가지를 한정하여 가르칠 필요가 있습니다.

 함정을 피해 가려면

-으려고 하다

말하는 사람이 앞으로 어떤 일을 하고자 하는 의향을 말하거나 어떤 일이 막 일어나려고 하는 상황에서 사용하는 표현으로 ①은 말하는 사람의 생각을, ②는 기차가 막 출발하려는 상황을 말합니다. 이와 같이 '-으려고 하다'는 사람이나 사물이 모두 주어(동작주)가 될 수 있습니다.

① 방학 때 해외여행을 가려고 해요.
② 기차가 지금 출발하려고 해요.

이때 동작주가 사람이면 '-으려고 하다'에서의 '하다'는 '생각하다, 마음먹다'와 같은 심리적인 상황이나 '결정하다, 예정하다' 등의 의도나 의향을 표현하게 됩니다. 이에 반해 동작주가 사물일 때에는 사물의 의도나 의향이 아니라 사물의 움직임을 표현하는 것으로 어떤 일이 곧 있을 거라는 상황을 나타냅니다. 또한 희망을 나타내는 표현인 '-고 싶어요'나 계획을 나타내는 '-을 거예요'와는 의미의 차이가 있음을 정확하게 제시해 줘야 합니다.

③ 불고기를 먹고 싶어요.
④ 불고기를 먹으려고 해요.
⑤ 불고기를 먹을 거예요.

③은 불고기를 먹고 싶은 희망을 가지고 있지만 먹을지의 여부는 불확실한 경우이고, ⑤는 분명하게 불고기를 먹을 계획이라는 의미이기 때문에 ④의 '불고기를 먹으려고 생각하다'와는 의미 차이가 있습니다. 한편 '-으려고 하다'는 현재 시제 이외에 과거 시제인 '-으려고 했다'로 쓸 수 있는데, 이 경우에는 '의도했던 것을 실행에 옮기지 못했다.'는 의미를 함축하게 됩니다.

⑥ 살을 빼려고 해요.
⑦ 살을 빼려고 했어요.
⑧ 이 책을 다 읽으려고 해요.
⑨ 이 책을 다 읽으려고 했어요.

⑥은 살을 빼겠다는 의도를 말하는 것이고 ⑦은 살을 빼려고 했지만 그러지 못했다는 의미입니다. ⑦은 책을 다 읽으려고 하는 의도를 나타내는 말이고 ⑧은 읽으려고 했으나 읽지 못했다는 의미를 가지고 있으므로 과거 시제와 결합하면 주로 변명을 할 때 사용하는 표현이 됩니다. 따라서 현재와 과거를 함께 제시하는 것은 학습자에게 혼란을 가중시킬 수 있으므로 주의해야 합니다.

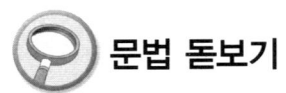 **문법 돋보기**

–은/는데

여러 가지 용법 가운데 어떤 사실에 대하여 설명하거나 제안 또는 질문하기에 앞서 그러한 배경이나 상황을 나타낼 때 사용하는 경우를 먼저 제시하도록 합니다.

① 지금 비가 오는데 다음에 운동을 할까요?
② 그 식당이 맛있는데 그곳으로 갈까요?
③ 어제 낙지볶음을 먹었는데 정말 매웠어요.
④ 이 사람은 제 동생인데 회사원이에요.

①은 운동을 다음에 하자는 제안으로 '비가 온다'는 상황을 제시했고, ②는 '그 식당으로 가자'는 이유로 '맛있다'라는 사실을 먼저 얘기하고 있으며, ③과 ④는 낙지볶음이 '매웠다'는 것과 동생이 '회사원이다'라는 사실에 앞서 앞 문장의 내용을 설명하고 있습니다. 이러한 표현 방식은 어떤 사실이나 제안을 갑자기 꺼내는 것보다 그에 대한 상황이나 배경을 미리 설명하여 상대방에게 이해를 구하거나 수긍을 할 수 있는 준비 시간을 주는 한국적 사고방식이 반영된 것이라고 할 수 있습니다. 주로 학습자의 경험을 이야기하게 하고 다양한 예문을 반복적으로 연습시켜 '–은/는데'의 사용이 익숙해지도록 하는 것이 좋습니다.

⑤ 어제 떡볶이를 먹었어요. 맛있었어요.
  → 어제 떡볶이를 먹었는데 맛있었어요.
⑥ 주말에 놀이공원에 갔어요. 정말 재미있었어요.
  → 주말에 놀이공원에 갔는데 정말 재미있었어요.
⑦ 작년에 중국 여행을 했어요. 아주 좋았어요.
  → 작년에 중국 여행을 했는데 아주 좋았어요.

위에서 ⑤는 '떡볶이를 먹었다'는 배경을 먼저 제시한 후에 '맛있다'라는 느낌을 말하고 있고 ⑥은 '놀이공원에 갔다'라는 배경을 이야기하고 나서 '재미있었다'라는 소감을 이야기하고 있습니다. ⑦은 '중국 여행을 했다'를 먼저 밝히고 '아주 좋았다'는 감상을 말하고 있습니다. 이처럼 미리 배경이 되는 사실을 설명함으로써 뒤에서 말하는 내용을 상대방이 좀 더 수월하게 받아들일 수 있도록 하는 대화의 기술이라고 할 수 있습니다.

이외에 '–은/는데'는 대조의 의미도 가지고 있지만, 지금까지의 기능과 의미가 확실하게 이해가 된 다음에 약간의 시간 여유를 두고 가르치는 것이 학습자의 혼란과 오류를 최소한으로 줄일 수 있기 때문에 문법 제시 순서를 조절해야 합니다.

 **활동은 이렇게**

–으려고 하다

〈활동지 43쪽〉

여행 계획 세우기

① 활동지를 나눠 주고 자신의 계획을 세우게 합니다.
② 옆 친구에게 질문을 하고 대답을 활동지에 씁니다.
③ 여행 계획에 대하여 발표를 합니다.

〈도움말〉
활동지를 인터뷰지로 사용하거나 한 사람씩 직접 답하고 발표하게 합니다.

–은/는데1

〈활동지 44쪽〉

문장 연결하기

양쪽의 문장을 읽고 서로 어울리는 두 개의 문장을 하나로 연결합니다.

〈도움말〉
활동지를 복사하여 문장 카드를 각각 잘라 학습자에게 나눠 주고 먼저 짝을 찾아서 하나의 문장으로 연결하는 게임을 해도 좋습니다.

-으면서

〈활동지 45쪽〉

동시 동작하기

그림을 보고 각각의 상황에서 동시에 동작을 하는 사람들을 찾아서 이야기합니다.

〈도움말〉
두 개의 조로 나누어 어느 조가 빨리 많이 찾아내는지 게임을 합니다.

-을 때

〈활동지 46쪽〉

사물의 기능 말하기

각각의 사물을 보고 어떤 경우에 사용하는지를 맞춰 봅니다.

〈도움말〉
어떤 사람이 먼저 말하는지 '이름'을 대며 손을 들고 답하게 하여 가장 많이 맞춘 사람이 이깁니다.

어느 날 교실에서 – 수업일지의 실제

한국어에서 빈도수가 아주 높은 연결어미 가운데 하나인 '-은/는데'는 그 활용도가 높은 만큼 기능과 의미도 다양해서 처음 도입이 중요한 것 같아요. 앞뒤 문장이 대조가 되는 의미는 오히려 도입이 쉬운데, 배경 설명이 되는 기능의 경우는 처음 도입이 어렵네요. 우선 하고자 하는 일에 대한 전제 조건이 되는 상황을 이야기했습니다. '비빔밥', '공원에서 자전거 타기', '바다' 등의 그림 카드를 보여주면서 다음과 같이 연습을 해 봅니다.

비빔밥이 정말 맛있어요. 같이 먹을까요?
→ 비빔밥이 정말 맛있는데 같이 먹을까요?

날씨가 좋아요. 공원에서 자전거를 탈까요?
→ 날씨가 좋은데 공원에서 자전거를 탈까요?

여름이에요. 바다에 갈까요?
→ 여름인데 바다에 갈까요?

동사, 형용사, 명사 등의 활용형과 용법이 매우 다양한 데다 발음도 하나하나 신경 써야 하고 시제도 생각해야 하기 때문에 '-은/는데' 한 가지만 가지고도 시간이 모자랍니다. 그래도 이 표현을 익히고 나면 훨씬 발화의 폭이 넓어져서 한결 성취도가 높아지지 않나 싶어요. 앞으로 남은 대조의 표현은 이제 수월하겠죠? 하나의 문법을 익힐 때마다 고개 하나씩을 넘어가는 심정입니다.

다른 선생님들의 댓글

▶ 다른 문법도 쉬운 건 아니지만 '-은/는데'는 특히 더 많은 예문을 준비해야 하지 않나 싶어요.

▶ 네, 문법에 대한 예문을 준비할 때 학습자의 혼선을 줄일 수 있는 가장 적절한 예문을 찾는 것이 중요하죠.

▶ '짐이 무거운데 좀 도와주실래요?'처럼 도움을 요청하는 경우에 쓰기 좋은 표현인 것 같아요.

교통

2-4 고속터미널에 가려면 어떻게 가요?

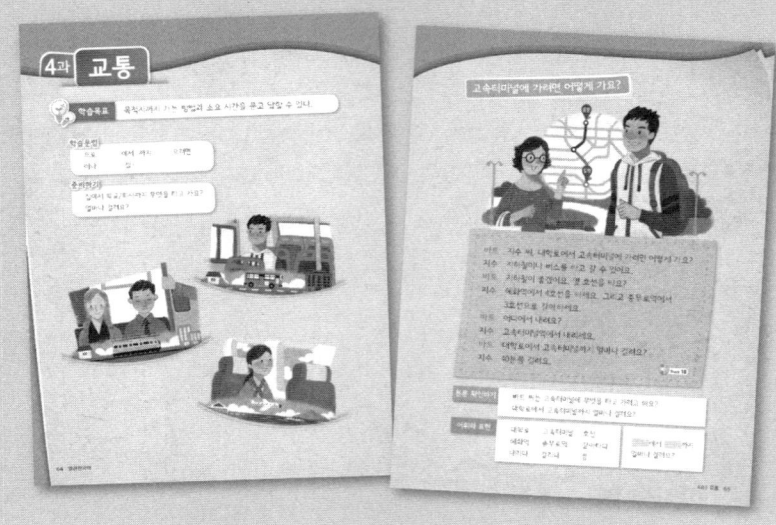

학습 문법	으로(수단/도구)　　에서 까지　　　　–으려면 이나　　　　　　　–겠–(추측)
수업 목표	교통 관련 어휘와 표현을 익힌다. 거리와 소요 시간을 물어볼 수 있다. 목적지까지 가는 방법을 설명할 수 있다.
수업 자료	활동지 으로 –으려면 –겠–

 교실에 들어가기 전에

	확인할 내용	네	아니요
1	'으로'의 의미와 기능을 구분하여 제시할 수 있다.		
2	'에서'의 여러 의미와 기능을 파악하고 있다.		
3	'–으려면'의 의미를 알고 제시할 수 있다.		
4	'이나'의 의미를 명확하게 알고 있다.		
5	'–겠–'의 의미와 기능을 구분하여 제시할 수 있다.		

1. '으로'의 의미와 기능을 구분하여 제시할 수 있다.

앞서 조사 '으로'가 목표가 아닌 단순한 방향이나 이동을 나타냄을 다뤘지만 이밖에도 '으로'는 도구나 수단, 재료, 자격을 나타내기도 하고 이유나 원인을 나타내기도 합니다. 이러한 여러 기능을 한꺼번에 제시하는 것은 바람직하지 않습니다. 초급 단계에서는 방향이나 이동, 도구나 수단, 재료 정도까지만 학습하는 것이 좋습니다.

이 버스는 학교로 가요. (방향, 이동)
종이에 연필로 쓰세요. (도구, 수단)
불고기는 쇠고기로 만들어요. (재료)
이곳이 아파트 단지로 변했어요. (변화)
회장으로 선출되었습니다. (자격)
갑자기 내린 비로 다리가 물에 잠겼어요. (이유, 원인)

2. '에서'의 여러 의미와 기능을 파악하고 있다.

'에서'는 선행 학습한 동작이 이루어지는 '장소'의 의미 외에 출발점이나 시작점, 어떤 행위의 근거나 기본, 어떤 사실에 대한 공간적인 배경을 나타내기도 합니다. '까지'와 함께 사용하여 출발점에서 도착점까지의 거리를 나타냅니다.

기차가 서울에서 몇 시에 출발했어요? (출발점)
이 버스는 서울에서 부산까지 가요. (출발점/도착점)
너를 위하는 뜻에서 충고를 하는 거야. (근거)
너는 세상에서 가장 소중한 내 친구야. (배경)

3. '-으려면'의 의미를 알고 제시할 수 있다.

어떤 동작이나 상태에 도달하기 위한 조건을 가정하여 나타내는 표현으로, 어떤 일을 할 의도나 의향, 앞으로 일어날일, 어떤 상황이 실현될 때를 가정하여 미리 구체적인 희망이나 바람을 나타낼 때 사용합니다.

선생님을 만나려면 내일 오세요.
비행기가 도착하려면 한 시간이 남았어요.
부자가 되려면 세상에서 가장 큰 부자가 되어야지요.

4. '이나'의 의미를 명확하게 알고 있다.

나열이나 선택의 뜻을 나타내는 표현으로, 둘 이상의 대상을 나열하거나 그중에서 한 가지를 선택하는데 만족스럽지는 않으나 차선의 선택일 때, 아무 것이나 상관없음을 나타낼 때 사용합니다.

5. '-겠-'의 의미와 기능을 구분하여 제시할 수 있다.

'-겠-'의 여러 가지 의미와 기능 가운데 추측의 경우는 그 사실에 대해 판단 근거가 확실할 때 사용합니다. 이와 같은 의미로 사용할 수 있는 표현 중에 '-을 것이다'가 있는데, 이때에는 판단 근거가 좀 더 약한 표현이 됩니다.

내일은 날씨가 맑을 것입니다. (약한 판단)
내일은 날씨가 맑겠습니다. (강한 판단)

문법 수업은 이렇게

| | 으로(수단, 도구) | 교재 68쪽 |

| 도입 및 제시 | 교사는 교통수단의 그림을 보여 주며 학습자가 알 수 있는 상황으로 예문을 도입합니다.

교 사 ○○ 씨, 무엇을 타고 왔어요?
학습자 버스를 타고 왔어요.
교 사 네, ○○ 씨는 버스로 왔어요. △△ 씨는요?
학습자 저는 지하철을 타고 왔어요.
교 사 네, △△ 씨는 지하철로 왔어요.
　　　 그럼 미국에 무엇으로 가요?
학습자 미국은 비행기로 가요.

명사와 결합하며 앞의 명사에 받침이 있으면 '으로', 받침이 없으면 '로'가 됩니다. '지하철'과 같이 받침이 'ㄹ'로 끝나는 경우에는 '로'가 된다는 것을 칠판에 써서 보여 주고 뒤의 동사와 함께 연습을 해 봅니다.

 |

| 연습 | 교통수단 외에도 도구나 방법으로 사용되는 경우를 예로 들어 학습자들이 익숙해질 때까지 반복적으로 연습을 합니다.

밥은 무엇으로 먹어요?　　　→　숟가락으로 먹어요.
반찬은 무엇으로 먹어요?　　　→　젓가락으로 먹어요.
종이에 무엇으로 글씨를 써요?　→　볼펜으로 써요.
인터넷 검색은 무엇으로 해요?　→　컴퓨터로 해요.
부모님과 무엇으로 연락을 해요?　→　전화로 연락해요. |

| 활용 | 생활에 필요한 수단이나 방법 말하기　활동지 47쪽 '으로' |

| 주의 | 'ㄹ 받침'으로 끝나는 명사일 경우에는 '로'가 결합된다는 것을 알려 줘야 합니다. |

에서 까지

교재 69쪽

도입 및 제시

학교나 회사와 집, 서울에서 부산, 한국에서 미국 등의 장소 사진을 보여 주고 시간이나 거리의 출발점과 도착점을 인식하도록 합니다.

교 사	(학습자의 국적에 따라) 한국에 무엇을 타고 왔어요?
학습자	비행기를 타고 왔어요.
교 사	네, 미국에서 한국까지 비행기를 타고 왔어요. 몇 시간 걸렸어요?
학습자	10시간 걸렸어요.
교 사	미국에서 한국까지 비행기로 10시간 걸려요.
교 사	학교에서 집까지 얼마나 걸려요?
학습자	학교에서 집까지 버스로 1시간 걸려요.

> 서울에서 부산까지 KTX로 3시간 걸려요.
> 서울에서 제주도까지 비행기로 1시간 걸려요.

연습

교통수단과 함께 제시하여 거리나 시간을 나타낸다는 것을 이해할 수 있는 예문으로 표현이 익숙해질 때까지 반복 연습을 합니다.

_____에서 _____까지 _____(으)로 _____ 걸려요.

집	회사	지하철	30분
집	학교	버스	1시간
집	도서관	걸어서	10분
집	공원	자전거	15분
서울	제주도	비행기	1시간
부산	후쿠오카	배	3시간
한국	미국	비행기	10시간

활용

기차나 비행기 시간표를 보며 시간과 거리를 알아봅니다.

주의

먼저 배운 '에서'의 의미와 혼동하여 헷갈리지 않도록 함께 제시하는 어휘와 표현을 확실하게 인식하게 해야 합니다.

−으려면

교재 70쪽

도입 및 제시

교사는 학습자의 고민이나 바라는 일에 대해 물어보고 목표 문법을 유도합니다.

교 사	저는 살을 빼고 싶어요. 어떻게 해요?
학습자	운동을 해요. 밥을 조금 먹어요.
교 사	네, 살을 빼려면 운동을 하세요. 노래를 잘 부르고 싶어요. 어떻게 해요?
학습자	노래방에서 연습해요.
교 사	네. 노래를 잘 부르려면 노래방에서 연습하세요.

'살다'나 '만들다'처럼 어간이 'ㄹ'로 끝나는 동사는 받침 유무에 상관없이 '−려면'으로 활용됨을 알려 줍니다.

연습

고민을 말하고 조언을 해주는 상황으로 연습을 해 봅니다.

불고기를 만들고 싶어요.
→ 불고기를 만들려면 소고기가 필요해요.

한국어를 잘하고 싶어요.
→ 한국어를 잘하려면 한국 친구들과 많이 이야기해 보세요.

남산에 가려면 어떻게 가요?
→ 명동역에 내려서 걸어 올라가세요.
→ 충무로역에 내려서 마을버스로 갈아타세요.

'−어야 하다'를 배웠다면 함께 연습해도 좋습니다.

_____(으)려면 _____아야/어야 해요

활용

조언하기 활동지 48쪽 '−으려면'

주의

'−으면'과 형태가 비슷하기 때문에 학습자가 헷갈리지 않도록 뚜렷하게 차이를 보이는 예문으로 구분을 합니다('함정을 피해 가려면' 참조).

이나

도입 및 제시	교사는 음식이나 교통수단 등의 그림을 보여 주며 질문을 합니다. 두 가지 모두가 아니라 둘 중에 하나라는 것을 강조합니다. **교 사** 공항에 무엇을 타고 가요? **학습자** 지하철을 타고 가요. 공항버스를 타요. **교 사** 네, 공항에 지하철이나 공항버스를 타고 가요. **교 사** 지금 무엇이 먹고 싶어요? **학습자** 김밥이 먹고 싶어요. 햄버거 먹고 싶어요. **교 사** 김밥이나 햄버거가 먹고 싶어요. 받침이 있는 명사에는 '이나', 받침이 없는 명사에는 '나'가 결합되는 것을 칠판에 써서 보여 주고 확인합니다. 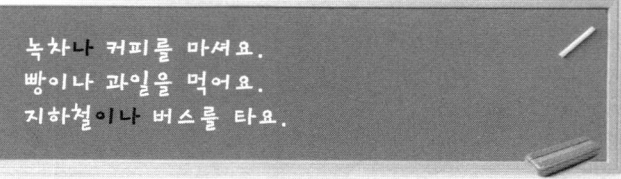
연습	선택이나 나열을 할 수 있는 명사를 예문으로 사용하여 둘 이상의 대상에서 하나를 선택한다는 것을 보여 줍니다. 받침이 있는 명사와 없는 명사를 모두 연습할 수 있도록 탈 것, 먹을 것, 살 것 등 여러 가지 명사를 제시해 줍니다. 밥을 먹고 녹차나 커피를 마셔요. 주말에 자전거나 인라인스케이트를 타요. 생일 때 꽃이나 화장품을 선물해요. 여름휴가 때 산이나 바다에 갈 거예요. 제주도에 배나 비행기를 타고 가요. 생일 선물로 꽃이나 케이크를 사요.
활용	메뉴를 고르거나 휴일에 갈 곳을 말해 봅니다.
주의	'이나'의 다양한 기능과 의미를 한꺼번에 제시하지 않습니다.

–겠– (추측)

교재 74쪽

도입 및 제시	일반적으로 추측의 '–겠–'을 교수할 때에는 일기예보를 많이 사용합니다. 이는 확실한 근거를 가지고 미래를 추측할 수 있는 '–겠–'을 설명하기에 아주 적절하기 때문입니다. 교사가 일기예보 동영상이나 일주일의 날씨를 표시한 표를 만들어 학습자들에게 보여 주며 기상캐스터 역할을 해도 좋습니다. 교 사 내일 날씨는 어때요? 학습자 비가 올 거예요. 교 사 네, 내일은 날씨가 흐리고 비가 오겠습니다. 이사하는 그림이나 사진을 보여 주며 이야기합니다. 교 사 영수 씨는 어제 이사를 했어요. 어때요? 학습자 피곤해요./힘들어요. 교 사 네, 영수 씨는 이사를 해서 피곤하겠어요. 	늦다	늦겠어요	차가 막혀서 늦겠어요.
오다	오겠어요	내일은 비가 오겠어요.
피곤하다	피곤하겠어요	잠을 못 자서 피곤하겠어요.

| 연습 | 한 학습자에게 어제나 주말에 한 일에 대해서 물어보고 다른 학습자에게 그것에 대한 자신의 감정이나 의견을 말하게 합니다.

친구들과 농구를 했어요.   → 재미있었겠어요.
시험공부를 했어요.   → 피곤하겠어요.
뷔페식당에 갔어요.   → 맛있었겠어요.
길에서 넘어졌어요.   → 아프겠어요.
부모님이 오셨어요.   → 좋겠어요.
아침부터 밥을 못 먹었어요.   → 배고프겠어요.
등산을 했어요.   → 힘들겠어요.

| 활용 | 일기예보 기상캐스터 되어 보기 활동지 49쪽 '–겠–'

| 주의 | 과거 사실에 대한 추측이라 할지라도 당시의 상황이나 상태를 보고 추측하며 표현하는 말이므로 현재 시제로 사용합니다. 과거 시제의 '–었겠–'을 사용하면 현재는 그렇지 않고 과거에 그랬을 거라는 표현으로 현재와의 시간적 단절의 의미가 포함됩니다.

 함정을 피해 가려면

으로

'으로'의 여러 가지 기능을 교사가 숙지하고 있지 않으면 자칫 학습자에게 혼란을 초래할 수 있으므로 각기 다른 의미와 기능에 대한 사전 지식을 정리해 둘 필요가 있습니다.

　① 수업이 끝나면 집으로 가요.
　② 한국 사람은 밥을 숟가락으로 먹어요.
　③ 제주도는 비행기로 가요.
　④ 두부는 콩으로 만들어요.

'으로'는 ①에서 방향을, ②에서는 도구를 ③에서는 수단을, ④에서는 재료를 표시합니다. 이밖에도 '밤낮으로', '아침저녁으로' 등의 시간적 범위를 나타내는 관용적 표현으로도 쓰입니다.

-으려면

'-으려면'은 어떤 행동을 완성하기 위한 조건이나 어떤 행위를 할 의향이 있음을 나타내는 표현으로, 의도를 나타내는 어미 '-으려고'와 어떤 조건이나 가정을 나타내는 표현인 '-면'을 결합한 형태인 '-으려고 하면'의 줄임 표현입니다.

　① 선생님을 만나려면 수업 후에 오세요.
　② 기차가 도착하려면 한 시간쯤 걸려요.
　③-1 불고기를 만들려면 고기가 필요해요.
　③-2 불고기를 만들려고 하면 고기가 필요해요.

①은 선생님을 만나기 위해서는 수업 후에 와야 한다는 것이고, ②는 기차가 도착하는 조건에 대해서, ③-1과 ③-2는 불고기를 만들기 위해 필요한 조건을 더욱 분명하게 나타내고 있습니다. 세 경우 모두 의도하고 있거나 하려고 하는 어떤 일이나 행동이 이루어지기 위해서 필요한 상황적인 조건을 나타냅니다. 이것은 ④처럼 단순히 가정이나 조건을 의미하는 '-으면'과 구분됩니다. ⑤는 대학에 들어가기 위해 꼭 필요한 조건으로 '공부를 열심히 해야 한다'는 것을 나타내고 있습니다.

　④ 대학에 들어가면 공부를 열심히 할 거예요.
　⑤ 대학에 들어가려면 공부를 열심히 해야 해요.

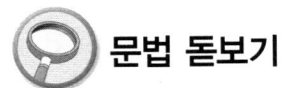

문법 돋보기

-겠-

'-겠-'은 문장에서의 주어가 1인칭일 때와 2인칭, 3인칭일 때 각각 그 의미와 기능이 다릅니다.

① 제가 하겠습니다.
② 1등을 해서 정말 기쁘겠네요.
③ 내일은 비가 오겠습니다.

위의 문장에서 ①은 말하는 사람, 즉 주어가 1인칭으로 주어의 의지나 결심을 말하고 있고, ②는 주어가 2인칭으로 상대방이 1등을 해서 기쁠 것이라는 현재 상황의 추측 표현입니다. ③은 3인칭으로 미래의 추측을 나타내는 표현입니다. 주어의 의지나 의도를 나타내는 경우에는 어떤 행동을 하거나 앞으로 할 것이라는 표현이기 때문에 동작 동사에 결합하며 형용사에는 결합할 수 없습니다. 1인칭이 형용사와 결합하면 아래 ④에서와 같이 말하는 사람이 자신의 의견이나 생각을 표현할 때 사용할 수 있습니다. ⑤에서는 상대방이 오늘 와 준다면 말하는 사람이 감사할 것이라는 표현이 됩니다.

④ 저는 그쪽이 더 좋겠습니다.
⑤ 오늘 와 주시면 감사하겠습니다.

아래의 ⑥이나 ⑦은 주어가 2인칭일 때에는 상대방의 의견이나 의향을 물어보는 의문문으로 사용하기도 합니다.

⑥ 저 좀 도와주시겠어요?
⑦ 이것 좀 드시겠어요?

다음 문장들은 말하는 당시의 상황이나 상태를 보고 미리 추측을 하는 표현으로 2인칭이나 3인칭이 주어가 됩니다.

⑧ 일이 많아서 피곤하시겠어요.
⑨ 하늘이 흐린 걸 보니까 비가 오겠어요.
⑩ 뉴스를 말씀드리겠습니다.
⑪ 내일은 날씨가 맑겠습니다.
⑫ (내가) 6시까지 일을 끝낼 수 있겠어요.

⑧은 상대방이 일이 많아서 피곤할 것임을 추측해서 말하는 경우이고, ⑨는 흐린 하늘을 보고 곧 비가 올 것 같다는 의미이며, ⑩과 ⑪은 앞으로 곧 어떤 일이 있을 거라는 것을 나타내는 말입니다. 그러나 ⑫는 아직 일어나지 않은 일이나 하지 않은 일에 대한 1인칭의 추측을 나타내는 의미가 됩니다.

 **활동은 이렇게**

으로 〈활동지 47쪽〉

수단이나 방법 말하기

· 무엇으로 먹어요? _____(으)로 먹어요.
· 무엇으로 가요? _____(으)로 가요.
· 무엇으로 써요? _____(으)로 써요.
· 무엇으로 연락해요? _____(으)로 연락해요.

교통수단. 연락 수단 등 일상생활에서 필요한 수단이나 방법을 이야기합니다.

〈도움말〉
그림 카드만 주고 두 개의 조를 나누어 먼저 말하기 게임을 해도 좋습니다.

-으려면 〈활동지 48쪽〉

고민 말하기 · 조언하기

가: _____(으)려면 어떻게 해요?
나: _____(으)려면 _____(으)세요.

① 자신의 고민을 이야기합니다.
② 친구의 고민을 듣고 조언해 줍니다.

〈도움말〉
교사가 학습자 한 사람씩 돌아가며 질문해도 좋고 두 사람씩 짝을 지어 연습해도 좋습니다.

-겠-1

〈활동지 49쪽〉

일기예보

날씨 관련 어휘를 이용하여 기상캐스터처럼 일기예보를 해 보세요.

〈도움말〉
실제로 기상캐스터의 일기예보 영상을 보여 주고 역할극을 하게 합니다.
조를 나누어 날씨에 관한 추측을 말하게 합니다.

어느 날 교실에서 – 수업일지의 실제

오늘은 기상캐스터가 되는 날이네요. 과거 시제의 '-었/았-'과 함께 시제 표현의 쌍두마차라고 할 수 있는 미래 시제 '-겠-'을 공부하는 날입니다. '-겠-'을 도입할 때는 언제나 일기예보밖에 없을까 하는 생각도 들지만, 미래 시제를 표현할 수 있는 '-을 것이다'보다 좀 더 강한 추측이 되는 표현을 설명하기에는 그 이상의 예가 없는 것 같아서 아쉽지만 또 시작합니다. 날씨 관련 어휘나 표현을 알아본 다음, 미리 준비한 일기예보 동영상을 먼저 보여 줍니다. 그리고 알아들은 단어나 문장을 확인하지요.

무엇을 들었어요? → 구름요. 비. 맑다. 바람요…
내일은 비가 오겠습니다. 날씨가 맑겠습니다. 날씨가 흐리겠습니다.

연습이 끝나고 학생들 나라의 날씨에 대해서도 알아보았습니다. 프랑스, 미국, 나이지리아, 영국, 아일랜드, 베트남, 요르단, 스웨덴, 스페인, 몽골, 중국, 일본 등 아주 다양한 나라에서 온 학생들의 국적만큼이나 날씨도 변덕스럽네요. 기온이 40도를 넘는다거나 계절이 우기와 건기로 나뉘는가 하면, 1년에 200일 가까이 비가 오는 등 지구촌의 날씨는 변화무쌍합니다. 그러나 하나의 언어로 이야기하고 있는 교실의 모습을 보면 세계 속의 한국이라는 말처럼 앉아서 지구 한 바퀴를 돌다 온 것처럼 뿌듯하기도 하답니다.

그룹 활동으로 3, 4개의 모둠으로 나누어 각 모둠마다 빈 종이나 도화지를 한 개씩 준 다음 부모님께, 선생님께, 남편에게, 아내에게 약속을 써 보고 직접 발표하게 했습니다. 재미있는 약속이 많이 나와서 즐거운 웃음과 함께 수업을 마무리했답니다.

다른 선생님들의 댓글

▶ 미래의 추측에는 일기예보만 한 예문이 없지요. 정형화되어 가는 듯한 느낌도 있지만요. ^^

▶ 감정 표현 형용사를 제시하고 상대방의 마음을 생각해서 추측해 보게 하는 것도 괜찮은 것 같아요.

▶ 아, 좋은 생각이네요. 다음 수업에 활용해 봐야겠어요. 감사합니다.

식당

2-5 돌솥비빔밥을 드셔 보세요

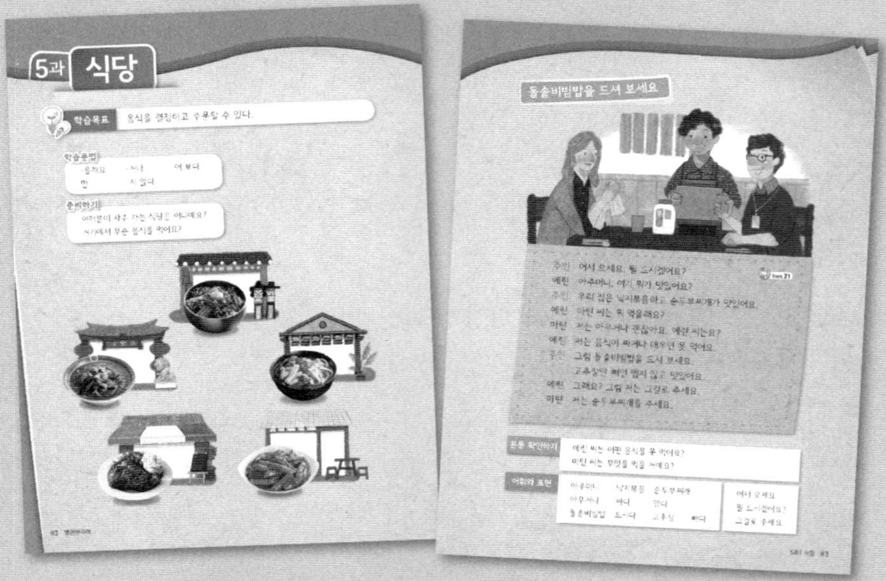

학습 문법	–을래요 –거나 –아/어 보다(시도) 만 –지 않다
수업 목표	식당에서 음식을 결정하고 주문할 수 있다. 다른 사람에게 추천할 수 있다.
수업 자료	활동지 –을래요 –아/어 보다1, 2

 교실에 들어가기 전에

	확인할 내용	네	아니요
1	'–을래요'의 의미와 기능을 알고 있다.		
2	'–거나'의 의미와 시제 제한을 알고 있다.		
3	'–아/어 보다'의 시도 표현의 의미를 정확히 알고 있다.		
4	부정 표현 '–지 않다'의 제한적인 쓰임을 알고 있다.		

1. '-을래요'의 의미와 기능을 알고 있다.

말하는 사람의 의지나 의향을 나타내는 '-을래요'는 화자뿐만 아니라 상대방의 의향을 묻는 질문에도 사용하는 표현이라는 점에서 말하는 사람의 의지를 나타내는 '-을게요'와 큰 차이가 있습니다.

저는 순두부찌개를 먹을래요.
어떤 음식으로 하실래요?

저는 순두부찌개를 먹을게요. (○)
어떤 음식으로 하실게요? (×)

'-을게요'가 자신의 의지뿐만 아니라 윗사람에게 자신이 어떤 일을 하겠다고 약속을 하는 표현인 데 반해, '-을래요'는 어떤 일을 선택할 때의 의사를 나타내거나 상대방의 선택을 묻는 질문으로 사용합니다.

2. '-거나'의 의미와 시제 제한을 알고 있다.

둘 이상의 상황에서 한 가지만 선택한다는 의미를 표현하는 '-거나'는 '-고'와 의미를 구별해야 합니다. '-고'는 앞뒤 동작이나 상황을 모두 포함하고 있는 반면에 '-거나'는 둘 중에 하나를 선택하는 표현입니다. 또한 '-거나'는 과거 시제와 결합할 수 있지만 미래를 나타내는 '-겠-'과는 결합할 수 없습니다.

휴일에는 음악을 듣거나 영화를 봅니다.
휴일에는 음악을 듣겠거나 영화를 볼 거예요. (×)
휴일에는 음악을 듣고 영화를 봅니다.

3. '-아/어 보다'의 시도 표현의 의미를 정확히 알고 있다.

일반적으로 한 표현이 여러 기능이나 의미를 가진 경우에 이를 한꺼번에 제시하면 학습자의 혼란을 가져올 수 있으므로 나누어 제시하는 것이 바람직하지만, 앞서 배운 경험이나 시도에 이어 추천의 의미로도 쓰이는 '-아/어 보다'를 교수할 때에는 앞서 배웠던 기능을 함께 연습하는 것도 효율적인 방법입니다.

제주도에 가 봤어요? 정말 좋아요. (경험)
시간이 있으면 꼭 한 번 가 보세요. (추천)

4. 부정 표현 '-지 않다'의 제한적인 쓰임을 알고 있다.

동사나 형용사와 결합하여 단순한 부정이나 주어가 어떤 행동의 의지나 의도가 없음을 나타내는 표현이기 때문에 '알다, 깨닫다' 등의 주어가 인지하고 있는 의미를 포함하고 있는 동사에는 '-지 못하다'를 사용해야 합니다.

저는 그 사람을 알지 않아요. (×)
저는 그 사람을 알지 못해요. (○)

문법 수업은 이렇게

| | –을래요 | 교재 86쪽 |

| 도입 및 제시 | 교사는 식당의 그림이나 사진을 보여 주며 식당에서 주문하는 상황으로 학습자들에게 질문을 합니다.

교 사 식당에 왔어요. 무엇을 먹을까요? 저는 비빔밥을 먹고 싶어요.
학습자 저는 된장찌개를 먹고 싶어요.
교 사 네, 저는 비빔밥을 먹을래요. 그리고 (학습자를 가리키며) ○○ 씨는 무엇을 먹을래요?
학습자 저는 된장찌개를 먹을래요.

받침의 유무에 따른 변화를 판서로 보여 주고 다시 한 번 읽어 봅니다.

\| 먹다 \| 먹+을래요 \| 지금 밥을 먹을래요. \|
\| 가다 \| 가+ㄹ래요 \| 집에 갈래요. \| |

| 연습 | 일반적으로 '–을래요'를 쓸 수 있는 상황에서 '–고 싶다'를 쓸 수 있으나 '–을래요'가 좀 더 확실하게 자신의 의지를 표현한다는 점에서 다릅니다.
자신의 의사를 표현하거나 상대방의 의사를 물어보는 예문을 들어 연습합니다.

오늘 수업 후에 일찍 집에 갈래요.
제가 청소를 할래요.
저는 이 영화를 볼래요.

커피를 마실래요?
같이 등산을 갈래요?
내일 백화점 앞에서 만날래요? |

| 활용 | 메뉴 고르기 활동지 50쪽 '–을래요' |

| 주의 | '–을래요'는 화자의 의지나 의향을 나타내지만 선택의 의미가 강하기 때문에 화자의 의지를 표현하는 '–을게요'와 구분이 됩니다. |

−거나

도입 및 제시	교사는 주말에 무엇을 하는지에 대해 학습자들에게 질문하여 여러 상황을 말하게 하고 학습자가 쉽게 이해할 수 있는 상황을 예로 들며 목표 문법을 도입합니다. **교 사** 주말에 무엇을 해요? **학습자** 청소를 해요. 운동을 해요. 책을 읽어요. 영화를 봐요. **교 사** 네, 저는 주말에 TV를 보거나 책을 읽어요. 이때 TV를 보는 그림과 책을 읽는 그림을 보여 주고 둘 중에 하나만 선택을 해서 한 가지 행동이나 상황만을 나타내는 표현임을 강조합니다. 주말에는 집에서 책을 읽어요. 또는 친구를 만나요. → 주말에는 집에서 책을 읽거나 친구를 만나요. 그 사람의 직업은 선생님이거나 공무원일 거예요.
연습	두 가지 행동이나 상황에서 하나만 선택하는 표현이므로 두 가지의 경우를 모두 포함하는 '−고'와의 차이를 알 수 있도록 비교하여 보여 줍니다. 퇴근 후에 친구를 만나요. (또는) 퇴근 후에 영화를 봐요. → 퇴근 후에 친구를 만나거나 영화를 봐요. 퇴근 후에 친구를 만나요. (그리고) 퇴근 후에 영화를 봐요. → 퇴근 후에 친구를 만나고 영화를 봐요. 주말 계획을 말해 봅니다. 주말에 뭐 할 거예요? 청소를 하거나 TV를 볼 거예요.
활용	휴가 계획을 말해 봅니다.
주의	미래 시제의 경우 '−거나'에 결합하지 않고 뒤쪽에 '−을 거예요' 형태로 구현된다는 것에 주의해야 합니다.

-아/어 보다(시도)

교재 90쪽

도입 및 제시

일반적으로 '-아/어 보다'는 경험의 의미를 먼저 학습한 후에 시도의 의미를 학습하게 되므로 먼저 학습한 표현으로 학습자에게 질문하여 자연스럽게 유도합니다. 추천의 의미를 나타낼 때는 권유의 의미로 '-으세요'를 사용합니다.

> 교 사   제주도에 가 봤어요?
> 학습자   네, 가 봤어요.
> 교 사   그럼 말을 타 봤어요?
> 학습자   아니요. 못 타 봤어요.
> 교 사   그럼 다음에 한번 타 보세요. 아주 재미있어요.

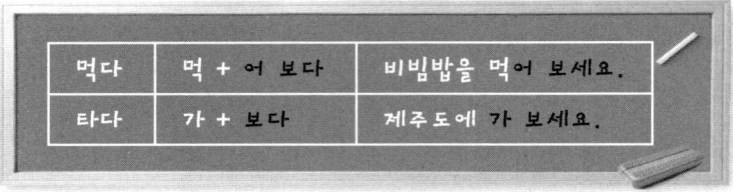

동사하고만 결합하며 형태에 따라 달라진다는 것을 보여 줍니다.

연습

학습자들의 고향이나 나라에서 유명한 관광지나 자랑할 만한 것을 이야기하게 하고 '-아/어 보세요'를 사용하도록 연습합니다.

> 중국은 어디가 유명해요?
> 자금성이 유명해요. 한번 가 보세요. 정말 멋있어요.
>
> 무엇이 맛있어요?
> 북경오리가 맛있어요. 한번 먹어 보세요. 아주 맛있어요.

학습자가 좋아하는 것이나 소개하고 싶은 것들을 옆 친구에게 추천하는 연습을 합니다.

> 이 노래를 들어 보세요.
> 이 책을 읽어 보세요.
> 이 음식을 먹어 보세요.

활용

경험을 말하고 추천하기, 나라 소개하기 활동지 51, 52쪽 '-아/어 보다1, 2'

주의

학습자에게 연습을 시킬 때는 경험한 것을 추천하는 내용을 가지고 옆 사람과 대화 형태로 하는 것이 효율적입니다.

만

교재 92쪽

도입 및 제시

다른 것은 모두 배제하고 오직 한 가지만 선택하거나 한정할 때 써야 하므로 두 가지 이상의 사물에서 선택할 수 있는 상황을 이야기합니다.

교 사 이 교실에 한국 사람이 있어요?
학습자 아니요, 없어요.
교 사 네, 선생님만 한국 사람이에요.

교 사 여기에 한국어 선생님이 있어요?
학습자 아니요, 선생님이 한국어 선생님이에요.
교 사 네, 저만 한국어 선생님이에요.

> 에린만 러시아 사람이에요.
> 아침에 우유만 마셨어요.

연습

여럿 중에 하나만 존재하거나 한 가지 사실만 말할 때 사용합니다. 하나만 선택할 때 또는 한 가지 일만 할 때의 예문으로 연습합니다. 사진을 보거나 여러 가지 사물을 놓고 질문합니다.

  그 여자만 키가 커요.
  이 사람만 미국 사람이에요.
  이 남자만 영어 선생님이에요.

남자들 속에 에린이 있을 때. 여자들 속에 마틴이 있을 때.

  에린 씨만 여자예요.
  마틴 씨만 남자예요.

여러 사람이 있는데 한 사람(마틴)이 안경을 쓰고 있을 때.
다른 사람들은 모두 머리가 짧고 한 여자(샤오진)만 머리가 길 때.

  마틴만 안경을 썼어요.
  샤오진만 머리가 길어요.

활용

여럿 가운데 한 가지만 강조하여 말해 봅니다.

  고기만 먹어요.

주의

한 가지만 한정하는 '만'은 명사뿐만 아니라 어미 또는 조사에도 붙어서 그 상황을 좀 더 강조하거나 한정할 때 사용합니다. 다른 표현으로 '밖에 없다'와 대치해서 사용할 수 있습니다.

	-지 않다	교재 93쪽

| 도입 및 제시 | 부정 표현으로 앞서 학습한 '안'과 '못'의 차이를 알고 있다면, 외부적인 요인과 상관없이 하고 싶지 않다는 표현으로 짧은 부정의 '안'과 긴 부정의 '–지 않다'를 쓸 수 있다는 것을 이해할 수 있도록 '안'을 쓸 수 있는 예문으로 도입합니다.
우유를 마시는 그림과 책을 읽는 그림을 보여 주며 질문을 합니다.

교 사 커피를 마셔요?
학습자 아니요, 안 마셔요. 우유를 마셔요.
교 사 네, 커피를 마시지 않아요. 우유를 마셔요.

교 사 음악을 들어요?
학습자 아니요, 음악을 안 들어요. 책을 읽어요.
교 사 네, 음악을 듣지 않아요. 책을 읽어요.

\| 읽다 \| 읽 + 지 않다 \| 책을 읽지 않아요. \|
\| 마시다 \| 마시 + 지 않다 \| 커피를 마시지 않아요. \| |

| 연습 | 일반적인 사실의 부정이나 주어의 의지가 없음을 나타내는 부정 표현이므로 단순한 부정의 상황으로 동사나 형용사에 결합시켜 말하기 연습을 합니다. 또한 과거 시제를 표현할 때에는 '않다'에 '–았–'을 결합하여 표현합니다.

그 여자는 예쁘지 않아요.
영수가 아직 오지 않아요.
영수가 아직 오지 않았어요.

위의 문장은 중립적인 부정을 나타내며, 아래의 문장은 주어의 의지에 의해 어떤 행위를 하지 않거나 단순한 부정을 나타낼 때 사용합니다.

저는 김치가 매워서 먹지 않아요.
저는 피곤하면 일하지 않아요.
저는 지금 배가 고프지 않아요. |

| 활용 | 싫어하는 것과 하기 싫은 것을 말해 봅니다. |

| 주의 | '있다'의 부정은 '있지 않다'가 아니라 '없다'이며, '이다'의 부정은 '이지 않다'가 아니라 '아니다'라는 특별한 표현이 있음을 알려 줘야 합니다. |

함정을 피해 가려면

-을래요

의지나 의향을 나타내는 '-을래요'는 동사와 결합하여 ①과 같이 말하는 사람의 의사를 표현하기도 하고, ②와 같이 어떤 것을 선택할 때 상대방의 의사를 묻는 표현으로도 사용합니다.

① 저는 김치찌개를 먹을래요.
② 커피 드실래요?

이러한 유사 표현으로 ③처럼 '-을게요'가 있는데, 이 경우에는 말하는 사람의 의지를 표현할 때나 ④처럼 상대방에게 자신이 어떤 일을 하겠다는 약속의 표현으로 사용하며 2인칭의 의지나 의사를 표현할 수 없습니다. 또한 '-을래요'는 선택의 의사를 표현하지만 '-을게요'는 선택보다는 자신의 의지가 더 강한 표현이 됩니다.

③ 저는 김치찌개를 먹을게요.
④ 내일 아침까지 숙제를 할게요.

⑤ 저는 불고기를 먹고 싶어요.
⑥ 저는 불고기를 먹을래요.

이렇게 자신의 의지를 표현하는 '-을래요'와 비슷한 상황에서 쓸 수 있는 표현 가운데 '-고 싶다'가 있습니다. ⑤는 불확실한 상황의 단순한 희망을 나타내는 것이고, ⑥의 '-을래요'는 확실하게 선택을 의미하는 표현이기 때문에 둘의 의미는 확실하게 구별됩니다.

⑦ 제가 청소를 할래요.
⑧ 제가 청소를 할게요.
⑨ 제가 청소를 할 거예요.

위의 세 문장에서 ⑦은 자신의 선택이고 ⑧은 자신의 의지, ⑨는 자신의 계획을 나타냅니다. 그러나 실제 대화에서 보면 위의 세 문장을 거의 구분이 없이 같은 상황에서 사용합니다. 이것을 격식체의 높임말로 표현할 때에는 '제가 청소를 하겠습니다.'를 사용하기 때문입니다.

문법적인 차이에서 본다면 인칭의 제약이 있는데 ⑦과 ⑧은 주어가 1인칭이어야 하고, ⑨는 1인칭이 아니어도 사용이 가능합니다. 그러나 '-을 거예요'의 문장에서 주어가 1인칭이 아닐 때에는 말하는 사람이 추측을 할 때 주로 사용합니다.

문법 돋보기

-아/어 보다

경험이나 시도를 나타낼 때 사용하는 표현인 '-아/어 보다'의 의문문에 대한 부정적인 대답으로는 '안 해 보다'와 '못 해 보다'를 사용합니다.

　　가: 오토바이를 타 봤어요?
　　나1: 아니요, 아직 안 타 봤어요.
　　나2: 아니요, 아직 못 타 봤어요.

이 경우 흔히 '안'은 의지 부정이라고 하고 '못'은 능력 부정이라고 정의하고 있습니다. 그런데 '안 해 보다'와 '못 해 보다'의 차이는 그다지 뚜렷하게 나타나지 않는다는 느낌을 줍니다. 이때 장형 부정으로 다시 풀어 보면, 나1의 문장은 '아직 타 보지 않았어요.'가 되고 나2의 문장은 '아직 타 보지 못 했어요.'가 됩니다. 타 보지 않은 것은 탈 수도 있었는데 자신의 의지로 타지 않은 것이 되고, 타 보지 못 한 것은 타고는 싶었으나 상황이나 능력이 되지 않아서 타지 못했다는 의미가 되므로 좀 더 의미 차이를 느낄 수 있습니다.

-지 않다

의도나 의지에 의한 부정인 '안'과 능력의 부정인 '못'은 짧은 부정 또는 단형 부정입니다. 긴 부정 또는 장형 부정으로 쓸 때 '안'은 '-지 않다'를, '못'은 '-지 못하다'를 사용합니다(248쪽 '-지 못하다' 참조).

　　① 떡볶이를 안 먹어요. (의지 부정, 단형 부정)
　　② 떡볶이를 먹지 않아요. (의지 부정, 장형 부정)
　　③ 떡볶이를 못 먹어요. (능력 부정, 단형 부정)
　　④ 떡볶이를 먹지 못해요. (능력 부정, 장형 부정)

①과 ②는 주어의 의지에 의해 먹지 않는다는 표현이며, ③과 ④는 먹고 싶지만 먹을 수 없다는 능력 부정문입니다. 그러나 위의 예문은 그 의미 차이를 확실하게 보여 주기에는 무리가 있으므로, '-지 않다'를 처음 도입할 때에는 의지와 능력의 애매한 차이를 보여 주려 애쓰기보다는 우선 단순한 부정 표현으로 제시하는 것이 좋습니다.

　　⑤ 토요일에 수업을 하지 않아요.
　　⑥ 그 여자는 예쁘지 않아요.

⑤는 토요일에 수업을 하지 않는다는 단순 부정이며 ⑥은 그 여자가 안 예쁘다는 부정이므로 능력 부정과는 구별이 될 수 있습니다.

 **활동은 이렇게**

–을래요 ⟨활동지 50쪽⟩

메뉴 정하기

· 오늘 점심/저녁은 뭘 먹을래요?
· _____로 할래요/먹을래요.

동료나 친구끼리 메뉴를 정하기를 해 봅시다.
먼저 음식의 종류를 정하고 그 다음에 식당을 선택하여 메뉴를 정하기까지 말해 봅니다.

〈도움말〉
빈 종이나 메모지를 나눠 주고 자신이 먹고 싶은 음식을 적은 다음, 같은 종류를 적은 사람들끼리 모여서 식당에 가서 음식 주문을 하는 역할극으로 해 봅니다.

–아/어 보다1 ⟨활동지 51쪽⟩

추천하기

① '–아/어 보다'를 사용해서 자신이 해 본 일, 가 본 곳 등에 대한 경험을 말합니다.
② 옆 사람에게도 같은 경험이 있는지 질문하고 없다면 추천을 해 봅니다.
③ '네, 아니요'로 답하면 그에 대한 이유와 계획을 들어 봅니다.

〈도움말〉
자신의 경험을 말하고 앞에서 다른 사람에게 추천을 해 봅니다.

–아/어 보다2　　　　　　　　　　　　　　　　　　　　　　　　　　　　〈활동지 52쪽〉

나라 소개하기

① 여러분 나라를 추천해 주세요.
② 여러분 나라에서 유명한 관광지나 가 볼 만한 곳을 소개해 주세요.
③ 여러분 나라에서 유명한 음식을 소개해 주세요.
④ 무엇을 하면 좋은지 추천해 주세요.

〈도움말〉
나라 소개 외에도 자신이 좋아하는 취미나 여행했던 장소, 특별한 경험 등을 추천해 봅니다.
전체 학습자의 나라를 모두 소개하고 세계 일주 여행의 코스나 일정을 만들어 보는 활동도 좋습니다.

어느 날 교실에서 - 수업일지의 실제

교사의 개인적인 의견으로 초급에서 가장 기대가 되고 재미있는 문법 항목을 꼽는다면 그중의 하나가 '-아/어 보다'라고 할 수 있을 것 같아요. 학생들의 다양한 경험들을 들을 수 있을뿐더러 학생들 나라의 여러 장소와 재미있는 일들을 알아볼 수 있기 때문에 학습자의 참여를 가장 활발하게 이끌어낼 수 있으니까요. 대부분 '경험'을 의미하는 용법을 배운 후라 '추천'은 좀 수월하게 유도가 되는 편입니다.

여러분 취미가 뭐예요? 어떤 것이 재미있어요?
인라인스케이트를 타 봤어요. 건강에도 좋고 살도 빠져요. 여러분도 해 보세요.
어디에 가 봤어요?
제주도에 가 봤는데 음식도 맛있고 바다도 정말 예뻤어요. 꼭 가 보세요.

오호~ 지난 시간에 배운 '-은/는데'와 결합시켜 이렇게 멋진 문장을 만들어 내다니 놀랍습니다. 이런 학생들만 있으면 교사들이야 얼마나 신이 나겠습니까만, 행여 틀릴까 해서 입은 꼭 다문 채 눈만 말똥거리는 학생 때문에 죽을 맛이죠. 아무리 물어봐도 입만 달싹거리다 다시 침묵입니다. 역시 언어는 적극적이고 용기가 있는 사람만이 누릴 수 있는 특권이 아닐까 싶어요. 틀려도 무조건 들이대고 보는 학생들이 가장 빨리 그리고 유창하게 한국어를 구사하는 것을 종종 봅니다. 이럴 때 저 자신도 외국어로 회화를 할 때 어떻게 했나를 생각하며 반성하곤 하지요.

활동으로 학생들을 세 조로 나누어서 '여행지 소개하기'를 해 보았습니다.

양귀비와 당나라 현종의 무대가 된다는 중국 시안, 한 번 보면 행운이 온다는 핀란드의 오로라, 요르단의 사막 이야기까지 흥미진진한 여행지가 소개되어 옆에서 듣고만 있어도 그곳에 가 있는 듯한 착각이 들게 하는 재미있는 시간이었습니다.

다른 선생님들의 댓글

▶ 재미있겠네요. 특히 북유럽의 오로라.. 생각만 해도 환상적이고 꼭 한번 보고 싶습니다.

▶ 아무리 질문을 해도 대답은커녕 고개를 젓기까지 하는 학생들이 있으면 정말 힘들어요.

▶ '-아/어 보다'는 경험과 추천하기를 따로 하는 것보다 아예 같이 하는 것도 괜찮은 것 같아요.

2-6 케이크도 만들 줄 알아요?

취미

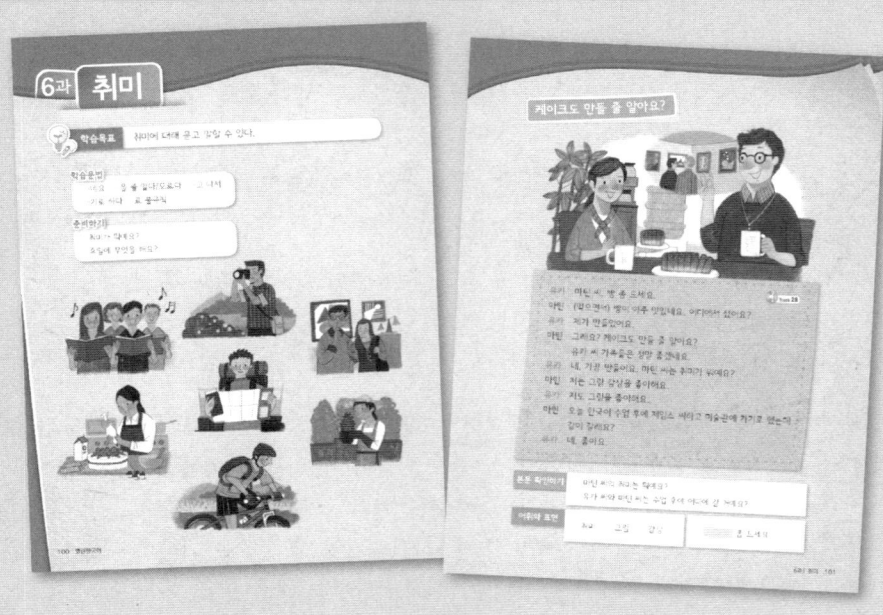

학습 문법	–네요　　　　–을 줄 알다/모르다　　　　–고 나서 –기로 하다　　　르 불규칙
수업 목표	취미에 대해 묻고 말할 수 있다. 자신의 능력이나 결심을 말할 수 있다.
수업 자료	활동지 -을 줄 알다/모르다 -고 나서 -기로 하다

 교실에 들어가기 전에

	확인할 내용	네	아니요
1	'–을 줄 알다/모르다'와 '–을 수 있다'의 차이를 설명할 수 있다.		
2	시간적 순서에 대한 여러 가지 표현들의 의미 차이를 알고 있다.		
3	'–기로 하다'의 의미와 기능을 구분하여 제시할 수 있다.		
4	'르 불규칙'에 대한 문법적 지식을 정확하게 파악하고 있다.		

1. '-을 줄 알다/모르다'와 '-을 수 있다'의 차이를 설명할 수 있다.

어떤 일에 대한 방법을 아는지를 나타내는 표현 '-을 줄 알다'와 어떤 일에 대한 가능성을 나타내는 표현인 '-을 수 있다'는 실제 발화에서 같은 의미로 사용되기도 합니다.

피아노를 칠 줄 알아요?
피아노를 칠 수 있어요?

위의 두 문장은 아주 유사한 상황에서 사용할 수 있습니다. 그러나 아래의 두 문장을 보면 확연하게 차이를 알 수 있습니다. 즉 '-을 줄 알다'는 능력이나 방법에 한정되고 미래형은 쓸 수 없는 반면에 '-을 수 있다'는 보다 자유롭고 폭넓게 사용할 수 있습니다.

내일 아침 7시까지 올 수 있어요? (○)
내일 아침 7시까지 올 줄 알아요? (×)

2. 시간적 순서에 대한 여러 가지 표현들의 의미 차이를 알고 있다.

시간적 순서에 대한 표현들로는 '-고'와 '-아/어서', '-고 나서' 등이 있습니다. 그러나 이 세 표현에는 분명한 차이가 있습니다. '-고 나서'는 단순히 시간의 순서에 따른 순차적인 행동이 됩니다.

친구를 만나고 영화를 봐요.
친구를 만나서 영화를 봐요.
친구를 만나고 나서 영화를 봐요.

3. '-기로 하다'의 의미와 기능을 구분하여 제시할 수 있다.

어떤 일에 대한 말하는 이의 계획이나 결심을 나타낼 때 사용하며, 다른 사람하고의 약속이나 일정을 나타낼 때도 사용합니다. 이때 앞의 경우에는 '결심하다'가 되고 뒤의 경우에는 '약속하다'가 됩니다.

내일부터 운동을 열심히 하기로 했어요.
→ 내일부터 운동을 열심히 하기로 결심했어요.

내일 친구와 바다에 가기로 했어요.
→ 내일 친구와 바다에 가기로 약속했어요.

4. '르 불규칙'에 대한 문법적 지식을 정확하게 파악하고 있다.

'르 불규칙'은 르+모음일 때 'ㄹㄹ+모음'이 되는 문법 현상으로, '다르다, 부르다, 모르다'와 같은 경우에 '달라요, 불러요, 몰라요'로 변하는 것입니다. 그러나 '치르다, 들르다'는 '치러요, 들러요'가 되기 때문에 규칙적인 활용을 합니다. 이와 같이 규칙 활용이 있을 때 불규칙이라는 용어를 쓰며, '으'나 'ㄹ'과 같이 항상 변화하는 경우에는 '탈락'이라는 용어를 사용합니다(2-2 불규칙 참조).

다르다 – 달라요 – 달라서 – 다르니까 (불규칙)
부르다 – 불러요 – 불러서 – 부르니까 (불규칙)
치르다 – 치러요 – 치러서 – 치르니까 (규칙)
들르다 – 들러요 – 들러서 – 들르니까 (규칙)

문법 수업은 이렇게

| –네요 | 교재 104쪽 |

도입 및 제시

교사는 학습 문법에 대한 설정으로 새롭게 알게 된 사실이나 감탄할 수 있는 상황으로 질문을 유도합니다.

교 사 어머, ○○ 씨, 오늘 넥타이가 정말 멋지네요.
학습자 네, 감사합니다.
교 사 ○○ 씨 발음이 정말 좋네요.
　　　　한국어를 정말 잘하네요.

교 사 오늘 날씨가 어때요?
학습자 정말 더워요.
교 사 네, 정말 덥네요.

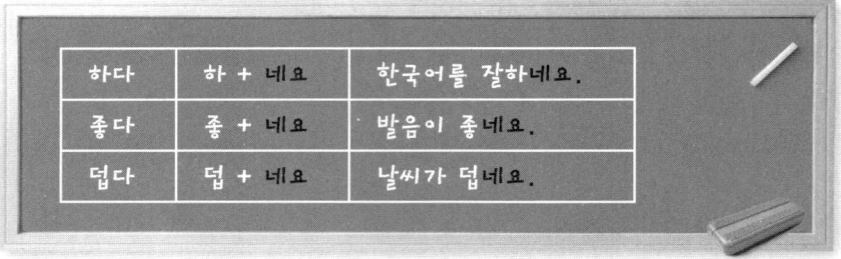

연습

교재 연습 문제를 통해 감탄이나 칭찬 등의 자신이 느낀 점을 말해 봅니다.

노래를 잘 하네요. / 노래를 잘 부르네요.
시험을 잘 봤네요. / 공부를 잘 하네요.
햄버거를 잘 먹네요. / 햄버거를 정말 좋아하네요.
눈이 많이 왔네요. / 눈이 많이 내렸네요.
집이 머네요. / 집이 학교에서 머네요.

옷이 아주 잘 어울리네요.
머리가 예쁘네요.
남자 친구가 멋있네요.

활용

친구나 옆 사람 칭찬하기를 해 봅니다.

주의

'좋네요' [존네요]와 같이, 비음이 아닌 자음이 비음과 결합하면 앞의 자음도 비음으로 바뀌는 현상을 알려 주고 발음에 주의해서 말하도록 합니다.

-을 줄 알다/모르다

교재 106쪽

도입 및 제시	어떤 일에 대한 방법을 아는지의 여부를 묻는 표현이므로 주로 취미에 대해 묻거나 재능이 있는지를 알아볼 때 사용합니다. 이때 선행 학습한 '-을 수 있어요'를 이용하여 목표 문법을 유도할 수도 있습니다. 교 사 한국 노래를 알아요? 학습자 네, 알아요. 교 사 한국 노래를 부를 수 있어요? 학습자 네, 한국 노래를 부를 수 있어요. 교 사 ○○ 씨는 한국 노래를 부를 줄 알아요. 동사의 받침 유무에 따라 결합 형태가 달라지는 것과 '만들다'와 같이 어간이 'ㄹ'로 끝나는 동사를 아래와 같이 칠판에 써서 보여 줍니다. 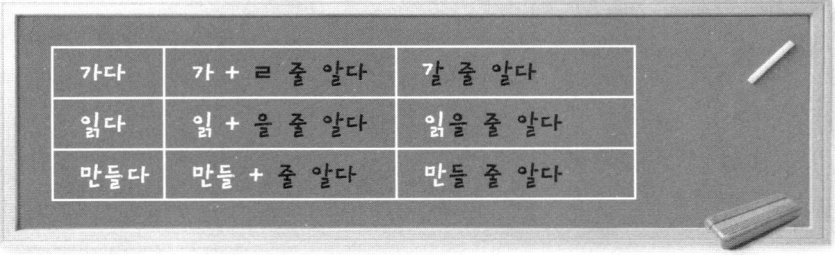
연습	무엇을 할 수 있는지에 대해 묻고 답해 봅니다. 동사하고만 결합한다는 것을 예문을 통해서 연습합니다. 한국 음식을 만들 줄 알아요? → 네, 만들 줄 알아요. 악기를 연주할 줄 알아요? → 아니요, 연주할 줄 몰라요. 춤을 출 줄 알아요? → 아니요, 출 줄 몰라요. 외국어를 할 줄 알아요? → 네, 외국어를 할 줄 알아요. 한자를 읽을 줄 알아요? → 아니요, 읽을 줄 몰라요. 매운 음식을 먹을 줄 알아요? → 네, 먹을 줄 알아요. 옆 사람과 궁금한 것에 대해 질문하고 대답하는 연습을 합니다.
활용	능력 알아보기 　활동지 53쪽 '-을 줄 알다/모르다'
주의	유사하게 사용하는 표현으로 '-을 수 있다'가 있는데 이 경우는 어떤 일에 대한 가능성을 나타내는 것이고, '-을 줄 알다'는 방법에 대해 아는지 모르는지를 나타내지만 비슷하게 사용하므로 쓸 수 없는 경우의 예문을 알려 주고 오류를 예방해야 합니다.

–고 나서

교재 108쪽

도입 및 제시

시간의 순서를 나타내는 순차적 행동을 표현하는 말로 동사와만 결합합니다. 두 가지 행동을 순서대로 진행할 때 사용하므로 연이어 일어날 수 있는 상황을 도입합니다.

교 사	아침에 일어나서 처음으로 무엇을 해요?
학습자	세수를 해요.
교 사	그리고 무엇을 해요?
학습자	식사를 해요.
교 사	네, 아침에 일어나서 세수를 하고 나서 식사를 해요. 그 다음에 뭐해요?
학습자	식사를 하고 나서 회사에 가요.

단순한 행동의 나열이 되는 '–고'와 혼동을 하지 않도록 분명한 시간적 순서에 의한 행동을 나타내는 경우를 예문으로 보여 줍니다. 사진이나 그림을 보고 행동을 순서대로 이야기해 봅니다.

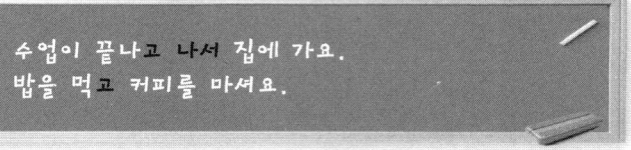

수업이 끝나고 나서 집에 가요.
밥을 먹고 커피를 마셔요.

연습

하루 일과표를 만들게 하고 그것을 순서대로 말하는 연습을 합니다.

아침 식사를 하고 나서 학교에 갑니다.
학교에서 공부를 하고 나서 식당에 가서 밥을 먹습니다.
밥을 먹고 나서 친구들과 커피를 마십니다.
커피를 마시고 나서 도서관에서 책을 빌립니다.
도서관에서 책을 빌리고 나서 집으로 갑니다.
집에 도착하고 나서 샤워를 합니다.
샤워를 하고 나서 세탁기를 돌립니다.
세탁기를 돌리고 나서 컴퓨터로 인터넷 서핑을 합니다.
인터넷 서핑을 하고 나서 잠을 잡니다.

활용

김치찌개 만들기 활동지 54쪽 '–고 나서'

주의

시간적 순서를 나타내는 표현에는 '–고'나 '–아/어서'도 사용할 수 있으나 모두 앞의 내용이 뒤에 오는 결과의 원인이 됩니다. 이에 반해 '–고 나서'는 단순한 시간의 순차적인 행동만을 표현합니다.

-기로 하다

교재 110쪽

도입 및 제시

어떤 일에 대한 결심이나 결정 또는 타인과 약속을 할 수 있는 상황을 도입합니다.

- 교 사   수업이 끝나고 나서 커피를 마실까요?
- 학습자   네, 좋아요. 어디에서 마실까요?
- 교 사   이 근처의 카페에서 마시기로 해요.

- 교 사   수업할 때 휴대폰을 사용하면 돼요?
- 학습자   아니요, 휴대폰을 사용하면 안 돼요.
- 교 사   네, 이제부터 교실에서 휴대폰을 끄기로 해요.

동사와만 결합한다는 것을 알려 주고 예문을 칠판에 써서 눈에 익도록 합니다.

마시다	마시 + 기로 하다	커피를 마시기로 해요.
끄다	끄 + 기로 하다	휴대폰을 끄기로 해요.
먹다	먹 + 기로 하다	김밥을 먹기로 해요.

연습

자신의 안 좋은 습관을 고치겠다는 결심, 어떤 일에 대한 결정을 하는 상황과 약속을 하는 상황으로 나누어 예문 연습을 합니다.

술을 마시지 않기로 했어요.
매일 운동을 하기로 했어요.

내일 어디에서 만날까요?
학교 앞에서 만나기로 해요.

주말에 어떤 영화를 볼까요?
한국 영화를 보기로 해요.

활용

결심 말하기 / 약속하기   활동지 55쪽 '-기로 하다'

주의

'-기로 하다'에서의 '하다'는 상황에 따라 '결정하다, 결심하다, 마음먹다, 약속하다' 등의 단어로 바꿔 쓸 수 있으며 과거 시제와는 결합할 수 없습니다.

르 불규칙 (2-2 불규칙 참조)

교재 112쪽

 **함정을 피해 가려면**

-고 나서

'-고 나서'는 시간적인 순서에 따라 일어나는 일을 표현하지만 앞뒤의 인과관계는 존재하지 않고 단순한 시간적인 순서의 나열이 됩니다.

① 밥을 먹고 나서 차를 마실까요?
② 밥을 먹고 차를 마실까요?

①은 밥을 먹는 행동이 끝나고 그 후에 차를 마시자는 의미이고 ②는 밥을 먹었으니까 후식으로 차를 마시자는 의미가 됩니다. 그러나 다음의 두 문장을 보면 ③은 학교에 갔으니까 공부를 한다는 것이기 때문에 인과관계가 명확하게 나타나지만 ④와 같이 학교를 가는 행동을 하고 그 후에 공부를 한다고 말하는 것은 좀 어색합니다. 따라서 '-고 나서'는 단지 행동의 순차적인 순서를 표현할 때만 사용하는 것이 좋습니다.

③ 학교에 가서 공부를 해요.
?④ 학교에 가고 나서 공부를 해요.

-기로 하다

동사에 붙어서 어떤 결정이나 결심 또는 약속의 의미를 나타내는 표현입니다. 따라서 아직 일어나지 않은 경우를 표현하므로 과거 시제 '-았/었-'과는 결합할 수 없습니다. ①은 '어제'라는 과거 표현이 있다고 하더라도 '만나지 못했다'는 것이므로 과거 시제는 쓸 수 없습니다.

① 어제 만났기로 했는데 못 만났어요. (×)

'-기로 하다'는 동작주의 결정이나 약속 등을 나타내는 표현이 되므로 ②나 ③처럼 '하다'는 '결정하다, 약속하다' 등으로 바꾸어 써도 무방합니다.

② 저는 다음 주에 떠나기로 결정했어요.
③ 7시에 도서관 앞에서 만나기로 약속했어요.

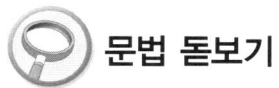 문법 돋보기

–네요

말하는 사람이 직접 경험하거나 새롭게 알게 된 사실에 대하여 놀라거나 감탄하면서 말하는 표현입니다. 비슷한 상황에서 같이 쓸 수 있는 표현으로는 '–군요'가 있습니다.

① 불고기가 정말 맛있네요.
② 불고기가 정말 맛있군요.

이 두 문장은 별다른 의미 차이가 없이 실제 발화 상황에서 많이 쓰이는 표현입니다. 그러나 놀라거나 감탄을 표현하는 '–네요'와 달리 ②의 경우에는 약간 빈정거리는 듯이 말할 때도 사용합니다. 아래의 두 문장을 보면 그 차이를 느낄 수 있습니다. ③은 비아냥거리는 듯한 느낌을 주고 ④는 놀란 듯한 느낌이 더 강합니다. 그러나 이러한 차이 없이 그냥 혼용해서 쓰일 때가 많습니다.

③ 누군가 했더니 바로 당신이었군요.
④ 누군가 했더니 바로 당신이었네요.

–을 줄 알다/모르다

동사에 붙어 어떤 일을 할 수 있는 능력이나 방법을 나타내기도 하고, 동사나 형용사에 붙어서 어떠한 사실이나 상태를 표현하기도 합니다.

① 유카 씨는 한국 음식을 만들 줄 알아요.
② 미선 씨는 운전을 할 줄 몰라요.
③ 그 사람이 돈이 많을 줄 알았어요.
④ 그 여자가 그렇게 예쁠 줄 몰랐어요.

①은 한국 음식을 만드는 방법이나 능력을 말하고 있고 ②는 운전을 하는 방법을 모르거나 능력이 없다는 말입니다. ③은 돈이 많다는 사실을 알고 있다는 표현이며, ④는 예쁜 사실을 몰랐다는 것, 즉 자신의 추측이 틀렸다는 것을 말하고 있습니다.

이와 관련하여 각각 '으로'나 '은/는', '을/를' 등의 조사가 붙어서 '–을 줄로 알다'나 '–을 줄을 알다' 등의 형태로 쓰이기도 합니다. 아래와 같이 조사가 덧붙어 주로 그 사실이나 상태에 대해 자신이 말하는 것을 좀 더 강조하기도 합니다.

⑤ 나는 그 사람이 떠날 줄로 알았다.
⑥ 그 사람이 그럴 줄은 정말 몰랐어요.
⑦ 내 동생은 운전을 할 줄을 몰라요.

 활동은 이렇게

-을 줄 알다/모르다 〈활동지 53쪽〉

능력 알아보기

가: 한국 노래를 부를 줄 알아요?
나: 네. 부를 줄 알아요.
　　아니요. 부를 줄 몰라요.

옆 사람과 무엇을 할 수 있는지에 관해서 묻고 답합니다.

〈도움말〉
한 사람씩 앞으로 나와서 자신의 능력을 말하고 질문을 받게 해도 좋습니다.

-고 나서 〈활동지 54쪽〉

김치찌개 만들기

① 김치찌개의 재료를 말해 봅니다.
② '-고 나서'를 사용해서 조리 과정을 이야기합니다.
③ 궁금한 점을 그때그때 질문을 합니다.

〈도움말〉
요리 연구가가 방송에서 하는 것처럼 역할극을 해 봐도 좋습니다.

-기로 하다 〈활동지 55쪽〉

결심 말하기 / 약속하기

① 나의 결심을 말해 봅니다.
② 친구와 약속하기를 해 봅니다.

〈도움말〉
활동지를 복사하여 결심과 약속을 각각 잘라 학습자에게 나눠 주고 완성한 다음 발표하게 합니다.

어느 날 교실에서 – 수업일지의 실제

어떤 일에 대한 능력이나 방법을 나타내는 표현을 공부했습니다. 그런데 이때 '-을 수 있다'를 배우고 나서 '-을 줄 알다'를 학습하게 되면 항상 두 문장의 차이에 대해 질문이 나오거나 '-을 수 있다'를 쓸 수 있는 상황에서 무조건 '-을 줄 알다'를 사용하게 되어 자칫 오류를 불러오게 되지요. 따라서 '-을 줄 알다'만 사용할 수 있는 상황 예문을 좀 더 많이 연습하여 두 표현의 차이를 확실하게 인식하게 하는 것이 중요한 것 같습니다.

수업에 사용할 취미나 특기와 관련된 그림 카드를 준비했습니다. 다음 수업에는 악기나 스포츠, 요리 등의 사진도 추가해 보려고 합니다.

> 어떤 취미가 있어요? 무엇을 좋아해요?
> 한국 요리를 만들 수 있어요?
> 비빔밥을 만들 수 있어요. 떡볶이를 만들 줄 알아요.

두 가지 표현을 유사하게 쓰고 있지만 안 되는 경우를 알려 주었습니다. '-을 수 있다'는 능력도 나타내지만 가능성도 나타내므로 '-을 줄 알다'가 어색한 예문을 보여 주었습니다. 많이 어색해야 학생들이 이해를 빨리 하는 것 같아요.

> 내일 만날 수 있어요? (O)
> 내일 만날 줄 알아요? (×)

자신의 능력이나 취미를 얘기하다 보면 재미있는 취미들이 등장합니다. 밸리댄스가 취미인 여학생과 요가를 할 줄 아는 여학생이 직접 앞에 나와 시연을 해 줘서 우리에게 즐거움을 안겨 주었답니다.

다른 선생님들의 댓글

▶ 일본 학생의 경우 한국어에 대한 모국어 간섭 현상이 가장 심한 언어권이 아닌가 싶어요. 조사 '이/가'와 마찬가지로 '-을 수 있다'와 '-을 줄 알다'의 구분이 잘 안 되고 함께 쓰려는 경향이 있거든요.

▶ 여러 용법을 가진 표현들이 먼저 배운 문법과 뒤섞여 오류를 만들어내는 원인이 되는 거죠.

▶ 하나씩 제시하는 것도 좋지만 때로는 함께 비교해 주는 것도 좋은 방법이 되지 않을까요?

2-7 어머님 연세가 어떻게 되세요?

가족

학습 문법	의 –으시– 에게/한테 에게서/한테서
수업 목표	가족을 설명하고 소개할 수 있다. 높임말을 표현할 수 있다.
수업 자료	활동지 높임말1, 2, 3 에게(서)/한테(서)1, 2

 교실에 들어가기 전에

	확인할 내용	네	아니요
1	'의'의 모든 의미와 기능을 파악하고 있다.		
2	높임말과 관련된 모든 형태와 의미를 제시할 수 있다.		
3	'에게(서)/한테(서)'가 의미하는 동작의 방향을 정확하게 제시할 수 있다.		

1. '의'의 모든 의미와 기능을 파악하고 있다.

명사나 조사 등에 붙어서 뒤에 오는 명사를 수식하는 표현으로 다양한 의미를 가지고 있습니다.

나의 고향 → 소속, 소유
문제의 해결 → 목표, 대상
최상의 선택 → 속성, 한정
월급의 반 → 부분, 관계
마음의 창 → 비유의 대상
부모님과의 약속 → 의미 특성

2. 높임말과 관련된 모든 형태와 의미를 제시할 수 있다.

높임법에는 대부분 '-으시-'를 적용하면 되지만, 이런 경우가 아닌 특별한 어휘들이 있습니다.

말 – 말씀, 사람 – 분, 식사 – 진지, 나이 – 연세, 집 – 댁
주다 – 드리다
먹다, 마시다 – 드시다
자다 – 주무시다
아프다 – 아프시다/편찮으시다

3. '에게(서)/한테(서)'가 의미하는 동작의 방향을 정확하게 제시할 수 있다.

어떤 행동의 영향을 받는 대상이나 진행 방향 또는 목적을 나타내는 표현입니다. 그러나 반대로 행동을 하는 사람일 수도 있으므로 학습자에게 제시할 때는 하나씩 별개로 가르치는 것이 좋습니다. '에게'는 대부분 '한테'로 바꿔 쓸 수 있으며, 높임 표현으로는 '께'를 씁니다.

동생에게/한테 선물을 주었어요.
동생에게/한테 선물을 받았어요.
동생에게서/한테서 선물을 받았어요.

친구에게/한테 책을 주었어요.
친구에게/한테 책을 받았어요.
친구에게서/한테서 책을 받았어요.
부모님께 편지를 드렸어요.

'나에게, 저에게, 너에게' 등은 각각 '내게, 제게, 네게'로 줄여서 쓸 수 있습니다.

나에게 주세요. – 내게 주세요.
저에게 주세요. – 제게 주세요.
너에게 줄게. – 네게 줄게.

문법 수업은 이렇게

의

교재 124쪽

도입 및 제시

학습자의 물건이나 교사의 소지품 중에서 하나씩 들어 보이며 누구의 것인지 물어봅니다.

교 사 이것은 저의 가방이에요. 이것은 누구의 책이에요?
학습자 ○○ 씨의 책이에요.
교 사 이것은 뭐예요? 누구의 ___이에요?
학습자 ___의 ___이에요/예요.

최소한 10개 이상의 물건이나 소지품 또는 그림 카드 등을 이용하여 반복적인 연습을 하며 소유나 부분임을 알게 하고, 가족을 소개할 때에도 사용할 수 있는 표현임을 익힙니다.

할아버지의 안경
어머니의 구두
아버지의 아버지
동생의 여자 친구

연습

이, 그, 저 등의 지시어를 함께 연습하면 더 효과적입니다. 주로 주변에서 흔히 볼 수 있는 생활필수품을 예로 들어 연습을 하는 것이 좋습니다.

이것은 저의 휴대폰이에요.
그것은 선생님의 책이에요.
저것은 미나 씨의 가방이에요.

이분이 저의 아버지예요.
저분이 저의 선생님이에요.

활용

자기 소지품을 말하고 다른 사람의 소지품을 물어봅니다.

주의

한국어에서는 소유나 소속을 나타낼 때는 주로 생략하여 사용하고 '나의'는 '내', '저의'는 '제'의 형태로 쓰는 경우가 많습니다.

−으시−

교재 125쪽

도입 및 제시

교사의 가족사진이나 나이 드신 분들의 모습이 담긴 사진 등을 보여 주며 목표 문법을 도입합니다.

교 사 이 사람이 누구일까요?
학습자 선생님의 할머니예요?
교 사 네. 맞아요. 저의 할머니세요. 할머니는 지금 안 계세요.
　　　　작년에 돌아가셨어요.
　　　　이분은 저의 아버지세요. 연세가 일흔이세요.

높임말은 한꺼번에 많은 어휘와 표현이 동원되므로 학습자의 어려움을 최소화하는 노력이 필요합니다. 따라서 교사나 학습자가 알 수 있는 사람으로 소개하는 것이 훨씬 이해도가 높습니다.

가다	가시다	어머니께서 시장에 가셨어요.
읽다	읽으시다	선생님께서 책을 읽으셨어요.
먹다	드시다	할머니께서 진지를 드셨어요.

연습

여러 인물들의 그림을 보여 주며 동작의 주체에 따라 서술어의 형태가 달라지는 것을 반복적으로 연습합니다. 표현이 익숙해지면 학습자의 가족을 소개하는 연습도 좋습니다.

동생이 밥을 먹어요.
할머니께서 진지를 드세요.
언니가 자요.
어머니께서 주무세요.
친구가 운동을 해요.
선생님께서 운동을 하세요.

저의 아버지는 선생님이세요.
올해 예순이세요.

활용

높임말 활용 활동지 56, 57, 58쪽 '높임말1, 2, 3'

주의

명령이나 지시문에 사용하는 '−으세요'와 높임말 표현의 서술어 '−으세요'는 다른 상황에서 쓰이는 표현이므로 그 차이를 정확하게 알도록 합니다.

에게(서)/한테(서)

교재 131쪽

도입 및 제시	'주다', '받다'의 주체와 객체 사이의 행동 방향을 이해해야 하므로 '선물'에 대한 이야기로 도입하는 것이 효율적입니다. 교 사　여러분은 어떤 선물을 받아 봤어요? 학습자　꽃을 받아 봤어요. 교 사　꽃을 누가 주었어요? 학습자　남자 친구가 주었어요. 교 사　네, ○○ 씨는 남자 친구에게서 꽃을 받았어요. 　　　　그리고 어떤 선물을 주었어요? 학습자　책 선물을 주었어요. 교 사　아, ○○ 씨는 남자 친구에게 책을 주었어요. 칠판에 그림으로 그리거나 써서 방향을 표시하고 물건을 주거나 받는 주체를 알려 줍니다. 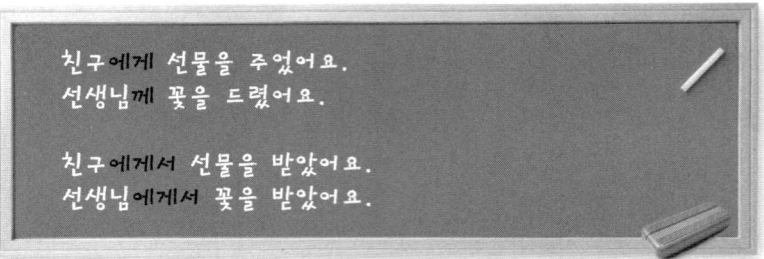
연습	동작의 방향성을 확실하게 알 수 있도록 그림을 놓고 연습을 해도 좋고 손가락 막대 등을 써서 보여 줘도 좋습니다. 나 ------------ 주다 ----------▶ 친구/동생 나 ---------- 드리다 ----------▶ 선생님/부모님 나는 친구에게(한테) 선물을 주었어요. 나는 선생님께 선물을 드렸어요. 나 ◀----------- 받다 ------------ 친구 나 ◀----------- 받다 ------------ 선생님 나는 친구에게서(한테서) 선물을 받았어요. 나는 선생님에게서(한테서) 선물을 받았어요.
활용	선물 주고받기　활동지 59, 60쪽 '-에게(서)/한테(서)1, 2'
주의	문장의 주어가 생략되었을 때는 '에게/한테' 앞에 있는 명사가 주는 주체가 되기도 하고 받는 대상이 되기도 하기 때문에 혼란을 줄 수 있으므로 주의합니다.

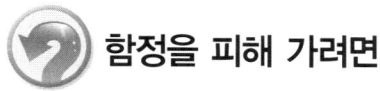 함정을 피해 가려면

| 의 |

　　명사와 명사 사이 또는 조사에 붙어서 뒤에 오는 명사를 수식하는 표현으로 주로 소유나 소속을 나타내지만 세부적으로 그 의미 차이가 존재합니다. ①은 가방이 나의 소유라는 의미이며, ②는 해결할 문제라는 목표나 대상을 뜻하며, ③은 많은 학생 가운데 일부라는 말로 앞과 뒤가 부분적인 관계를 의미합니다. ④는 선택이 최상이었다는 의미로 앞말이 뒤에 오는 명사의 의미를 한정하는 표현이며, ⑤는 앞말과 뒷말이 비유의 대상이 되고, ⑥은 조사의 의미적 특성을 나타내어 뒷말을 수식하게 됩니다. 이때 ①, ②, ③과 같이 소속, 목표, 부분적 관계 등을 표현하는 경우는 생략이 가능하지만 ④, ⑤, ⑥의 경우에는 생략할 수 없기 때문에 주의해야 합니다.

　　① 나의 가방 (소속, 소유)
　　② 문제의 해결 (목표, 대상)
　　③ 학생의 일부 (부분, 관계)
　　④ 최상의 선택 (속성, 한정)
　　⑤ 행운의 열쇠 (비유의 대상)
　　⑥ 부모님과의 약속 (의미 특성)

　　또한 ①의 소유나 소속의 의미로 사용할 때에는 대부분 줄임 표현을 써서 '나의 책'은 '내 책'으로 '너의 동생'은 '네 동생'과 같이 사용하는 것이 일반적입니다. 이처럼 '의'의 의미와 기능은 아주 다양하고 복잡하기 때문에 초급 단계에서 처음 제시할 때는 ①번의 소유나 소속만 익힌 다음 단계가 높아지면서 다른 기능을 학습하는 것이 좋습니다.

　　아래 문장들을 보면 '의'의 발음도 학습자에 따라서 매우 어려워하는 부분입니다. 명사의 '의사'나 '회의'처럼 앞이나 뒤에 구현되는 경우가 아닌, 조사로 사용할 때에는 상황에 따라 [에]로 발음할 수 있음을 알려 주고 연습하도록 합니다.

　　나의 어머니 [나에 어머니]
　　할아버지의 안경 [할아버지에 안경]
　　행운의 열쇠 [행운에 열쇠]
　　부모님과의 약속 [부모님과에 약속]

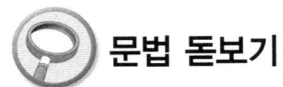 문법 돋보기

높임법

한국어의 중요한 특징인 높임법은 학습자가 아주 어려워하는 부분 중에 하나이기도 합니다. 따라서 처음 제시할 때 그 관계에 대해 정확하게 해 줄 필요가 있습니다. 한국어 높임법은 세 가지로 나눌 수 있는데 ①과 같이 문장의 주어를 높이는 주체 높임, ②와 같이 동작의 대상을 높이는 객체 높임, 그리고 ③과 같이 대화에서 듣는 사람을 높이는 상대 높임이 있습니다.

① 아버지께서 책을 읽으세요.
② 어제 어머니께 선물을 드렸어요.
③ 보통 휴일에는 뭐 하세요?

그러나 일반적으로 높임 표현이 없는 언어권의 화자에게는 상황에 따라 다르게 사용해야 하는 높임말이 어려울 수밖에 없습니다. 따라서 학습자가 가장 이해하기 쉬운 기준이 되는 '나이'나 '직위'를 사용하여 높임말을 익히는 것이 좋습니다. 가장 많이 사용하는 것이 주체 높임인데 동사나 형용사에 결합하는 '-으시-'로 현재 시제에서는 동사, 형용사의 어간에 '-으세요'를 붙이고 과거 시제는 '-으셨어요'를, 미래 시제는 '-으실 거예요'를 붙이면 됩니다. 이와 같은 방식과는 달리 특별하게 바뀌는 어휘는 따로 제시하여 익히도록 합니다.

친구, 동생, 누나, 형, 나	부모님, 할머니, 할아버지, 선생님
이/가	께서
은/는	께서는
에게(한테)	께
이다	이시다
먹다	드시다
죽다	돌아가시다
자다	주무시다
주다	드리다
마시다	드시다
아프다	편찮으시다

객체 높임의 경우는 그렇게 많지 않으므로 일상의 표현에서 많이 사용하는 '뵙다'나 '말씀드리다'와 같은 어휘를 교수할 필요가 있습니다.

 **활동은 이렇게**

높임말1 〈활동지 56쪽〉

어머니와 나

'나'와 '어머니'일 때 사용하는 표현을 써 보세요.
한 사람씩 나와서 발표를 합니다.

〈도움말〉
옆 사람과 질문하고 대답하기를 합니다. 서로의 역할을 정해서 해도 좋습니다.

높임말2 〈활동지 57쪽〉

표현 바꾸기

예사 표현을 높임 표현으로 바꿔서 써 봅니다.

〈도움말〉
활동지를 나눠 주거나 칠판에 써서 학습자가 앞에 나와 직접 써 보게 하는 것도 좋습니다.

높임말3 〈활동지 58쪽〉

가족 소개하기

학습자의 가족사진을 가져오게 하거나 가상의 사진으로 소개를 합니다.
말하는 사람보다 어린 경우와 나이가 많은 경우를 각각 연습합니다.

〈도움말〉
한 사람씩 나와서 소개를 하거나 학습자를 가족으로 가상하여 나눈 다음 역할극으로 해도 좋습니다.

에게(서)/한테(서)1

〈활동지 59쪽〉

선물 주고받기

- _____에게(한테) _____을/를 주었어요.
- _____에게서(한테서) _____을/를 받았어요.

물건이나 선물을 주고받은 상황을 이야기해 봅니다.
상대방의 입장으로 바꿔서 이야기합니다.

〈도움말〉
자신이 받거나 주었던 선물에 대해서 말해 봅니다.

에게(서)/한테(서)2

〈활동지 59쪽〉

그림 보고 말하기

그림을 보고 누가 누구에게 선물을 받았는지 말해 봅니다.
양쪽의 입장을 바꿔서 다시 말해 봅니다.

〈도움말〉
서로의 물건을 주고받으면서 '화살표 막대' 등을 사용해서 정확하게 방향성을 제시해 주면 좋습니다.

어느 날 교실에서 – 수업일지의 실제

외국인이 한국에 와서 가장 많은 실수를 보이는 것이 한국어의 높임말을 몰라서 생기는 경우가 아닐까 합니다. 배우는 입장에서나 가르치는 입장에서나 중요한 고비라고도 할 수 있는 '높임법'의 시간입니다. 준비도 많이 해야 하지만 학생의 입장에서 어떻게 하면 알기 쉽게 받아들일 수 있을까 하는 것이 관건이라고 할 수 있는 한국어의 높임법. 이 고비를 잘 넘겨야 한국어를 제대로 할 수 있는 탄탄대로에 들어서는 거라고 해도 과언이 아니겠죠. 교사의 가족사진이나 다양한 연령대를 알 수 있는 인물들의 그림 또는 사진을 준비합니다. 자, 결전의 시간!

"여러분, 할아버지가 밥을 먹어요… 라고 하면 돼요, 안 돼요?"
"안 돼요!"
"네, 맞아요. 이것이 높임말이에요."
"한국말을 할 때 높임말을 모르면 힘들어요. 그렇죠?"
"네! 너무 힘들어요!"

이구동성, 동감의 응답이 쇄도합니다. 교사의 가족사진을 보여 주며 학생들의 가족 관계를 이야기합니다. 할아버지, 할머니, 큰아버지, 큰어머니, 삼촌, 고모, 이모, 부모님, 선생님 등 높임말을 써야 하는 인물들을 알려 주고, 동사, 형용사에 '-(으)시-'를 결합하여 높임말이 되는 형태를 연습하고, 특별하게 존재하는 높임말 단어들까지 익히고 나면 헉헉 숨이 찹니다. 높임말을 한번에 다하는 건 불가능하므로 숨고르기를 하면서 '가족 소개하기' 활동을 해 봅니다. 그런데 한 학생이 손을 번쩍 들고 질문을 합니다.

"제 형이 나보다 2살 많아요. 높임말 해요?"
"안 해요." ^^

다른 선생님들의 댓글

▶ 고생하셨어요. 높임말 할 때가 정말 힘든 것 같아요. 해야 할 것도 연습할 것도 너무 많거든요.

▶ 그렇죠. 다른 것도 중요하지만 특히 높임말을 하고 나면 큰 고비를 하나 넘는 거잖아요.

▶ 제 경우를 보면 특별한 어휘들을 익히는 것을 더 힘들어하던데요. 역시 예외의 경우가 까다로운 것 같아요.

2-8 에린 씨 좀 바꿔 주시겠어요?

전화

학습 문법	−지요? −아/어 주시겠어요?	−아/어 주다 −아/어 드릴게요	−을게요 접속부사

수업 목표
전화를 걸고 부탁할 수 있다.
주문이나 취소를 할 수 있다.
확인하고 설명할 수 있다.

수업 자료
활동지 −아/어 주다1, 2 −을게요 접속부사

 교실에 들어가기 전에

	확인할 내용	네	아니요
1	'−지요'와 '−아/어요'의 차이를 정확하게 제시할 수 있다.		
2	'−아/어 주다'의 평서문과 의문문에서의 차이를 알고 있다.		
3	'−을게요'의 인칭 제약을 알고 있다.		
4	정중한 요청이나 부탁의 표현을 제시할 수 있다.		
5	여러 가지 접속부사의 의미와 기능을 파악하고 있다.		

1. '-지요'와 '-아/어요'의 차이를 정확하게 제시할 수 있다.

서술문이나 의문문, 명령문, 청유문에서 보면 '-지요'와 '-아/어요'가 별 차이 없이 쓰이는 것 같이 보이지만 그 차이가 있습니다. '-아/어요'는 말하는 사람이나 상대방 중에서 한쪽은 모르는 사실이나 새로운 정보를 서술하거나 질문할 때 쓰이며, '-지요'는 양쪽 모두 이미 알고 있다는 전제하에 확인하기 위해 말하거나 물어볼 때 사용합니다.

오늘 날씨가 더워요?
오늘 날씨가 덥지요?
비빔밥이 맛있어요?
비빔밥이 맛있지요?

2. '-아/어 주다'의 평서문과 의문문에서의 차이를 알고 있다.

'-아/어 주다'를 평서문에서 화자의 입장으로 말할 때는 다른 사람에게 '도움을 주다'는 의미로 사용하지만 '-아/어 주세요'로 표현하면 명령이나 요청이 됩니다. 또 '-아/어 줄까요?'로 쓰이면 말하는 사람이 먼저 도와주려고 상대방의 허락을 구하는 의미가 됩니다. 그런데 더 존댓말로 표현하여 '-아/어 주시겠습니까?'로 말하면 상대방에게 도움을 정중하게 요청하는 표현이 됩니다.

창문을 열어 줍니다.
창문을 열어 주세요.
창문을 열어 줄까요?
창문을 열어 주시겠습니까?

3. '-을게요'의 인칭 제약을 알고 있다.

말하는 사람의 선택이나 의지, 약속 등을 표현할 때 사용하므로 주어가 나 또는 우리(저희)만 가능하며 의문문에는 사용할 수 없습니다.

앞으로 공부를 열심히 할게요.
저는 햄버거를 먹을게요.
영수 씨는 내일 여행을 갈게요. (×)
내일 여행을 갈게요? (×)

4. 정중한 요청이나 부탁의 표현을 제시할 수 있다.

'-아/어 주다'의 요청이나 부탁을 하는 표현으로 보다 정중하게 말할 때 사용합니다.

창문을 열어 주세요. → 창문을 열어 주시겠어요?
네, 열어 줄게요. → 네, 열어 드릴게요.

5. 여러 가지 접속부사의 의미와 기능을 파악하고 있다.

'그런데, 그렇지만, 그러니까, 그래서, 그리고, 그래도, 그러면'의 각각이 가진 의미와 기능을 정리합니다. 같은 의미로 사용하는 연결어미를 함께 제시할 수도 있어야 합니다.

문법 수업은 이렇게

	−지요?	교재 144쪽

도입 및 제시	교사는 학습자의 가방이나 책을 들고 전체에게 물어 봅니다. 미리 알고 확인하는 질문에 사용한다는 것을 강조하여 학습자의 이해를 돕습니다. 교 사 　이 가방은 ○○ 씨의 가방이지요? 학습자 　네, 맞아요. 교 사 　이 책은 ○○ 씨의 책이지요? 학습자 　네, 맞아요. 교 사 　이것은 누구 지갑이에요? 학습자 　그것은 △△ 씨의 지갑이에요. 동사와 형용사는 모두 '−지요', 명사는 받침이 있을 때 '(이)지요'가 된다는 것을 칠판에 쓰고 시각적으로 보여 줍니다. 	가다	가 + 지요	내일 학교에 가지요?
맵다	맵 + 지요	김치찌개가 맵지요?
가방	가방 + 이지요	이것은 새 가방이지요?
노트	노트 + 지요	이것은 ○○씨 노트지요?	
연습	'−지요'를 사용한 질문은 말하는 사람이나 상대방 모두 알고 있거나 한쪽만이라도 알고 있을 때에 확인하려고 쓰며 이때 대답이 긍정일 때는 '네, 맞아요.' 또는 '네, 그래요.'로 대답하기도 하고 질문자가 말한 표현을 다시 한 번 반복해서 사용하기도 합니다. 한국의 수도는 서울이지요? → 네, 맞아요. 한국의 수도는 서울이에요. 한라산은 제주도에 있지요? → 네, 맞아요. 여기가 남산이지요? → 네, 남산이에요. 김선생님 댁이죠? → 네, 그래요.
활용	지도를 보면서 지명을 이야기해 봅니다.
주의	줄임 표현으로 보통 '−죠'로 말합니다. 학습자가 혼란을 갖지 않도록 '−아/어요'와 '−지요'의 차이를 명확하게 구분하여 예문으로 알려 주고 연습을 합니다.

-아/어 주다

교재 146쪽

도입 및 제시

교사는 학습자에게 뭔가를 지시하거나 부탁을 하는 상황으로 학습 문법을 도입합니다. 일부러 문을 열어 놓고 닫아 달라고 부탁을 합니다.

교 사	○○ 씨, 문을 좀 닫아 주세요.
학습자	네, 알겠어요.
교 사	○○ 씨, 책을 읽어 주세요.
학습자	네.
교 사	○○ 씨, 볼펜 좀 빌려 주세요.
학습자	네, 여기 있어요.

동사의 형태에 따라 달라지는 것을 칠판에 보여 주며 예문을 연습합니다.

연습

일반 서술문에서 말하는 사람이 동작의 주체가 될 때는 화자가 상대방에게 '어떤 도움을 주다'가 되고 명령문에서는 '도움을 요청하다'가 된다는 것을 다양한 예문으로 연습하며 차이를 익히도록 합니다.

내가 다른 사람에게 도움을 주다	내가 다른 사람에게 도움을 요청하다
사진을 찍어 주었다.	사진을 찍어 주세요.
숙제를 도와주었다.	숙제를 도와주세요.
전화번호를 가르쳐 주었다.	전화번호를 가르쳐 주세요.
창문을 열어 주었다.	창문을 열어 주세요.
가방을 들어 주었다.	가방을 들어 주세요.

활용

요청·부탁하기　활동지 61, 62쪽 '-아/어 주다1, 2'

주의

평서문과 명령문, 청유문에서의 동작주가 달라지므로 도움을 주는 동작의 주체가 어디인지를 방향을 표시하며 정확하게 짚어 줘야 합니다.

-을게요

교재 148쪽

도입 및 제시

권유나 제안 또는 선택을 할 수 있는 상황을 도입합니다. 음식 사진을 여러 장 들고 보여 주며 하나를 선택하는 예문으로 해도 좋습니다.

교 사 무엇을 먹을까요? 저는 비빔밥을 먹을게요.
학습자 저는 불고기를 먹을게요.
교 사 식사를 하고 나서 제가 커피를 살게요.
학습자 감사합니다.

수업할 때 지켜야 할 것들을 이야기하고 약속하게 합니다.

교 사 교실에서는 어떻게 해요?
학습자 공부를 열심히 해요. 조용히 해요. 대답을 잘 해요.
교 사 네, 우리 약속해요. 이렇게 말할 수 있어요.
공부를 열심히 할게요. 조용히 할게요. 대답을 잘 할게요.

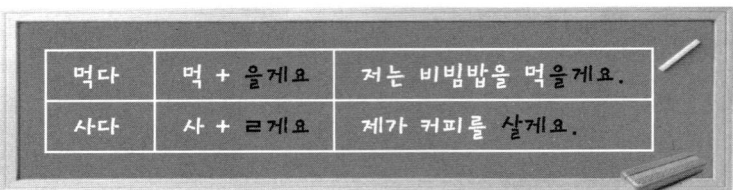

연습

말하는 사람이 어떤 일을 하겠다고 의지를 표현하거나 상대방에게 약속하는 여러 가지 상황을 가정해서 연습합니다.

제가 청소를 할게요.
저는 먼저 갈게요.
다음에는 제가 살게요.
저는 커피를 마실게요.

이제부터 늦지 않을게요.
담배를 끊을게요.
술을 많이 마시지 않을게요.
수업 중에 휴대폰을 사용하지 않을게요.

활용

약속할게요! 활동지 63쪽 '-을게요'

주의

말하는 사람이 주어가 되거나 주어에 포함되어야 하므로 2인칭으로는 쓸 수 없다는 것을 알려 줍니다. 또한 발음할 때 [-을께요]가 되므로 쓸 때도 그렇게 쓰지 않도록 주의해야 하며 의문문으로는 사용할 수 없습니다.

-아/어 주시겠어요? -아/어 드릴게요

교재 148쪽

도입 및 제시

상대방에게 정중하게 요청하거나 부탁하는 상황을 도입합니다.

교 사 여러분은 다른 사람에게 부탁할 때 어떻게 말해요?
학습자 '해 주세요.' 하고 말해요.
교 사 우리 배웠어요. 이번에는 높임말로 말해요.
         '해 주시겠어요?' '네, 해 드릴게요.' 하세요.

교 사 '-아/어 주세요?'의 높임말은 '-아/어 주시겠어요?'예요.
         대답은 '해 드릴게요.'로 말할 수 있어요.
         ○○ 씨 볼펜 좀 빌려 주시겠어요?
학습자 네, 빌려 드릴게요.

동사와만 결합한다는 것과 동사에 따라 형태가 달라지는 것을 보여 줍니다.

읽다	읽 + 어 주다	읽어 주시겠어요?
닫다	닫 + 아 주다	닫아 주시겠어요?
하다	해 + 주다	해 주시겠어요?

연습

정중하게 부탁할 때 '실례지만, 죄송하지만, 좀' 등의 표현을 쓴다는 것을 상황에 맞게 예문을 만들어 연습합니다. '드릴게요'로 대답하는 것을 함께 연습하는 것이 좋습니다.

죄송하지만 사진 좀 찍어 주시겠어요?
네, 찍어 드릴게요.

실례지만 선생님 전화번호 좀 알려 주시겠어요?
네, 알려 드릴게요.

죄송하지만 이 책 좀 찾아 주시겠어요?
네, 찾아 드릴게요.

활용

요청·부탁하기 활동지 61, 62쪽 '-아/어 주다1, 2'

주의

'-아/어 주다'에서 '주다'의 높임말이 '드리다'가 될 수 있기 때문에 '-아/어 드리겠어요?'라고 오류를 보이지 않도록 주의해야 합니다.

접속부사

교재 152쪽

도입 및 제시

단어 카드를 준비하여 두 문장을 접속부사로 연결할 수 있도록 합니다. 카드를 칠판에 붙여 놓고 질문합니다.

교 사   과자가 먹고 싶어요. 빵도 먹고 싶어요.
           두 문장을 연결해 보세요.
학습자   과자가 먹고 싶고 빵도 먹고 싶어요.
교 사   네, 그것을 이렇게 말할 수 있어요.
           과자가 먹고 싶어요. 그리고 빵도 먹고 싶어요.
교 사   요리를 했어요. 맛이 없어요. 어떻게 연결해요?
학습자   요리를 했는데 맛이 없어요.
교 사   네, 요리를 했어요. 그런데 맛이 없어요.

선행 학습했던 연결 어미가 결합되는 문장을 제시한 다음 그에 해당하는 접속부사를 연결해 줘도 좋습니다.

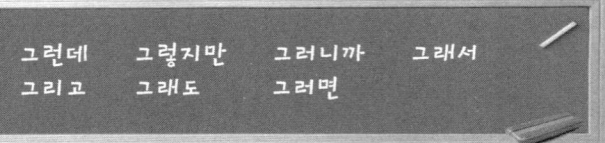

연습

'-은/는데, -지만, -으니까, -아/어서, -아/어도, -으면'의 연결어미가 결합된다는 것을 미리 알려 주고 그것과 같은 의미의 접속부사로 연결해도 된다는 것을 연습합니다.

제가 요리를 했어요. **그런데/그렇지만** 맛이 없어요.
모두 3만 원이에요. **그런데** 카드로 계산하실 거예요?
수업을 시작할 거예요. **그러니까** 의자에 앉으세요.
집이 아주 크고 좋아요. **그래서** 비싸요.
여수는 바다가 아름다워요. **그리고** 음식도 맛있어요.
열심히 공부를 했어요. **그래도** 성적이 오르지 않아요.
학생증을 보여 주세요. **그러면** 책을 빌릴 수 있어요.

활용

문장 연결하기   활동지 64쪽 '접속부사'

주의

같은 문장에도 여러 가지 접속부사가 올 수 있다는 것을 얘기해 줍니다. 그러나 한꺼번에 제시하는 것이 학생들에게 혼선을 줄 수도 있으므로 학습자의 진도에 따라 교사의 재량으로 선택하는 것이 좋습니다.

함정을 피해 가려면

-아/어 주다

다른 사람에게 또는 나에게 어떤 행동을 하는 것을 나타내며 주로 도움을 주는 것을 나타낼 때 사용합니다. 그러나 상황에 따라 그 주체가 달라지므로 주의해야 합니다.

① 마틴 씨가 제 가방을 들어 주었어요.
② 문 좀 열어 주세요.
③ 전화를 바꿔 줄까요?

위의 ①은 다른 사람이 나를 위해 가방을 들어주었다는 의미이고, ②는 다른 사람에게 도움을 요청하는 문장이며, ③은 내가 다른 사람에게 어떤 행동을 한다는 의미가 됩니다. 그런데 ③에서 행동을 받는 대상이 윗사람일 경우에는 '주다'를 '드리다'로 하는 것이 좋습니다. ②처럼 도움을 요청하는 상대방이 손윗사람이거나 정중하게 부탁하는 경우에는 '주시겠어요?'를 써야 합니다.

④ 전화를 바꿔 드릴까요?
⑤ 문 좀 열어 주시겠어요? (문 좀 열어 주시겠습니까?)

'-아/어 주다'에서 어떤 물건이나 사물을 상대방에게 '주다'는 그대로 '주다'만 사용해야 합니다.

⑥ 동생에게 용돈을 주었어요.
⑦ 친구에게 선물을 주었어요.

-을게요

어떤 사실에 대해 나의 의지나 의사를 나타내고 싶을 때 사용하는 표현으로 다짐이나 약속을 하는 상황에도 사용합니다. 그러므로 주어는 1인칭이거나 '나'를 포함한 복수 즉, '우리 또는 저희'가 되어야 합니다.

① 내일부터 지각하지 않을게요.
② 제가 점심을 살게요.
③ 우리가 갈게요.
④ 우리가 가겠습니다.

①은 주어가 지각하지 않겠다고 다짐하는 문장이고, ②는 점심을 사겠다는 의사를 표현하고 있으며, ③은 '우리'가 가겠다는 약속이나 의지 표현으로 ④에서처럼 높임말로는 '-겠습니다'를 쓸 수 있습니다(주의: '-을게요'는 의문형으로 사용할 수 없습니다).

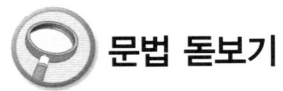

문법 돋보기

-지요

문장을 끝맺는 어미로 이미 알고 있는 사실을 말하거나 확인 질문, 명령 또는 요청을 할 때 사용하는 표현입니다. 의문문에서는 듣는 사람이 이미 알고 있다고 믿으면서 그 사실을 확인하거나 물어볼 때 사용하며, 이때에는 뒤의 억양을 올려서 말해야 합니다.

① 오늘 날씨가 정말 덥지요? (↗)
② 내일이 시험이지요? (↗)

일반 서술문에서는 ①에서와 같이 말하는 사람이 자신의 이야기나 생각을 말하거나 ②와 같이 상대방이 알고 있다는 전제하에 어떤 사실에 대해 말할 때 사용합니다.

③ 오래 전부터 저는 역사에 관심이 많았지요.
④ 제가 그럴 거라고 말했었지요.

동사와 결합하여 명령이나 권유, 제안, 요청 등을 할 때 서술문으로 표현하기도 합니다. 이럴 때에는 보통 정중하게 '-으시-'를 함께 사용할 때가 많습니다.

⑤ 저쪽으로 가시지요. (명령)
⑥ 내일 식사라도 같이 하시지요. (권유)
⑦ 제 책이라도 보시지요. (제안)
⑧ 이것 좀 도와주시지요. (요청)

일반적으로 많이 쓰이는 어미인 '-아/어요'와는 얼핏 보기에 비슷한 것처럼 보이지만 여러 가지 차이를 가지고 있습니다. ⑨와 같이 '-아/어요'의 경우는 새로운 정보나 사실을 말할 때 쓰이는 반면, ⑩에서와 같이 '-지요'는 대화에서 한쪽 또는 양쪽 다 알고 있는 사실을 말하거나 확인할 때 사용합니다.

⑨ 내일 여행가세요?
⑩ 내일 여행가지요?

그러나 명령문에서는 ⑪의 '-아/어요'가 ⑫의 '-지요'보다 좀 더 강하게 느껴집니다.

⑪ 밖에서 기다리세요.
⑫ 밖에서 기다리시지요.

 **활동은 이렇게**

-아/어 주다1
〈활동지 61쪽〉

도와주세요!

이사를 해요.
숙제가 어려워요.
몸이 아파요.
짐이 많아요.

어떻게 도와주면 좋을지 이야기해 봅시다.

-아/어 주다2
〈활동지 62쪽〉

요청 · 부탁하기

· _____아/어 주세요.
· _____아/어 주시겠어요?

① 상황 카드를 보고 위의 표현으로 요청이나 부탁을 합니다.
② 한 사람씩 카드를 주고 각자의 상황을 이야기하거나 전체를 주고 돌아가며 말하기를 합니다.
③ 다른 상황을 이야기해 봅니다.

〈도움말〉
한 사람씩 손을 들어 자신이 부탁하거나 요청하고 싶은 일을 이야기하게 합니다.

-을게요

〈활동지 63쪽〉

약속할게요!

- 부모님께 – 열심히 공부해서 선생님이 될게요.
- 선생님께 – 앞으로 지각하지 않을게요.
- 아내에게/남편에게 – 더 많이 사랑할게요.

부모님이나 선생님 또는 아내나 남편에게 약속하는 표현을 써 봅니다.

〈도움말〉
학습자들을 부모님 또는 선생님, 부부로 가정하여 역할극을 하며 실제로 약속하는 표현을 해 봅니다.

접속부사

〈활동지 64쪽〉

문장 연결하기

그런데   그렇지만   그러니까   그래서   그리고   그래도   그러면

위에 제시된 접속부사를 보고 두 문장을 연결하세요.
하나의 상황에 여러 가지 접속부사가 가능하기도 합니다.

- 내일은 일요일이에요. **그런데/그렇지만/그래도** 일을 해요.
- 날씨가 더워요. **그래서/그러니까** 에어컨을 켜요.

〈도움말〉
'-아/어서'와 '-으니까'를 쓸 수 있는 상황과 쓸 수 없는 상황을 구별할 수 있도록 연습합니다.

어느 날 교실에서 – 수업일지의 실제

학생들에게 오늘 몸 상태가 어떤지, 피곤하면 왜 피곤한지 물어보았습니다.

　　일이 아주 많아요. 그래서 오늘 많이 피곤해요.
　　감기에 걸렸어요. 그래서 머리가 아파요.
　　내일 시험이 있어요. 그런데 자고 싶어요.
　　친구를 만났어요. 그리고 쇼핑을 했어요.

화제를 전환하거나 앞의 이야기와 반대되는 이야기를 할 때는 '그런데', 한 일을 순서대로 이야기를 할 때는 '그리고', 앞의 이유나 원인으로 뒤에 결과를 이야기할 때 '그래서, 그러니까' 등등……. 접속사를 할 때는 한꺼번에 하는 것이 부담스럽지 않을까 걱정이 되지만 문장의 연결 차이가 확실한 예문으로 준비하면 오히려 쉽게 이해하고 잘하면서 나름 자신감을 찾는 것 같습니다. 활동지를 나눠 주고 활용에 필요한 연습과 함께 말할 수 있는 기회를 되도록 많이 주려고 했는데 잘 되었는지…… 수업이 끝나면 늘 아쉬움이 남습니다.

교사나 학생들 모두 다 교재를 어떤 것으로 선택하는지가 중요한 것 같아요. 동사나 형용사의 활용 등의 예문이 문법 항목 별로 구분이 쉽게 되어 있고 이해하기 쉬운 것으로 제시되어 있는 것이 좋은 교재라고 생각해요. 학생들에게 어떤 교재가 좋은지 질문을 해 보았는데 단어 설명을 영어로 표기하길 원하는지 물었더니 한국어로 좀 더 쉽게 설명해 놓으면 좋겠다는 의견도 있었어요. 교재를 만들 때 참고로 해야 할 대목이 아닌가 싶어요.

다른 선생님들의 댓글

▶ 아무리 열심히 준비를 해도 수업이 끝날 때 오는 아쉬움은 항상 있기 마련이죠.

▶ 선생님 목소리가 워낙 우렁차서 지루하지 않았을 거예요. 활동 시간에 눈이 반짝거리는 것을 보면 역시 활동이 중요한가 봐요.

▶ 선생님 수업 후에 한 학생이 교실에서 나오면서 수업 좋았다고 하더군요. 이 정도의 수업이면 자부심을 가져도 되실 것 같네요. 수고하셨습니다.^^

병원

3-1 몸을 따뜻하게 하시고 무리하지 마세요

학습 문법	-아/어도 되다 -으면 안 되다 -지 마세요 -게 ㅅ 불규칙
수업 목표	병이나 증상을 설명할 수 있다. 허락을 구하거나 허가하는 표현을 익힌다. 금지 표현을 할 수 있다.
수업 자료	활동지 -아/어도 되다, -으면 안 되다1, 2 -지 마세요1, 2

 교실에 들어가기 전에

	확인할 내용	네	아니요
1	허락과 금지 표현 '-아/어도 되다'와 '-으면 안 되다'를 제시할 수 있다.		
2	금지 명령 표현 '-지 마세요'의 의미와 활용 형태를 제시할 수 있다.		
3	'-게'의 의미와 쓰임을 파악하고 있다.		
4	'ㅅ 불규칙'의 종류와 활용 형태를 정확하게 제시할 수 있다.		

1. 허락과 금지 표현 '-아/어도 되다'와 '-으면 안 되다'를 제시할 수 있다.

   양보나 허락을 나타내는 표현 '-아/어도 되다'가 의문문으로 사용될 때 그것에 대한 금지를 나타내는 표현인 '-으면 안 되다'를 함께 제시하는 것도 좋은 방법입니다. 대화는 어느 한쪽의 발화만 필요한 것이 아니기 때문입니다. 여기에서 '되다'는 '괜찮다'와 바꿔서 사용할 수 있다는 것을 알려 주면 좀 더 폭넓은 활용을 할 수 있습니다.

   가: 여기에서 담배를 피워도 돼요?/괜찮아요?
   나: 아니요, 여기에서 담배를 피우면 안 돼요.
   　　네, 여기에서 담배를 피워도 돼요.

2. 금지 명령 표현 '-지 마세요'의 의미와 활용 형태를 제시할 수 있다.

   금지 표현의 '-으면 안 되다'와 함께 쓸 수 있는 '-지 말다'는 서술문이나 의문문으로는 사용하지 않고 명령문이나 청유문으로만 사용합니다. 이 경우에 정중한 표현과 반말 표현으로도 가능하기 때문에 오류를 방지하기 위해 처음부터 '-지 마세요'로 익히도록 하는 것이 바람직합니다. '-으면 안 되다'를 먼저 학습했다면 해당 예문들을 '-지 마세요'로 바꾸는 연습을 해도 좋습니다.

   여기에서 담배를 피우지 마세요.
   여기에서 담배를 피우지 마십시오.
   여기에서 담배를 피우지 마.

3. '-게'의 의미와 쓰임을 파악하고 있다.

   형용사나 동사와 결합하여 뒤에 오는 단어를 한정하거나 정도를 나타내기도 하고 목적이나 이유를 나타내기도 하는 표현으로, 형용사와 동사의 의미와 기능이 다르므로 주의해야 합니다. 아래의 ①에서와 같이 형용사와 붙어 '예쁘게'로 쓰이면 머리를 자르는 정도를 나타내는 부사어가 되며, 문장에서 없어도 성립이 가능합니다. ②에서처럼 동사에 결합하면 뒤의 조용히 하라는 것에 대한 목적이나 이유가 되며, 이 경우에는 '-도록'으로 대치해도 문장의 뜻이 변하지 않습니다.

   ① 머리를 예쁘게 잘라 주세요.
   ② 아이가 자게 조용히 하세요.

4. 'ㅅ 불규칙'의 종류와 활용 형태를 정확하게 제시할 수 있다.

   불규칙이라는 의미는 규칙이 있을 때의 반대되는 개념으로, 'ㅅ'이 탈락하는 불규칙 용언과 탈락하지 않는 규칙 용언이 존재합니다. 그러나 이것을 한꺼번에 제시할 때 학습자들은 어려움을 느끼게 되므로 불규칙 용언을 먼저 익히도록 한 후에 규칙 용언과 함께 비교하여 학습하게 하는 것이 바람직합니다(2-2 불규칙 참조).

   낫다 - 나으니까 - 나아서 - 나아요 - 나았어요
   짓다 - 지으니까 - 지어서 - 지어요 - 지었어요

   웃다 - 웃으니까 - 웃어서 - 웃어요 - 웃었어요
   씻다 - 씻으니까 - 씻어서 - 씻어요 - 씻었어요

문법 수업은 이렇게

| -아/어도 되다 | 교재 14쪽 |

도입 및 제시

구체적인 상황에서 의문문으로 허락이나 허용을 묻는 표현이므로 교실 상황에서 도입하기 쉬운 예문으로 제시합니다.

교 사 교실에서 물을 마셔요. 괜찮아요?
학습자 네, 괜찮아요.
교 사 네, 교실에서 물을 마셔도 돼요.
교 사 도서관에서 책을 읽어요. 어때요?
학습자 네, 좋아요.
교 사 네, 도서관에서 책을 읽어도 돼요.

동사 어간의 형태에 따라 달라지는 경우를 칠판에 보여 주고 예문을 말하게 합니다.

먹다	먹어도	음식을 먹어도 돼요?
가다	가도	지금 화장실에 가도 돼요?
하다	해도	노래를 해도 돼요?

연습

허락을 묻는 문장에 긍정적인 대답이 나올 수 있는 상황으로 예문을 만들어 봅니다.

창문을 열어도 돼요? 네, 창문을 여세요.
음악을 들어도 돼요? 네, 음악을 들으세요.
노래를 불러도 돼요? 네, 노래를 부르세요.
사진을 찍어도 돼요? 네, 사진을 찍으세요.

질문과 같은 형태의 '-아/어도 돼요'나 '-으세요'를 사용하여 허락의 표현을 해도 된다는 것을 함께 연습합니다.

질문을 해도 돼요? 네, 질문을 해도 돼요.
화장실에 가도 돼요? 네, 화장실에 가도 돼요.

활용

각종 예절 익히기 활동지 65쪽 '-아/어도 되다, -으면 안되다1'

주의

'되다' 대신에 '괜찮다', '좋다'를 써도 의미가 같음을 알려 줍니다.

-으면 안 되다

교재 16쪽

도입 및 제시

허락을 묻는 질문에 대해 금지의 대답이 나올 수 있는 상황으로 예문을 도입합니다. 담배를 피우는 그림이나 담배 사진을 보여 주며 질문을 합니다.

교 사	교실에서 담배를 피워도 돼요?
학습자	아니요, 안 돼요.
교 사	교실에서 담배를 피우면 안 돼요.
	수업 시간에 잠을 자도 돼요?
학습자	아니요, 잠을 자면 안 돼요.

동사 어간에 받침이 있을 때와 없을 때의 형태를 보여 줍니다.

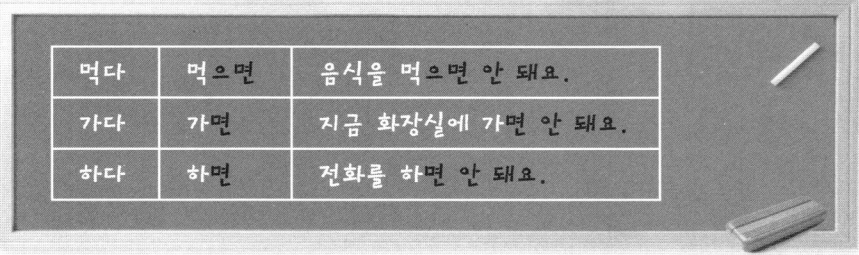

연습

장소나 상황별 금지 표현을 연습하도록 합니다.

도서관에서 큰 소리로 말하면 안 돼요.
극장에서 전화를 하면 안 돼요.
박물관에서 사진을 찍으면 안 돼요.
공원에서 쓰레기를 버리면 안 돼요.
수업에 늦으면 안 돼요.
산에서 담배를 피우면 안 돼요.

표지판을 보여 주며 금지 표현을 익힙니다.

수영 금지 - 이곳에서 수영을 하면 안 돼요.
촬영 금지 - 이곳에서 사진을 찍으면 안 돼요.
무단 횡단 금지 - 이곳에서 길을 건너면 안 돼요.

활용

장소별 허용과 금지 사항 알아보기 '여기에서는 어떻게 해요?' 활동지 66쪽 '-아/어도 되다, -으면 안 되다2'

주의

'열다'나 '만들다'와 같이 어간이 'ㄹ'로 끝나는 단어는 '으'가 나오면 안 되고 그대로 '열면', '만들면'으로 결합되는 것에 주의해야 합니다.

–지 마세요

교재 18쪽

도입 및 제시

교통 표지판이나 금지 표지판 그림을 준비하여 학습자들에게 보여 주며 질문을 합니다. 선행 학습한 '–으면 안 되다'를 복습을 하고 나서 목표 문법을 도입하는 것도 좋습니다.

교사	이건 뭐예요?
학습자	담배를 피우면 안 돼요.
교사	네, 맞아요. '담배를 피우지 마세요.' 이렇게 말해요. 교실에서 음식을 먹어도 돼요?
학습자	아니요, 음식을 먹으면 안 돼요.
교사	네, 음식을 먹지 마세요.

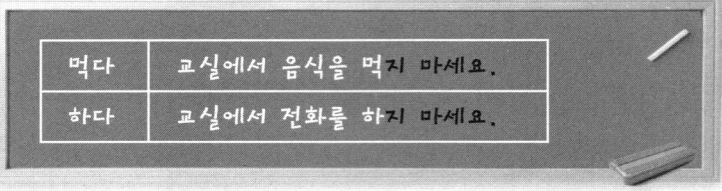

먹다	교실에서 음식을 먹지 마세요.
하다	교실에서 전화를 하지 마세요.

연습

표지판을 보여 주며 금지 표현을 다시 말해 봅니다.

수영 금지 – 이곳에서 수영을 하지 마세요.
촬영 금지 – 이곳에서 사진을 찍지 마세요.
무단 횡단 금지 – 이곳에서 길을 건너지 마세요.

상황별 금지 표현을 다시 말하는 연습을 해도 됩니다.

도서관에서 큰 소리로 말하지 마세요.
극장에서 전화를 하지 마세요.
박물관에서 사진을 찍지 마세요.
공원에서 쓰레기를 버리지 마세요.
수업에 늦지 마세요.
산에서 담배를 피우지 마세요.

활용

① 표지판 익히기 활동지 67쪽 '–지 마세요1'
② 장소나 상황별 금지 사항 말하기 활동지 68쪽 '–지 마세요2'

주의

금지에 대한 명령 표현인 '–지 마세요'는 기본형 '–지 말다'로 학습하기보다는 실제 상황에서 자주 쓰이는 표현으로 익히도록 하는 것이 좋습니다.

-게

도입 및 제시	형용사에 쓰여 정도나 방식을 나타내는 표현으로 서술어를 꾸며줄 수 있는 예문을 도입합니다. **교 사** 여러분, 점심을 먹었어요? **학습자** 네, 먹었어요. **교 사** 어땠어요? **학습자** 맛있어요. **교 사** 아, 맛있게 먹었어요? **학습자** 네, 맛있게 먹었어요. 어떤 동작이나 행동 앞에 쓰여 뒤의 동작이나 행동의 정도를 나타낸다는 것을 설명합니다. 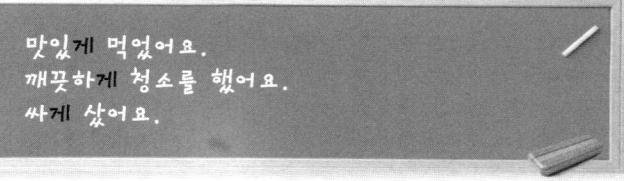
연습	문장에서 없어도 말이 된다는 것을 보여 주고 부사어의 위치를 익히도록 합니다. 방을 _깨끗하게_ 청소했어요. 문제를 _쉽게_ 풀었어요. 머리를 _짧게_ 잘랐어요. 점심을 _맛있게_ 먹었어요. 가방을 _싸게_ 샀어요.
활용	다른 사람에게 부탁하는 말을 연습해 봅니다. 머리를 _예쁘게_ 잘라 주세요. 음식을 _맵지 않게_ 만들어 주세요.
주의	'-게'는 형용사나 동사에 모두 결합이 가능합니다. 형용사의 경우는 정도나 방식을 나타내며 문장에서 없어도 별 문제가 없지만, 동사에 붙어 목적이나 이유를 나타낼 때에는 없으면 문장 성립이 어려울 수도 있으므로 한꺼번에 가르치는 것은 좋지 않습니다.

ㅅ 불규칙

교재 20쪽

도입 및 제시

'ㅅ 불규칙' 단어 카드나 그림을 보여 주며 'ㅅ'이 탈락되는 것을 익힙니다.

교 사 저는 주말에 감기에 걸려서 아팠어요.
학습자 선생님, 이제 괜찮아요?
교 사 네, 이제 나았어요. 여러분도 감기 조심하세요.
여러분은 커피에 설탕을 넣어요?
학습자 아니요, 저는 설탕을 안 넣고 마셔요.
교 사 저는 설탕을 넣고 저어서 마셔요.

칠판에 기본형과 활용형의 형태를 써서 탈락이 되는 것을 시각적으로 보여 줍니다.

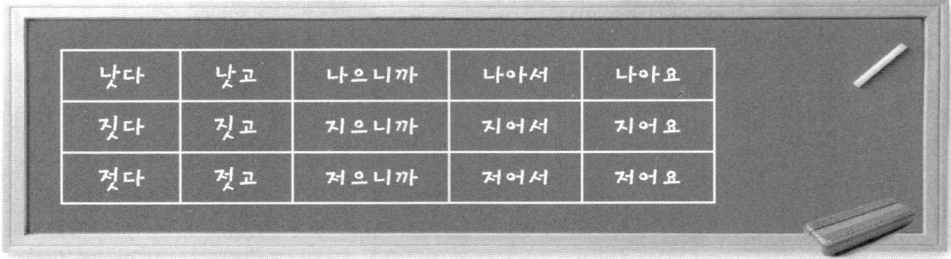

연습

불규칙을 먼저 연습하고 나서 익숙해지면 규칙 단어도 익히면서 불규칙과 규칙의 변화를 알게 합니다.

짓다 – 이 건물은 3년 전에 지었어요.
젓다 – 설탕을 넣고 잘 저어서 마셔요.
붓다 – 컵에 물을 부어요.
낫다 – 이제 병이 다 나았어요.

웃다 – 예쁘게 웃으세요.
벗다 – 신발을 벗으세요.
씻다 – 밥을 먹기 전에 손을 씻어요.

활용

불규칙 단어 게임 활동지 91-93쪽 '불규칙 동사/형용사'

주의

'웃다', '씻다', '벗다', '빗다' 등은 'ㅅ'이 탈락하지 않는 규칙 동사임을 알려 줘야 하지만 처음부터 규칙과 불규칙을 함께 제시하면 학습자들이 기억하기에 어려움을 느낄 수 있으므로 불규칙이 익숙해지면 규칙의 경우도 알려 주는 것이 좋습니다.

함정을 피해 가려면

'-아/어도 되다'와 '-으면 안 되다'

동사나 형용사에 붙어 허락이나 허용을 나타내는 표현이므로 ①의 긍정문이나 ②의 의문문으로 사용이 가능합니다. 이때 '되다' 대신에 '좋다', '괜찮다'를 써도 같은 의미가 됩니다.

① 이곳에서는 음식을 먹어도 돼요/좋아요/괜찮아요.
② 여기에서 담배를 피워도 돼요?

의문문일 때는 대답이 긍정일 때 '-어도 되다'를 쓰면 되고, 부정일 때에는 '-으면 안 되다'로 대답합니다. 여기에서 '-으면 안 되다'는 ③과 같이 어떠한 조건이나 상황에서 안 된다고 하는 금지나 제한을 나타내는 표현이 되며 ④와 같이 어떤 동작이나 상태를 만족시킬 수 있는 조건을 나타내기도 합니다.

③ 이곳에서는 술을 마시면 안 돼요.
④ 수업 중이니까 전화를 하면 안 돼요.

-지 마세요

위에서 다룬 금지 표현인 '-으면 안 되다'와 함께 쓸 수 있는 표현으로 '-지 말다'가 있습니다. 이 경우에는 ①이나 ②와 같이 명령형이나 청유형으로만 사용하고 서술문이나 의문문으로는 '-지 말다'를 쓰지 않습니다.

① 술을 마시지 마세요.
　술을 마시지 마십시오.
　술을 마시지 마.
② 담배를 피우지 맙시다.
③ 술을 마시지 말았어요. (×)
④ 담배를 피우지 말았어요? (×)

①의 문장들은 술을 마시지 말라는 명령이나 요청이 되고 이때 좀 더 정중한 표현으로 '술을 마시지 마십시오'를 쓸 수 있습니다. 반말 표현으로는 '술을 마시지 마.'를 쓰는데, '술을 마시지 마요.'가 되면 좀 더 부드러운 느낌을 줍니다. ②는 담배를 다 같이 피우지 말자는 청유의 표현이고 ③과 ④는 서술문이나 의문문으로 잘못 쓰인 표현입니다.

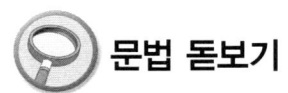

문법 돋보기

-게

일부 동사나 형용사와 결합하여 부사어 역할을 하며 뒤에 오는 서술어를 수식해 주는 표현인 '-게'는 정도나 방식 등을 나타내거나 뒤에 나오는 상황의 목적이나 결과를 나타냅니다. 이 경우에는 부사 역할을 하기 때문에 없어도 문장은 성립합니다.

① 방을 깨끗하게 청소했어요.
② 머리를 짧게 잘랐어요.
③ 저는 음식을 조금 맵게 해 주세요.
④ 조금 크게 말해 주세요.

①과 ②는 각각 말하는 사람이 방을 청소했는데 '깨끗하게'라는 정도나 방식과 머리를 자르는 정도를 나타내는 1인칭 서술문입니다. ③과 ④는 상대방에게 요청하는 문장으로 ③은 음식을 만드는 기준이나 정도를 나타내고 있으며 ④는 상대방의 목소리를 크게 해 달라는 요청으로 정도나 방식을 나타냅니다. 또한 뒤에 나오는 행동에 대한 목적이나 결과를 표현하기도 합니다.

⑤ 지나갈 수 있게 길을 비켜 주세요.
⑥ 뒤에서도 들리게 큰 소리로 말해 주세요.
⑦ 넘어지지 않게 조심하세요.

⑤는 길을 비켜 달라는 행동에 대한 목적이나 이유가 되며, ⑥은 큰 소리로 말해 달라는 이유이고, ⑦은 조심하라는 말에 대한 목적 또는 이유의 표현이 됩니다. 이 경우에는 대부분 동사와 결합하는데 이때는 아래의 문장처럼 '-도록'으로 대치하여 사용할 수 있습니다.

⑤-1 지나갈 수 있도록 길을 비켜 주세요.
⑥-1 뒤에서도 들리도록 큰 소리로 말해 주세요.
⑦-1 넘어지지 않도록 조심하세요.

일부 형용사에 결합하여 어떻게 생각하는지를 나타내기도 하는데 뒤에 주로 '생각하다', '여기다'와 같은 동사가 옵니다.

⑧ 그 사람을 나쁘게 생각하지 마세요.
⑨ 그 아이를 귀엽게 여기고 있어요.

⑧은 그 사람을 나쁜 사람이라고 생각하지 말아 달라는 부탁이 되고, ⑨는 그 아이를 귀엽게 생각한다는 의미가 됩니다.

 활동은 이렇게

-아/어도 되다 / -으면 안 되다1 〈활동지 65쪽〉

예절 익히기

① 식사 예절
② 직장 예절
③ 방문 예절
④ 공공 예절

〈도움말〉
이밖에도 예절이나 에티켓이 필요한 상황이나 장소에 대해 이야기를 해 봅니다.

-아/어도 되다 / -으면 안 되다2 〈활동지 66쪽〉

여기에서는 어떻게 해요?

학교에서
집에서
공원에서
박물관에서
산에서

〈도움말〉
동작이 행해질 수 있는 다양한 장소를 학생들에게 물어보고 답하게 합니다.

-지 마세요1

〈활동지 67쪽〉

표지판 익히기

> 교통 표지판
> 금지 표지판
> 주의 표지판

〈도움말〉
교사가 표지판을 보여 주고 먼저 많이 답하는 사람이 이기는 게임을 해도 좋습니다.

-지 마세요2

〈활동지 68쪽〉

금지 표현

역할극 하기

① 학교에서는 선생님으로
② 극장에서는 안내 직원으로
③ 지하철에서는 연장자나 직원으로

〈도움말〉
각각의 역할을 맡아서 상황극을 꾸며 보아도 좋습니다.
'왕 게임'으로 아랫사람에게 명령을 하는 상황을 만들어 봅니다.

어느 날 교실에서 – 수업일지의 실제

한국어 수업을 할 때는 교실 안이 작은 지구촌이라는 것을 새삼 실감할 때가 많습니다. 오늘도 금지 표현을 가지고 문화 수업을 겸한 예절을 배워 보는 시간을 가져 보았습니다.

"한국에서는 어른 앞에서 담배를 피우면 안 돼요. 여러분 나라에서는 무엇을 하면 안 돼요?"

"돼지고기를 먹으면 안 돼요." – 네팔
"시계를 선물하면 안 돼요." – 중국
"백합꽃을 선물하면 안 돼요." – 영국, 미국
"카네이션을 선물하면 안 돼요." – 프랑스
"전철 안에서 전화하면 안 돼요." – 일본

일본 학생의 말이, 한국에 처음 와서 지하철이나 버스에서 큰 소리로 통화하는 사람들을 보면서 많이 놀랐답니다. 그러고 보면 일본의 지하철에서는 통화를 하는 사람보다는 문자를 보내는 사람들을 많이 봤던 것 같아요. 다른 사람에게 민폐를 끼치기 싫어하는 일본인들의 질서 의식은 배워야 할 점이 아닌가 싶네요. 한국에서 어버이날이나 스승의 날에 선물하는 카네이션이 프랑스에서는 장례식 꽃이라 보통 때 선물하면 안 된다니 재미있어요. 역시 세계의 문화는 참으로 다양합니다. 이럴 때 한국어 교사인 것이 즐겁습니다. 늘 세계 여행을 하고 사니까요.

다른 선생님들의 댓글

▶ 저도 동감이에요. 세계의 문화를 한 자리에서 경험할 수 있는 직업은 그리 흔치 않죠? ^^

▶ 금지 표현을 배울 때면 정말 재미있겠어요. 학생들도 귀에 쏙쏙 들어오겠는걸요?

▶ 카네이션이 장례식에 사용하는 꽃이에요? 몰랐네요. 정말 신경 써야 할 것 같아요.

분실물

3-2 모양은 비슷한데 색이 달라요

학습 문법	–은/는데(대조)　　　　–은/ㄴ　　　　ㅎ 불규칙 어떤 + 명사　　　보다 (더)
수업 목표	상황을 묘사하거나 수식의 표현을 할 수 있다. 대조나 비교의 표현을 할 수 있다.
수업 자료	활동지 –은/는데2 –은/ㄴ 어떤

 교실에 들어가기 전에

	확인할 내용	네	아니요
1	대조의 표현 '–은/는데'의 용법과 활용 형태를 제시할 수 있다.		
2	형용사 관형형의 형태 변화를 파악하고 있다.		
3	'ㅎ 불규칙'의 종류와 활용 형태를 제시할 수 있다.		
4	의문사 '어떤'의 의미와 쓰임을 정확하게 알고 있다.		

1. 대조의 표현 '-은/는데'의 용법과 활용 형태를 제시할 수 있다.

주로 뒤에서 말하고자 하는 내용에 대한 상황 설명이나 배경을 나타내는 표현으로 사용하는 '-은/는데'는 앞 문장과 뒤 문장의 대조되는 내용을 나타낼 때도 사용하며, 이때 뒤에 오는 내용이 좀 더 강조되는 느낌이 있습니다. 이와 같은 경우에 '-지만'을 쓸 수 있습니다. 아래 ①은 시간이 많았는데도 시험공부를 안 했다는 것을 강조하는 문장이고, ②와 ③은 형은 키가 크고 동생은 키가 작다는 앞뒤의 반대되는 내용을 의미하는 것으로, 같은 의미의 문장이 됩니다.

① 시간이 많았는데 시험공부를 안 했어요.
② 형은 키가 큰데 동생은 키가 작아요.
③ 형은 키가 크지만 동생은 키가 작아요.

2. 형용사 관형형의 형태 변화를 파악하고 있다.

뒤에 오는 명사를 수식해 주는 형용사의 현재 시제 관형형의 경우 어간에 받침이 있는 형용사는 '-은'이, 받침이 없는 형용사는 '-ㄴ'이 붙고 '있다', '없다'가 포함된 단어에는 '-는'이 붙습니다. 또한 'ㅂ 불규칙' 형용사의 경우에는 'ㅂ'이 탈락하고 그 자리에 '우'가 결합하여 '-운'의 형태로 구현됩니다.

요즘은 짧은 치마를 자주 입어요.
우리 반에서 키가 가장 큰 사람은 요한 씨예요.
재미있는 영화가 있어요?
매운 음식을 좋아해요.

3. 'ㅎ 불규칙'의 종류와 활용 형태를 제시할 수 있다.

규칙이 있는 경우에 불규칙이 되는 것이므로 규칙 활용의 단어를 함께 제시할 수도 있겠으나 불규칙을 학습할 때에는 별도로 학습한 후에 익숙해지고 나면 비교해 주는 것이 좋습니다. 'ㅎ' 불규칙의 단어는 주로 색상을 표현하는 어휘가 많습니다. 형용사의 관형형을 배웠다면 같이 제시하는 것이 효율적입니다(2-2 문법 돋보기 참조).

하늘이 파랗다 → 파란 하늘
가방이 까맣다 → 까만 가방
눈이 하얗다 → 하얀 눈

4. 의문사 '어떤'의 의미와 쓰임을 정확하게 알고 있다.

사람이나 사물의 특성, 내용, 상태, 성격 등이 무엇인지 질문할 때 사용하는 표현입니다. 이와 비슷한 표현으로 '무슨'이 있습니다. 그러나 '무슨'은 무엇인지 모르는 일이나 대상 또는 물건 등을 물을 때 사용하는 표현으로 선택의 범위가 비교적 넓은 반면, '어떤'은 선택의 범위가 한정적이라고 할 수 있습니다. 아래와 같은 경우를 보면 그 차이를 알 수 있습니다.

어떤 영화를 좋아하세요? (○)
무슨 영화를 좋아하세요? (○)
이 중에서 어떤 것으로 드실래요? (○)
이 중에서 무슨 것으로 드실래요? (×)

문법 수업은 이렇게

| | −은/는데(대조) | 교재 32쪽 |

| 도입 및 제시 | 앞과 뒤의 내용이 반대되는 경우에 쓰게 되므로 대조되는 형용사 두 개를 제시하여 문장을 만듭니다. 학습자 중에 키가 크거나 작은 사람이 있으면 예문으로 유도합니다.

교 사 ○○ 씨는 키가 커요. △△ 씨는 어때요?
학습자 △△ 씨는 키가 작아요.
교 사 네, ○○ 씨는 키가 큰데 △△ 씨는 키가 작아요.
　　　오늘은 날씨가 흐려요. 어제는 어땠어요?
학습자 날씨가 좋았어요. 맑았어요.
교 사 네, 어제는 날씨가 좋았는데 오늘은 흐려요.

받침이 있는 형용사와 동사, 명사를 제시하고 칠판에 변형되는 형태를 보여 주며 예문을 제시합니다. 형태 변화가 복잡하므로 익숙해질 때까지 반복해서 보여 줍니다.

\| 먹다 \| 먹는데 \| 김치는 잘 먹는데 떡볶이는 잘 못 먹어요. \|
\| 적다 \| 적은데 \| 평일에는 사람이 적은데 주말에는 많아요. \|
\| 크다 \| 큰데 \| 형은 키가 큰데 동생은 작아요. \|
\| 주말 \| 인데 \| 주말인데 회사에 가요. \| |

| 연습 | 대조되는 형용사를 제시하여 반복적으로 연습합니다.

많다, 적다　→ 어제는 학생이 많았는데 오늘은 적어요.
덥다, 춥다　→ 여름에는 더운데 겨울에는 추워요.
넓다, 좁다　→ 학교 운동장은 넓은데 제 방은 좁아요.
밝다, 어둡다　→ 낮에는 밝은데 밤에는 어두워요.
얇다, 두껍다　→ 공책은 얇은데 사전은 두꺼워요.
맛있다, 맛없다 → 찌개는 맛있는데 국은 맛없어요.

반대 형용사로 대조의 표현이 익숙해지면 동사의 대조되는 상황을 연습해 봅니다.

밥을 많이 먹었는데 또 먹고 싶어요.
공부를 열심히 했는데 시험을 잘 못 봤어요. |

| 활용 | 반대 상황이나 특징 말하기　활동지 69쪽 '−은/는데2' |

| 주의 | 앞말이 자음으로 끝나고 '−는데'가 결합할 때에는 자음의 발음이 변하는 현상(먹는데[멍는데], 입는데[임는데], 했는데[핸는데] 등)에 주의해야 합니다. |

-은/ㄴ

교재 34쪽

도입 및 제시

학습자가 가지고 있는 소지품이나 복장에 대한 묘사를 하며 목표 문법을 도입합니다.

교 사 ○○ 씨는 머리가 어때요?
학습자 길어요.
교 사 네, 머리가 긴 사람이 ○○ 씨예요.
○○ 씨는 긴 머리와 짧은 머리 어느 쪽이 더 좋아요?
학습자 저는 짧은 머리가 좋아요.

어간에 받침이 있는 경우는 '-은', 없는 경우는 '-ㄴ', '어렵다', '쉽다'와 같은 'ㅂ 불규칙' 형용사는 '우'와 함께 결합한다는 것을 보여 줍니다.

짧다	짧은	짧은 치마를 자주 입어요.
크다	큰	한국에서 가장 큰 섬이에요.
어렵다	어려운	어려운 문제예요.
재미있다	재미있는	재미있는 영화를 보고 싶어요.

연습

다양한 예문을 연습하여 활용 형태에 익숙해지도록 합니다.

머리가 길다 → 긴 머리
머리가 짧다 → 짧은 머리
키가 크다 → 큰 키
키가 작다 → 작은 키

산이 높다 → 높은 산
산이 낮다 → 낮은 산

여름이 덥다 → 더운 여름
겨울이 춥다 → 추운 겨울

활용

빙고 게임 활동지 70쪽 '-은/ㄴ'

주의

'좋아하다'의 경우에는 그 의미가 형용사로 보이기 때문에 '좋아한'으로 오류를 보이기 쉬우므로 동사라는 것을 알려 주는 것이 좋습니다.

ㅎ 불규칙

교재 36쪽

도입 및 제시

교사는 색상지를 준비해서 교실로 들어갑니다. 학습자들에게 보여 주며 색상에 대한 이름을 하나하나 가르쳐 줍니다. 지난 시간에 형용사 관형형을 학습했다면 복습으로 활용하는 것도 좋습니다.
파랗다, 하얗다, 노랗다…….

교 사	이건 무슨 색이에요?
학습자	파란색이에요.
교 사	파랗다 – 파라니까 – 파래요
	하얗다 – 하야니까 – 하얘요
	노랗다 – 노라니까 – 노래요

칠판에 단어를 크게 써 주고 'ㅎ'이 탈락하거나 'ㅎ'이 탈락하고 그 자리에 'ㅐ'나 'ㅒ'가 결합되는 것을 보여 줍니다.

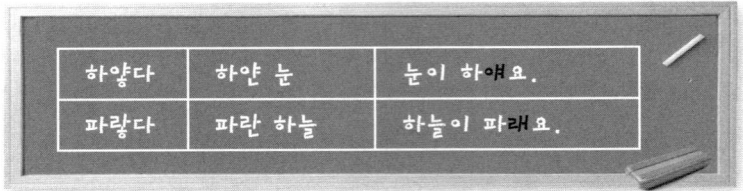

연습

색상 형용사 외에도 '이렇다', '그렇다' 등의 경우에도 활용형을 연습합니다.

노랗다 → 노란 우산이에요.
파랗다 → 하늘이 파래요.
빨갛다 → 빨간 구두를 샀어요.
까맣다 → 까만 가방은 제 거예요.
하얗다 → 눈이 하얘요.

이렇다 – 이러니까 – 이래요
그렇다 – 그러니까 – 그래요

선행 학습했던 단어 가운데 규칙의 경우를 제시하여 불규칙과의 비교를 보여 줍니다.

좋다 – 좋으니까 – 좋아요

활용

색상 빙고 게임 활동지 70쪽/활동지 91-93쪽 '불규칙 카드'

주의

어간 모음이 'ㅑ'로 끝나면 'ㅒ', 'ㅏ'나 'ㅓ'로 끝나면 'ㅐ'가 결합되는 형태를 알려 줍니다.

어떤 + 명사

교재 38쪽

도입 및 제시

학습자가 선택을 하는 상황으로 가정하여 질문을 합니다. 이때 '어떤'을 좀 더 강조하여 학습자가 그 의미를 충분히 유추할 수 있도록 유도합니다.

> 교 사 저는 코미디 영화를 좋아해요.
> ○○ 씨는 어떤 영화를 좋아하세요?
> 학습자 저도 코미디 영화를 좋아해요.
> 교 사 여기 비빔밥과 불고기가 있어요. 어떤 음식을 먹고 싶어요?
> 학습자 불고기를 먹고 싶어요.

형용사 관형형을 사용한 질문으로 지난 시간의 복습과 함께 새로운 문법을 익히도록 합니다.

> 어떤 영화를 좋아해요? → 재미있는 영화를 좋아해요.
> 어떤 음식을 좋아해요? → 매운 음식을 좋아해요.
> 어떤 노래를 좋아해요? → 빠른 노래를 좋아해요.

연습

질문지를 가지고 옆 사람과 질문하고 답하게 합니다.

어떤 영화를 보고 싶어요?
→ 애니메이션 영화를 보고 싶어요.

어떤 사람이 좋아요?
→ 키가 큰 사람이 좋아요.

어떤 집에서 살고 싶어요?
→ 넓은 집에서 살고 싶어요.

활용

미아 찾기 활동지 71쪽 '어떤'

주의

흔히 혼용하여 사용하기 쉬운 '어떤'과 '무슨'의 차이를 알려 줍니다.

 함정을 피해 가려면

–은/ㄴ

관형형으로 쓰이는 형용사의 현재형 어미인 '–은'은 일반적으로 뒤에 오는 명사의 속성을 구체화하거나 상태를 나타낼 때 사용하는 표현입니다.

① 운동장에 사람들이 많이 있습니다.
② 운동장에 많은 사람들이 있습니다.

①에서는 '많이'가 부사어로 쓰여 '있습니다'라는 서술어를 수식하고 있지만 ②에서는 '많다'라는 형용사가 뒤에 오는 '사람들'이라는 명사를 꾸며 주는 관형어로 쓰이고 있습니다. 그러나 학습자들은 이와 같은 형용사의 현재형을 배우고 나면 ③과 같이 과거형에서 오류를 보이기 쉽기 때문에 형용사의 과거형은 형태가 전혀 다른 '–던'이나 '–았/었던'으로 사용해야 하는 것을 따로 연습할 필요가 있을 것입니다. 단, '–았/었던'의 경우 다른 의미도 존재하므로 주의해서 가르쳐야 합니다.

③ 어제 많았은 사람들이 오늘은 별로 없습니다. (x)
④ 어제 많았던 사람들이 오늘은 별로 없습니다. (o)

'어떤'과 '무슨'

어떤 일이나 물건 등의 상태나 특성 등을 나타낼 때 사용하는 '어떤'은 보통 '무슨'과 혼용하여 쓰기도 하는데 이 두 가지에는 분명한 차이가 있습니다.

① 어떤 음식을 좋아하세요?
② 무슨 음식을 좋아하세요?
③ 그 사람은 어떤 사람이에요? (o)
④ 그 사람은 무슨 사람이에요? (x)

①과 ②는 모두 좋아하는 음식에 대해 물어보는 말로, 두 문장 모두 사용이 가능합니다. 그러나 ③은 사람의 외모나 성격 등 특성에 대해 물어보는 말로 ④처럼 '무슨'으로 물어보면 비문이 됩니다. 따라서 '어떤'은 좀 더 범위를 좁혀 어떤 것을 선택하거나 특성에 대해 물어볼 때 사용하는 말입니다. 아래의 경우를 보면 더 확실하게 차이를 알 수 있습니다.

⑤ 비빔밥과 불고기 중에서 어떤 것으로 먹을까요? (o)
⑥ 비빔밥과 불고기 중에는 무슨 것으로 먹을까요? (x)
⑦ 이 중에서 어떤 게 마음에 드세요? (o)
⑧ 이 중에서 무슨 게 마음에 드세요? (x)

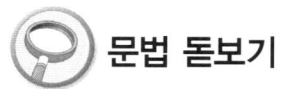 문법 돋보기

–은/는데

뒤의 내용을 말하기 위한 설명이나 배경을 나타낼 때 사용하는 표현으로 그 활용이나 용법이 매우 다양하고 복잡합니다. 따라서 처음에는 모두 제시하면 혼선만 가중시킬 수 있으므로 한 가지씩 가르치는 것이 중요합니다. 대조 용법은 앞과 뒤의 내용이 대조되거나 예상한 것과는 반대의 상황을 나타내는 표현입니다. 그러나 이 때에도 형용사와 동사의 경우가 차이가 있으므로 우선 대조나 반대의 의미가 확실하게 표현되는 형용사나 명사로 문장 연습을 한 후에 동사를 사용하여 연습하는 것이 좋습니다.

① 영희 씨는 날씬한데 영희 씨 동생은 뚱뚱해요.
② 에린 씨는 러시아 사람인데 유카 씨는 일본 사람이에요.

①의 문장은 영희 씨는 날씬한 것과는 반대로 영희 씨 동생은 뚱뚱하다는 표현이고, ②는 에린 씨는 러시아 사람이고 유카 씨는 일본 사람이라는, 앞과 뒤가 다른 내용을 나타냅니다. 그러나 동사의 경우에는 앞뒤의 내용이 대등하게 대조를 보이는 것이 아니라 예상한 것과는 다르게 나타나는 상황을 말할 때가 많습니다. 이 때에는 보통 뒤의 문장을 말하기 위한 배경 설명으로 앞의 상황을 제시하며, 뒤 문장을 강조하는 느낌을 줍니다.

③ 공부를 많이 했는데 시험을 잘 못 봤어요.
④ 점심을 많이 먹었는데 배가 고파요.
⑤ 점심을 많이 먹었지만 배가 고파요.

③에서는 공부를 많이 했지만 시험을 잘 못 봤다는 표현이고 ④는 점심을 많이 먹었지만 배가 고프다는 내용으로 앞의 상황에서 예상할 수 있는 것과는 반대의 상황이 나타날 때 사용하는 표현입니다. 보통 대조의 용법에서는 '–지만'을 사용해도 ⑤와 같이 의미 차이는 없습니다. 동사와 형용사 그리고 명사일 경우 과거와 현재의 활용 형태를 정리합니다.

동사	현재	–는데	나는 회사에 가는데 동생은 학교에 가요.
	과거	–았/었는데	아침에는 빵을 먹었는데 점심에는 밥을 먹어요. 언니는 회사에 갔는데 동생은 학교에 갔어요.
형용사	현재	–(으)ㄴ데	영수는 키가 큰데 동생은 키가 작아요. 나는 책이 많은데 동생은 장난감이 많아요.
	과거	–았/었는데	어제는 더웠는데 오늘은 추워요. 어렸을 때는 키가 작았는데 지금은 커요.
명사	현재	인데	유카는 주부인데 지수는 학생이에요.
	과거	이었/였는데	전에는 서점이었는데 지금은 식당이에요.

 **활동은 이렇게**

-은/는데2

〈활동지 69쪽〉

반대 상황 표현하기

반대되는 상황이나 특징을 말해 봅니다.

나는 키가 큰데 동생은 키가 작아요.

〈도움말〉
양쪽의 카드를 각각 나눠 주고 서로 짝을 찾게 하거나 문장을 만들어 보게 합니다.

-은/ㄴ

〈활동지 70쪽〉

빙고 게임

① 형용사와 명사를 연결하여 빙고판에 써 넣습니다.
② 가로나 세로 또는 대각선으로 먼저 다섯 칸을 만드는 사람이 이깁니다.

〈도움말〉
형용사와 어울리지 않는 명사를 쓰면 틀립니다.

어떤

〈활동지 71쪽〉

미아 찾기

아이를 잃어버렸어요!

잃어버린 아이의 인상착의에 대해 물어봅니다.

〈도움말〉
아이를 찾는 광고문을 미리 채워 넣어서 말하게 하거나 직접 쓰게 한 다음 묻고 답하기를 합니다.

어느 날 교실에서 – 수업일지의 실제

형용사 관형형 수업 시간, 대조되는 의미를 가진 형용사를 먼저 도입합니다. 단어 카드나 그림 카드를 보여 주며 일단 형태를 먼저 익힙니다.

　　　크다/작다, 높다/낮다, 춥다/덥다, 싸다/비싸다……
　　　큰 키/작은 키, 높은 건물/낮은 건물, 추운 겨울/더운 여름, 싼 가방/비싼 가방……

받침 있는 것과 없는 것 그리고 '있다/없다'로 끝나는 어휘의 결합 형태를 하나하나 짚어 갑니다. 지루해 하지 않도록 단어 카드로 빙고 게임도 하고, 명사 그림을 보면서 수식어로 형용사의 관형형을 넣어 봅니다. 누가 많이 채우나, 잘한 사람에게 북마크 선물. 좋아서 함박웃음이 번지는 학생과 아쉬워하며 다음을 기약하는 학생들, 성인 학습자지만 말을 배우는 어린 아이들처럼 문법 하나, 어휘 하나 새로 알아 갈 때마다 눈이 반짝반짝, 그러나 그 옆에는 하품을 하는 사람도 있기 마련이지요.^^

언어 교육에서 정확성과 유창성, 두 마리 토끼를 잡기란 그리 쉬운 일이 아닙니다. 특히 교사의 입장에서는 말하기를 할 때 정확성을 따르자니 시간이 너무 많이 걸리는 데다 다른 학생들이 기다리는 시간을 지루하게 만들 위험이 있고, 유창성을 따르자니 문법을 소홀히 할 수도 있는 진퇴양난에 빠지기 일쑤입니다.

문법이 위주가 되는 수업은 재미가 없으나 초급 단계에서는 어쩔 수 없이 어휘의 형태 변화나 활용형을 익히기 위해 단순 반복 연습을 할 수밖에 없는 것 같습니다.

다른 선생님들의 댓글

▸ 초급에서의 단순 반복 연습은 선택이 아니라 필수 아닐까요? 기본적인 표현이 익숙해져야 활용도 가능하니까요.

▸ 그래서 끊임없이 학습 문법에 관련된 활동을 고민해야 하는 것이 교사들의 몫이겠죠.

▸ 때로는 유치원 교사처럼 될 수밖에 없는 것 같아요. 율동도 하고, 마임도 하고요.

교환과 환불

3-3 조금 높은 걸로 바꾸고 싶은데요

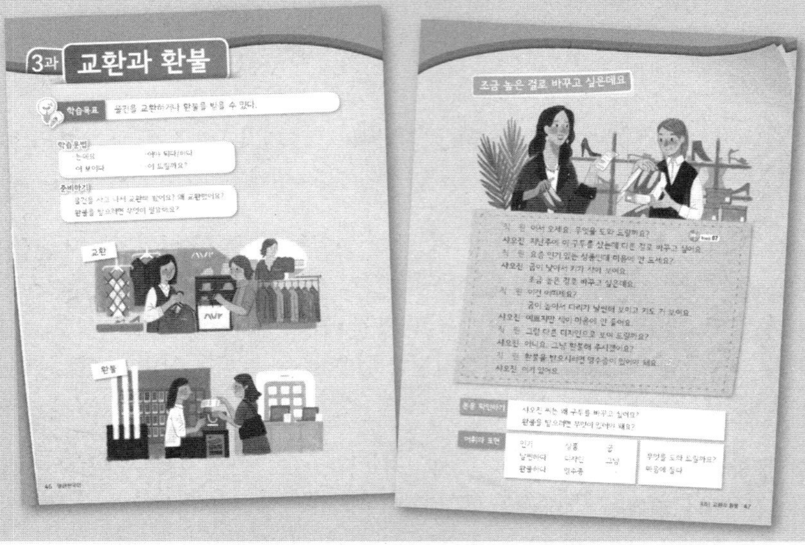

학습 문법	–은/는데요 –아/어야 되다/하다 –아/어 보이다 –아/어 드릴까요?
수업 목표	의견을 묻거나 근거를 표현할 수 있다. 의무나 조건, 당위성을 표현할 수 있다. 상황을 판단하거나 느낌을 말할 수 있다. 정중하게 허락을 구하는 표현을 익힌다.
수업 자료	활동지 –아/어야 되다/하다 –어 보이다 –어 드릴까요?

 교실에 들어가기 전에

	확인할 내용	네	아니요
1	'–은/는데요'의 의미와 활용 형태를 제시할 수 있다.		
2	'–아/어야 되다/하다'의 기능과 용법을 파악하고 있다.		
3	'–아/어 보이다'의 기능과 의미를 제시할 수 있다.		
4	'–아/어 주다'의 높임말과 의문문 활용을 제시할 수 있다.		

208 한국어교실 엿보기_초급

1. '-은/는데요'의 의미와 활용 형태를 제시할 수 있다.

어떤 상황이나 사실에 대해 감탄하거나 놀랄 때 쓰기도 하고 자신의 상황을 전달할 때 사용할 수 있는 종결어미이므로 형태가 같은 연결어미의 '-은/는데'와는 차이를 보입니다.

① 한국어를 정말 잘하시는데요.
② 저는 내일 할 일이 많은데요.

①은 상대방의 한국어 실력을 보고 감탄하는 의미를 나타내고 있고 ②는 자신이 내일 해야 할 일이 많다는 상황을 전달하는 표현입니다. ①은 의문문이 아니지만 보통 뒤의 억양을 올리는 경우가 많습니다. ②는 대부분 상대방의 반응을 살피거나 기다리는 경우가 됩니다.

2. '-아/어야 되다/하다'의 기능과 용법을 파악하고 있다.

어떠한 일을 이루기 위해 필요한 조건이나 당위성을 설명하는 표현으로 '되다'와 '하다'를 대치하여 써도 의미의 차이가 없습니다.

해외여행을 하려면 여권이 있어야 돼요/해요.
건강을 지키려면 운동을 해야 돼요/해요.

이 경우에 본래 '되다'는 피동적인 의미가 있고 '하다'는 능동적인 의미로 차이가 있지만 실제 상황에서 '해야 되다'와 '해야 하다'는 별다른 구분을 하지 않고 혼용해서 사용하고 있습니다. 그러나 주로 입말에서는 '되다'를 쓰고 글말에서는 '하다'를 쓰는 경우가 많습니다.

3. '-아/어 보이다'의 기능과 의미를 제시할 수 있다.

형용사와 결합하여 눈앞에 보이는 어떠한 상황에 대해 자신의 예상이나 의견을 말하는 표현으로 동사에 결합하는 경우는 의미가 확연하게 다릅니다.

① 그 옷을 입으니까 날씬해 보여요.
② 그 신발을 신으니까 키가 커 보여요.
③ 그 사람은 계속 손을 흔들어 보였어요.

①과 ②의 문장은 '날씬하다', '크다'의 형용사로 상대방이 그렇게 보인다는 의미이고 ③은 '손을 흔들다'라는 동사로 다른 사람에게 어떤 행동을 보여 준다는 의미가 됩니다.

4. '-아/어 주다'의 높임말과 의문문 활용을 제시할 수 있다.

다른 사람에게 어떤 행동을 해 준다는 의미인 '-아/어 주다'의 높임말 표현은 '-아/어 드리다'가 되며, 이것을 의문문으로 사용하면 다른 사람에게 말하는 사람이 자진해서 도와줘도 되느냐고 묻는 정중한 표현이 됩니다.

(제가) 짐을 들어 드릴까요?
(제가) 문을 열어 드릴까요?

문법 수업은 이렇게

	-은/는데요	교재 50쪽

도입 및 제시

상대방의 행동이나 어떤 상황에 대해 감탄을 하거나 놀라움을 표시하는 표현이므로 학습자에게 칭찬을 해 주는 상황을 만들어 봅니다.

교 사 ○○ 씨, 오늘 옷이 아주 멋있는데요. (↗) (뒤의 억양을 올림)
학습자 감사합니다.
교 사 네, 칭찬을 할 때 이렇게 말해요. 그리고 뒤를 올려요.
그럼 저는 어때요?
학습자 선생님도 예쁜데요. (↗)
교 사 네, 정말 감사합니다.

> 바트 씨는 한국어를 잘하시는데요.
> 오늘 아주 예쁜데요.
> 오늘 날씨가 너무 더운데요.

연습

반 친구들을 보며 칭찬하는 시간을 가져 봅니다. '-은/는데요'를 사용하면 상대방의 반응이나 대답을 기대하는 표현이 되므로 대답도 같이 할 수 있도록 연습을 합니다.

머리가 아주 예쁜데요.
감사합니다.

오늘 넥타이가 정말 멋있는데요.
고맙습니다.

원피스가 잘 어울리는데요.
그래요? 고마워요.

활용

칭찬하기

주의

감탄의 표현일 때 뒤의 억양을 올리기도 하지만 의문문이 아니라 감탄문임을 알게 합니다. 또한 연결어미일 때와 종결어미로 쓰일 때의 의미가 전혀 다르므로 학습자가 그 차이를 인식하고 익숙해질 때까지 반복적으로 연습을 해야 합니다.

-아/어야 되다/하다

교재 52쪽

도입 및 제시

어떤 상황에서 꼭 필요한 조건이나 의무를 말할 수 있는 예문을 도입합니다.

교 사	한국에서 집 안에 들어갈 때 신발을 신어도 돼요?
학습자	아니요, 신발을 벗어요.
교 사	네, 맞아요. 신발을 벗어야 돼요.
	처음 만나면 반말을 해도 돼요?
학습자	아니요, 반말을 하면 안 돼요.
교 사	네, 한국에서는 처음 만났을 때 반말을 하면 안 돼요.
	존댓말을 해야 해요.

동사나 형용사의 형태에 따라 달라지는 것을 시각적으로 보여 주고 예문을 만들어 봅니다. '되다'와 '하다'를 같이 쓴다는 것도 알려 줍니다.

벗다	벗어야 되다/하다	신발을 벗어야 돼요/해요.
가다	가야 되다/하다	일찍 가야 돼요/해요.
하다	해야 되다/하다	공부를 해야 돼요/해요.

연습

어떤 일을 하고자 하는 의도를 나타내는 '-으려면'을 활용하여 그 일을 이루기 위한 의무나 조건이 필요한 경우를 이야기합니다.

운전을 하려면 운전면허증이 있어야 돼요.
해외여행을 하려면 여권이 있어야 돼요.
시험에 합격하려면 공부를 열심히 해야 돼요.
결혼을 하려면 사랑하는 사람이 있어야 돼요.
다이어트를 하려면 운동을 해야 돼요.
농구선수가 되려면 키가 커야 돼요.
한국에서 취직을 하려면 한국어를 잘해야 돼요.

활용

이럴 때 어떻게 해야 돼요? 활동지 72쪽 '-아/어야 되다/하다'

주의

'-아/어야 되다/하다'는 의무나 조건을 나타내는 표현이므로 경우에 따라 실례가 될 수도 있습니다. 따라서 사용하는 상황을 제한해서 알려 주는 것이 실제 상황에서의 실수를 방지할 수 있습니다.

	–아/어 보이다	교재 54쪽
도입 및 제시	형용사 그림 카드나 음식 사진 등 학습자가 보고 예상할 수 있는 자료를 보여 주며 느낌을 물어봅니다. (바쁘게 일하는 사람의 사진을 보여 주며) 교 사 이 사람은 지금 뭐 해요? 학습자 일해요. 교 사 어때요? 학습자 바빠요./힘들어요. 교 사 네. 이 사람을 보고 생각해요. 잘 모를 때 이렇게 말해요. 바빠 보여요./힘들어 보여요. 형용사 어간의 형태에 따라 달라지는 것을 칠판에 빨간색으로 강조하여 시각적으로 보여 주고 예문을 완성합니다. | 바쁘다	바빠 보이다	많이 바빠 보여요. | | 힘들다	힘들어 보이다	정말 힘들어 보여요. | | 피곤하다	피곤해 보이다	너무 피곤해 보여요.		
연습	여러 가지 표정을 하고 있는 사람의 그림을 보여 주거나 옆 친구 칭찬하기로 연습을 합니다. 아프다 → 아파 보여요. 눈이 나쁘다 → 눈이 나빠 보여요. 멋있다 → 멋있어 보여요. 슬프다 → 슬퍼 보여요. 기쁘다 → 기뻐 보여요. 예쁘다 → 예뻐 보여요. 키가 크다 → 키가 커 보여요. 행복하다 → 행복해 보여요. 피곤하다 → 피곤해 보여요.	
활용	모습을 보고 추측하기 활동지 73쪽 '–아/어 보이다'	
주의	동사에 붙여서 '–아/어 보이다'를 쓰는 경우가 있는데 이때는 '어떠한 동작을 보여 주는 것'을 의미하므로 형용사의 '–아/어 보이다'와는 차이가 있습니다.	

-아/어 드릴까요?

교재 56쪽

도입 및 제시

도움이 필요한 상황의 그림 카드를 준비하여 보여 주고 질문을 합니다(2권 8과 '-아/어 주다' 참고).

교 사	할머니가 짐이 많아요. 어떻게 할까요?
학습자	할머니를 도와줘요.
교 사	네. 도와 드려요. 어떻게 도와 드려요?
학습자	짐을 들어 드려요.
교 사	짐을 들어 드릴까요? 이렇게 먼저 물어봐요. 친구나 동생에게는 도와줄까요? 이렇게 말해요. 할머니나 나이 많은 분에게는 도와 드릴까요? 이렇게 하면 돼요.

동사와만 결합한다는 것을 알려 주고 형태 변화를 시각적으로 보여 줍니다.

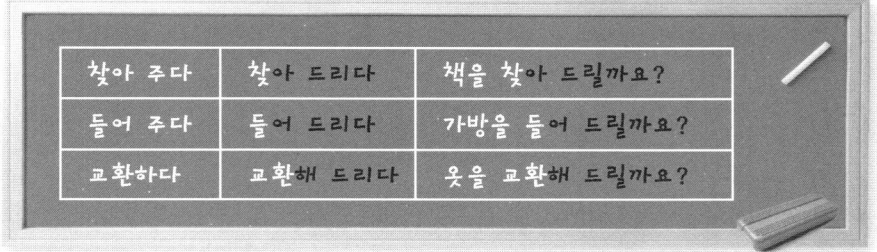

연습

'-아/어 주다'를 활용하여 높임말 표현으로 '-아/어 드릴까요?'를 연습합니다. (2권 8과 참고)

전화를 바꿔 주다 → 바꿔 드리다 → 바꿔 드릴까요?
불을 켜 주다 → 켜 드리다 → 켜 드릴까요?
창문을 열어 주다 → 열어 드리다 → 열어 드릴까요?
사진을 찍어 주다 → 찍어 드리다 → 찍어 드릴까요?
책을 읽어 주다 → 읽어 드리다 → 읽어 드릴까요?
가방을 들어 주다 → 들어 드리다 → 들어 드릴까요?
사전을 빌려 주다 → 빌려 드리다 → 빌려 드릴까요?
책을 찾아 주다 → 찾아 드리다 → 찾아 드릴까요?

활용

어떻게 도와 드릴까요? 활동지 74쪽 '-아/어 드릴까요?'

주의

'볼펜을 주다'와 같이 '주다'의 경우에는 '-아/어 주다'의 형태가 아니라 그냥 '주다'가 된다는 것을 알려 줍니다.

 함정을 피해 가려면

–아/어야 되다/하다

어떤 일을 하기 위해 필요한 조건이나 의무를 표현하는 말로 동사나 형용사에 결합하여 사용합니다. 이때 '되다'와 '하다'를 대치하여 사용할 수 있는데 본래 '되다'는 피동적인 의미이고 '하다'는 능동적인 의미를 가지고 있으나 실제 발화에서는 그 의미 구분 없이 사용하고 있습니다.

① 내일 학교에 8시까지 가야 돼요.
② 내일 학교에 8시까지 가야 해요.

그러나 ①과 ②를 잘 살펴보면 ①보다 ②가 좀 더 능동적인 느낌을 주는 표현입니다. 주로 말할 때 '되다'의 형태를 더 많이 쓰는 것을 보면 현대인들의 피동적 발화 습관이 어느 정도 반영되어 있다고 볼 수도 있습니다.

–아/어 보이다

어떤 상황이나 상태를 보고 짐작을 해서 말하는 표현입니다. 현재 그 상태일 거라고 추측하는 표현인 '–은/는/을 것 같다'와 유사한 의미로 쓰이는데 아래의 두 문장을 보면 그 차이를 느낄 수 없습니다. 이 경우에 '–게 보이다'와 의미 차이가 없이 사용합니다.

① 많이 피곤해 보여요.
② 많이 피곤한 것 같아요.
③ 많이 피곤하게 보여요.

①-1 많이 피곤해 보이는데 좀 쉬세요.
②-1 많이 피곤한 것 같은데 좀 쉬세요.
③-1 많이 피곤하게 보이는데 좀 쉬세요.

이 세 가지 표현이 다른 것은 '–은/는/을 것 같다'는 동사나 형용사와 모두 결합하여 사용하며 기능과 의미 차이 없이 사용하는 데 반해, '–아/어 보이다'는 형용사와만 결합해야 하며 동사와 결합할 때에는 전혀 다른 의미가 된다는 것입니다.

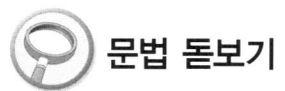 문법 돋보기

–은/는데요

선행 학습을 했던 연결어미 '–은/는데'는 어떤 상황에 대한 배경을 설명하거나 대조의 표현 또는 어떤 행동을 하는 데에 대한 상대방의 의견을 물을 때 사용합니다. 그러나 종결어미로 쓰일 때에는 다른 의미가 될 수 있으므로 이 점을 주의해서 교수할 필요가 있습니다. 종결어미로 사용하게 되면 어떤 상황이나 상대방을 보고 감탄 또는 놀라움을 표현하게 되고, 이 경우에는 대부분 뒤의 억양을 올려서 말할 때가 많습니다.

① 오늘 아주 멋있는데요. (↗)
② 한국어를 정말 잘하시는데요. (↗)
③ 매운 음식을 아주 잘 드시는데요. (↗)

이런 표현은 주로 칭찬을 할 때 쓰게 되는데 ①은 상대방의 모습을 보고 멋있다는 칭찬을 하는 표현이고, ②는 한국어로 말하는 것을 들으며 놀라거나 감탄을 하는 표현이며, ③은 매운 음식을 먹는 모습을 보고 감탄을 하는 표현이 됩니다. 이때는 상대방의 반응을 기대하게 되므로 감사한다거나 고맙다는 대답을 해주는 것이 좋습니다. 상대방에 대한 감탄이나 칭찬이 아니더라도 종결어미로 사용할 때에는 현재의 상황을 설명하며 듣는 사람이 어떤 대답을 할지 기대하는 경우가 많습니다.

④ 저는 학생인데요.
⑤ 저는 오늘 할 일이 많은데요.
⑥ 선생님이 안 계신데요.

④는 말하는 사람이 학생이라는 자신의 상황을 전달하는 표현이고, ⑤는 말하는 사람이 바쁘다는 설명을 하고 있으며, ⑥은 선생님이 지금 부재중인 상황을 말하고 있습니다.

위의 경우 외에도 '–은/는데'가 종결어미로 사용되어 의문문에 쓰일 때가 있는데 이때는 상대방에게 궁금한 것을 물어보는 말이 됩니다.

⑦ 오늘 어떤 영화를 보는데요?
⑧ 저녁에 어디에서 만나는데요?

⑦은 어떤 영화를 보는지 궁금해서 물어보는 말이고, ⑧은 어디에서 만나는지 장소를 알아보기 위한 질문입니다. 그러나 ⑨와 같이 상대방의 반응이나 대답을 기대하지 않고 그냥 혼잣말로 하는 경우에도 사용합니다.

⑨ 나는 이게 좋은데.

 **활동은 이렇게**

-아/어야 되다/하다
〈활동지 72쪽〉

이럴 때는 어떻게?

> 다이어트를 하려고 해요.
> 해외여행을 하려고 해요.
> 결혼을 하려고 해요.
> 이사를 하려고 해요.

위의 목적을 이루기 위해서는 어떤 것이 필요한지 이야기해 봅니다.

〈도움말〉
여러 모둠으로 만들어 각각의 미션을 주고 거기에 필요한 일들을 발표하게 합니다.

-아/어 보이다
〈활동지 73쪽〉

추측하기

주어진 단어들을 이용하여 그림 카드를 보고 추측해 봅니다.

〈도움말〉
한 가지 상황에서 반대 상황을 추측하거나 말하게 해도 좋습니다.

-아/어 드릴까요?
〈활동지 74쪽〉

어떻게 도와 드릴까요?

역할극 하기

> 가방을 들어 줄까요?
> 책을 찾아 드릴까요?

상황별, 연령별 표현의 차이를 익힙니다.

〈도움말〉
대상에 따라 다르게 표현하는 것을 연습합니다.

어느 날 교실에서 - 수업일지의 실제

열린한국어

제 생각에 '-은/는데'를 종결어미로 사용하는 경우를 쉽게 이해시키는 방법은 아무래도 칭찬인 것 같아요. 형태는 같지만 앞서 배운 연결 어미로서의 기능과는 다른 의미로 사용하니까 도입이나 제시 때부터 다르게 인식을 시키는 것이 바람직하다는 생각입니다.

"에디 씨, 안경이 아주 잘 어울리는데요."
"파르나 씨, 머리핀이 정말 예쁜데요."
"요한 씨, 목소리가 참 멋진데요."

이때 의문문은 아니지만 말꼬리를 올리는 것이 한국인들의 일반적인 발화 습관임을 알려 주고 반 친구들에게 칭찬하기 활동을 해 봅니다. 이른바 '칭찬 릴레이'입니다.

항상 느끼는 거지만 '칭찬은 고래도 춤추게 한다.'는 말은 정말 명언입니다. 아무리 조용하고 심각한 분위기가 되었다 해도 칭찬 활동만 하게 되면 모두들 얼굴에 저절로 미소가 지어지고 분위기가 한층 고조되어 즐거워합니다.

자신의 생각이나 상황을 말하면서 상대방의 반응을 기다리는 표현이니까 상대방에게 칭찬을 해 준 다음에 상대방이 어떤 반응이나 대처를 하는지 지켜보는 것도 재미있거든요. 그런데 참 신기한 것은 칭찬의 말을 들었을 때, 여자보다 남자가 훨씬 더 수줍어한다는 사실. 이건 동서양이 공통적인 것 같은데… 개인적인 소감이었습니다.^^

다른 선생님들의 댓글

···▶ 칭찬에 기분 나쁜 사람은 없겠지요? 좋은 방법이네요. 수업 분위기도 좋아지겠어요.

···▶ 역시 언어 학습은 실생활과 연계되었을 때 효과가 제일 좋은 것 같아요.

···▶ 어쩐지 남자들의 작업용(?) 표현인 것 같은 느낌이 드는 건, 저만의 생각인가요? ^^

3-4 날씨가 점점 더워지고 비도 많이 올 거예요

날씨와 계절

학습 문법	처럼/같이　　　　　　　－아/어야겠어요　　　　　　　－아/어지다 －기 전에　　　　　　　－을까요? / (아마) －을 거예요
수업 목표	비유와 추측의 표현을 할 수 있다. 상태 변화를 말할 수 있다. 시간의 전후 상황을 표현할 수 있다.
수업 자료	활동지 －아/어야겠어요　－아/어지다　－기 전에

교실에 들어가기 전에

	확인할 내용	네	아니요
1	'－아/어야겠어요'의 의미와 쓰임을 제시할 수 있다.		
2	'－아/어지다'의 의미와 활용 형태를 제시할 수 있다.		
3	'－기 전에'의 의미와 제한적인 쓰임을 파악하고 있다.		
4	'－을 거예요'의 의미를 구분하여 제시할 수 있다.		

1. '-아/어야겠어요'의 의미와 쓰임을 제시할 수 있다.

    어떤 일을 하고자 하는 의지의 표현으로 그렇게 하지 않으면 안 된다는 표현인 '-아/어야 하다'에 의지나 의향을 나타내는 선어말 어미 '-겠-'이 결합한 형태입니다. 이와 비슷하게 사용할 수 있는 '-을 거예요'나 '-려고 해요'보다 자신의 의지를 더욱 강하게 나타내는 말입니다.

    살이 너무 쪄서 걱정이에요. 살을 빼야겠어요.
    살을 뺄 거예요.
    살을 빼려고 해요.

2. '-아/어지다'의 의미와 활용 형태를 제시할 수 있다.

    '-아/어지다'는 형용사와 결합하여 상황이나 상태의 변화를 나타내는 표현입니다. 동사의 경우는 '-게 되다'를 사용하고, 명사의 경우에는 '이/가 되다'를 사용합니다.

    어렸을 때보다 키가 커졌어요. (형)
    처음에는 김치를 못 먹었는데 지금은 잘 먹게 되었어요. (동)
    대학에 합격을 해서 대학생이 되었어요. (명)

    동사와 결합하게 되면 능동문과 대비되는 피동문이 되기도 합니다.

    불을 껐어요. (능동)
    불이 꺼졌어요. (피동)

3. '-기 전에'의 의미와 제한적인 쓰임을 파악하고 있다.

    시간의 순차적 행동을 나타내는 표현인 '-고 나서'의 상황을 반대로 이야기하는 '-기 전에'는 뒷 문장보다 시간적으로 앞선 행동임을 나타내는 말입니다. 따라서 동사와 결합을 하기 때문에 아래와 같은 형용사의 경우 오류를 보이기 쉬운데, 이럴 때에는 '-어지다'라는 동사형으로 만들어 결합해야 합니다.

    날씨가 춥기 전에 코트를 사야겠어요. (×)
    날씨가 추워지기 전에 코트를 사야겠어요. (○)
    물건이 없기 전에 빨리 가세요. (×)
    물건이 없어지기 전에 빨리 가세요. (○)

4. '-을 거예요'의 의미를 구분하여 제시할 수 있다.

    ①처럼 앞으로 어떤 행동을 하겠다는 의지의 표현으로 쓰이는 '-을 거예요'는 ②와 같이 어떤 사실이나 상황에 대한 추측이나 예상을 나타내기도 합니다. 이 두 가지 의미를 한 번에 제시하는 것은 바람직하지 않으므로 한 가지가 익숙해지고 나면 별도로 제시하는 것이 좋습니다.

    ① 저녁에 친구를 만날 거예요.
    ② 그 친구는 이번에 꼭 합격할 거예요.

문법 수업은 이렇게

| 같이/처럼 | 교재 68쪽 |

도입 및 제시

비슷하거나 닮은 모양의 사람 또는 물건의 사진을 보여 줍니다.
사람과 비슷한 형상의 인삼 사진. 인형처럼 예쁜 여자 등······.

교 사 　이것은 인삼이에요. 무엇 같아요?
학습자 　사람 같아요.
교 사 　네, 인삼은 사람같이 생겼어요. 사람처럼 생겼어요. 같은 말이에요.
　　　　 ○○ 씨는 한국어를 잘해요.
　　　　 한국 사람같이 한국어를 잘해요.
학습자 　○○ 씨는 배우같이 멋있어요.

> 사람같이 생겼어요. 사람처럼 생겼어요.
> 가수같이 노래를 잘해요. 가수처럼 노래를 잘해요.
> 한국 사람같이 한국말을 잘해요. 한국 사람처럼 한국말을 잘해요.

연습

실제로는 아니지만 비슷한 것을 말해 봅니다.

　오늘은 여름같이(처럼) 더워요.
　오늘은 겨울같이(처럼) 추워요.

　내 친구는 영화배우같이(처럼) 예뻐요.
　내 동생은 가수같이(처럼) 노래를 잘해요.

　○○ 씨는 농구 선수같이(처럼) 키가 커요.
　○○ 씨는 코미디언같이(처럼) 재미있어요.
　○○ 씨는 아나운서같이(처럼) 목소리가 좋아요.

활용

가족이나 반 친구들에 대해 이야기해 봅니다.

주의

형태는 같지만 '함께'라는 의미의 부사 '같이'와 혼동하지 않도록 많은 예문을 준비합니다. 부사는 하나의 단어로 띄어쓰기를 해야 하지만 '처럼/같이'는 조사로 앞말에 붙여야 하는 차이를 익힙니다.

-아/어야겠어요

교재 69쪽

도입 및 제시

나중에 어떤 일을 할 예정이라는 말로 시작합니다.

교 사	배가 고파요. 수업이 끝나면 밥을 먹어야겠어요. 여러분은 수업이 끝나면 무엇을 할 거예요?
학습자	서점에 갈 거예요.
교 사	서점에 왜 가요?
학습자	책을 사러 가요.
교 사	그럼 이렇게 말할 수 있어요. 수업이 끝나면 책을 사러 서점에 가야겠어요.

단순한 계획이 아닌 자신의 의지가 강한 표현임을 강조합니다.

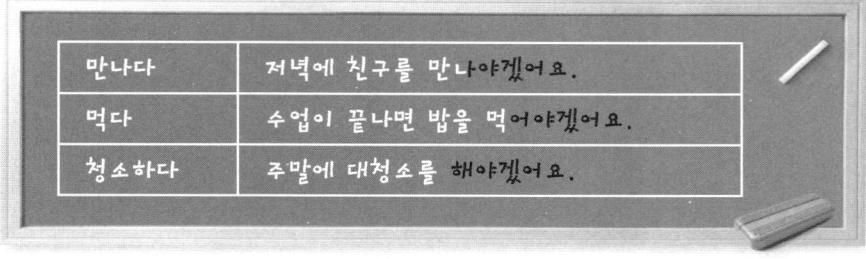

만나다	저녁에 친구를 만나야겠어요.
먹다	수업이 끝나면 밥을 먹어야겠어요.
청소하다	주말에 대청소를 해야겠어요.

연습

어떤 행동을 해야 하는 이유를 먼저 말하고 본인의 의지를 말합니다.

날씨가 너무 더워요.	→ 에어컨을 켜야겠어요./창문을 열어야겠어요.
머리가 많이 아파요.	→ 약을 먹어야겠어요./집에 가야겠어요.
숙제가 너무 어려워요.	→ 선생님께 물어봐야겠어요.
방이 너무 어두워요.	→ 불을 켜야겠어요.
소화가 안 돼요.	→ 소화제를 먹어야겠어요.
다음 주에 어려운 시험이 있어요.	→ 공부를 열심히 해야겠어요.
친구와 싸웠어요.	→ 내가 먼저 사과를 해야겠어요.

활용

사계절 이야기 활동지 75쪽 '-아/어야겠어요'

주의

미래의 계획이나 예정을 말할 때 쓰는 표현인 '-을 거예요'보다 자신의 의지가 확고한 표현(꼭 해야 하는 상황)임을 알 수 있도록 많은 예문을 반복해서 연습합니다.

-아/어지다

교재 70쪽

도입 및 제시

예전 사진이나 시간이 흘러 변화된 모습을 알 수 있는 그림을 보여주며 이야기합니다. 교사나 주위 ㄴ사람의 어릴 적 모습과 현재의 사진을 보여 줘도 좋습니다.

교 사	이 사진을 보면 어떻게 달라요?
학습자	지금이 더 예뻐요./키가 더 커요.
교 사	네, 지금이 더 예뻐졌어요./키가 더 커졌어요. 전에는 살이 쪘어요. 지금은 날씬해요. 날씬해졌어요.
교 사	여러분은 한국에 처음 왔을 때와 지금이 뭐가 달라졌어요?
학습자	처음에 김치를 못 먹었는데 지금은 잘 먹어요.
교 사	네. 김치가 좋아졌어요./매운 음식이 좋아졌어요.

형용사와 결합한다는 것을 보여 주며 예문을 만들어 봅니다.

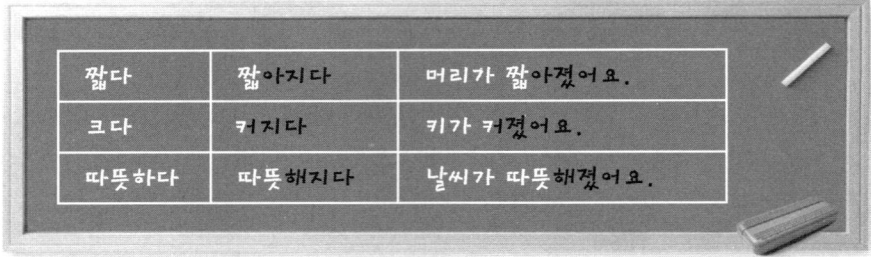

연습

100년 전과 지금이 어떻게 달라졌는지 생각해서 말해 봅니다.

100년 전	지금	표현
사람이 적다	사람이 많다	→ 사람이 많아졌어요.
건물이 적다	건물이 많다	→ 건물이 많아졌어요.
조용하다	시끄럽다	→ 시끄러워졌어요.
거리가 한가하다	거리가 복잡하다	→ 거리가 복잡해졌어요.
공기가 깨끗하다	공기가 더럽다	→ 공기가 더러워졌어요.
교통이 불편하다	교통이 편리하다	→ 교통이 편리해졌어요.

활용

예전과 현재 비교하기 활동지 76쪽 '-아/어지다'

주의

이전과 비교해서 변화된 사실을 표현할 때 동사에는 '-게 되다'를 쓰고 명사에는 '이/가 되다'를 씁니다.

−기 전에

교재 72쪽

도입 및 제시

어떤 일이나 행동의 순서를 말해 봅니다. 아침부터 저녁까지 하루 일과를 이야기합니다.

교 사	아침에 일어나서 가장 먼저 무엇을 해요?
학습자	운동을 해요./이를 닦고 세수를 해요.
교 사	세수를 하기 전에 운동을 해요. 세수를 하고 나서 무엇을 해요?
학습자	아침을 먹어요./회사에 가요./학교에 가요.
교 사	아침을 먹기 전에 세수를 해요. 저녁에는 무엇을 해요?
학습자	친구를 만나요./집에 가요./영화를 봐요.

학습자가 매일 하는 일의 순서를 말하게 하고 그 표현을 익힙니다.

> 아침을 먹기 전에 세수를 해요.
> 잠을 자기 전에 TV를 봐요.
> 약을 먹기 전에 밥을 먹어요.

연습

어떤 행동을 하기 전에 먼저 하는 행동을 이야기해 봅니다.

영화를 보다 ← 저녁을 먹다 – 영화를 보기 전에 저녁을 먹어요.
영화를 보다 ← 표를 끊다 – 영화를 보기 전에 표를 끊어요.

식사를 하다 ← 손을 씻다 – 식사를 하기 전에 손을 씻어요.
식사를 하다 ← 숙제를 하다 – 식사를 하기 전에 숙제를 해요.

잠을 자다 ← 샤워를 하다 – 잠을 자기 전에 샤워를 해요.
잠을 자다 ← 음악을 듣다 – 잠을 자기 전에 음악을 들어요.

활용

일의 전후 말하기 활동지 77쪽 '−기 전에'

주의

'−기 전에'는 과거 시제 '−았/었−'과 결합할 수 없음을 알려 주고 시제 표현은 뒤의 절에서 구현되는 것을 연습하게 합니다.

-을까요?/-을 거예요(추측)

교재 76쪽

도입 및 제시

교실의 상황에 따라 추측이나 전망을 할 수 있는 예문으로, 만약 아직 오지 않은 사람이 있다면 이렇게 도입을 해 봅니다.

교 사	오늘 누가 아직 안 왔어요?
학습자	○○ 씨가 아직 안 왔어요.
교 사	○○ 씨가 오늘 수업에 올까요?
학습자	결석을 한 번도 안 했으니까 올 거예요.
교 사	네, 못 온다는 연락이 없었으니까 (아마) 올 거예요.

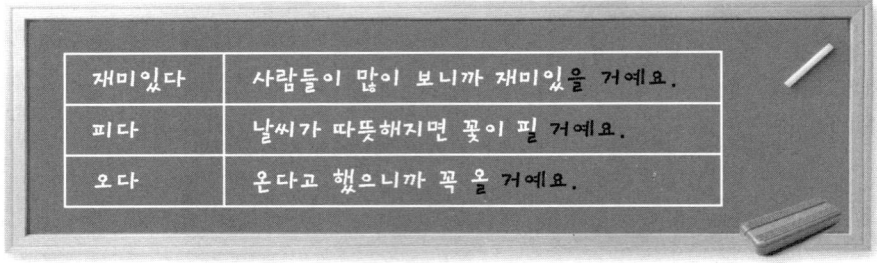

막연하게 추측을 하거나 예상을 하는 표현인 '-을 것 같아요'보다 확신이 있는 전망이 되므로 앞말에는 근거나 이유를 제시합니다.

연습

확실한 예상을 할 수 있는 일반적인 상황에서의 근거나 이유와 함께 예문을 만들어 연습합니다.

열심히 공부하다 / 꼭 합격하다
→ 열심히 공부했으니까 꼭 합격할 거예요.

봄이 오다 / 꽃이 피다
→ 봄이 오면 꽃이 필 거예요.

시험이 끝나다 / 시간이 많다
→ 시험이 끝났으니까 시간이 많을 거예요.

좋은 사람이다 / 좋은 부모가 되다
→ 좋은 사람이니까 좋은 부모가 될 거예요.

활용

1년 후, 10년 후 자신의 모습을 예상해서 말해 봅니다.

주의

추측이나 예상을 할 수 있는 표현으로 '-겠-'과 '-을 것 같아요'가 있지만 '-겠-'은 좀 더 자신의 주관적인 판단으로 추측할 때 사용하며 '-을 것 같아요'는 막연하게 추측하는 표현이 됩니다. 그러나 이해가 쉽지 않으므로 많은 예문을 들어 반복적으로 연습하는 것이 필요합니다.

 함정을 피해 가려면

-아/어지다

형용사와 결합하여 상태나 상황의 변화를 나타내는 표현 '-아/어지다'는 점점 어떤 상태로 변화되어 간다는 것을 나타내는 말입니다. 즉, 형용사가 동사형으로 표현되는 것입니다.

① 살을 빼니까 더 예뻐졌어요.
② 운동을 하니까 건강해졌어요.
③ 술을 마셔서 얼굴이 빨개졌어요.
④ 어른이 되니까 키가 커졌어요.

①, ②, ③은 각각 살을 빼서, 운동을 해서, 술을 마셔서 변화된 상태를 나타내고 있고, ④는 어른이 되었기 때문에 키가 크게 되었다는 표현입니다. 유사한 표현으로 동사의 경우는 ⑤나 ⑥과 같이 '-게 되다'가 됩니다. 동사와 결합한 '-아/어지다'는 ⑦이나 ⑧처럼 상황의 변화가 아니라 피동적으로 어떠한 행동을 하게 되거나 저절로 어떤 상태가 되었다는 표현으로 앞의 경우와는 의미적 차이가 있으므로 주의해야 합니다.

⑤ 매운 음식을 먹게 되었어요.
⑥ 쓰기 연습을 많이 해서 이제 잘 쓰게 되었어요.

⑦ 불이 켜졌어요.
⑧ 어머니의 사랑이 느껴졌어요.

-기 전에

시간적으로 앞선 행동을 표현할 때 동사와 결합하여 '-기 전에'를 사용하는데 이때 간혹 형용사와 결합하는 오류를 보이기 쉽습니다.

날씨가 춥기 전에 김장을 해야겠어요. (×)
날씨가 추워지기 전에 김장을 해야겠어요. (○)

이때는 형용사와 '-아/어지다'가 결합한 형태로 써야 하는데, 이 경우는 상태의 변화를 나타내는 것으로 형용사의 동사형 활용이 되기 때문에 가능한 것입니다.

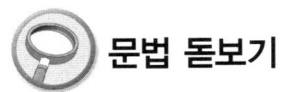 문법 돋보기

–을 거예요 (추측)

미래의 일을 이야기할 때 쓰는 표현인 '–을 거예요'가 '추측'의 의미로 사용될 때는 대부분 주어가 1인칭이 아닌 경우가 많습니다. 이러한 추측의 의미를 좀 더 강하게 표현하기 위해 '아마' 또는 자신의 추측을 강조하기 위해 '꼭'과 같은 부사어를 함께 사용하기도 합니다. 또한 시제와 관계없이 사용할 수 있기 때문에 학습자 오류를 방지하기 위해서는 시간을 나타내는 표현을 함께 쓴다는 것을 알려 주는 것도 좋습니다.

① 제임스 씨는 결석을 안 하니까 (아마) 올 거예요.
② 지수는 매일 도서관에서 열심히 공부했으니까 꼭 합격할 거예요.
③ (아마) 지금 오고 있을 거예요.

①은 제임스가 결석을 하지 않는 사람이니까 오늘도 올 것이라는 추측이고, ②는 지수가 매일 열심히 공부를 하는 것을 보았기 때문에 자신의 추측이 맞을 거라는 확신에서 '꼭'이라는 표현을 사용했습니다. ③은 미래가 아닌 현재 상황에서 '지금' 오고 있을 거라는 자신의 예상을 말하고 있습니다.

어떠한 사실이나 상황에 대해 추측을 하는 표현으로는 '–을 것 같아요'와 '–겠–' 등이 있는데 추측의 의미가 가장 막연하고 약한 것이 '–을 것 같아요'가 됩니다. '–겠–'의 경우는 말하는 사람이 자신의 기준이나 주관적인 판단에 의해 전망 또는 추측하는 말이고 '–을 거예요'는 일반적이며 객관적인 근거에 의해 추측하는 표현이 됩니다.

④ 내일은 비가 올 것 같아요. (막연한 추측)
⑤ 내일은 비가 오겠어요. (자신의 기준이나 판단에 의한 추측)
⑥ 내일은 비가 올 거예요. (객관적이거나 일반적인 근거에 의한 추측)

그러나 위의 ④, ⑤, ⑥이 주는 의미 차이는 말하는 사람에 따라 달라질 수도 있으므로 확실하게 구분하기 어렵다고 할 수 있습니다. 이 차이를 확실하게 인식시키기 위해서는 각 표현이 모두 쓰일 수 있는 상황보다는 표현의 특징을 나타낼 수 있는 예문으로 도입하는 것이 좋습니다.

⑦ 이 버튼을 눌러 보세요. 그럼 물이 나올 거예요.
⑧ ?이 버튼을 눌러 보세요. 그럼 물이 나오겠어요.

위의 두 문장을 비교해 보면 그 차이를 확실하게 알 수 있습니다. '버튼을 누르면 물이 나온다.'는 추측은 주관적인 판단에 의한 추측이라기보다는 객관적이고 일반적인 근거에 의한 추측이 되므로 ⑦은 맞는 문장이지만 ⑧은 비문이 되는 것입니다.

 **활동은 이렇게**

−아/어야겠어요
〈활동지 75쪽〉

사계절 이야기

봄 · 여름 · 가을 · 겨울

각 계절의 모습을 보면서 무엇을 할 것인지 계획을 이야기해 봅니다.

날씨가 따뜻하니까 소풍을 가야겠어요.
날씨가 더우니까 에어컨을 사야겠어요.
단풍을 보러 산에 가야겠어요.
눈이 오면 눈사람을 만들어야겠어요.

〈도움말〉
학습자의 계획을 말해도 좋고 일반적인 경우를 이야기해도 좋습니다.

−아/어지다
〈활동지 76쪽〉

예전과 현재 비교하기

① 자신의 예전 사진을 보고 현재와 어디가 달라졌는지 말해 봅니다.
② 유명 연예인의 예전과 지금의 모습을 보며 말해 봅니다.
③ 도시의 변화된 사진이나 자료를 보면서 이야기해 봅니다.

〈도움말〉
동작이 행해질 수 있는 다양한 장소를 학생들에게 물어보고 답하게 합니다.

-기 전에　　　　　　　　　　　　　　　　　　　　　　　　　〈활동지 77쪽〉

전후 상황 알아보기

무엇을 어떻게 해요?

떡볶이를 만들어요.
파티를 해요.
여행을 해요.

〈도움말〉
모둠을 만들어서 각각의 상황을 주고 일의 순서를 말하게 하는 것도 좋습니다.

어느 날 교실에서 – 수업일지의 실제

고향에 갔다가 오랜만에 출석을 한 여학생에게 인사하는 것으로 수업을 시작합니다.

"어머, 오랜만이에요. 더 예뻐졌어요. 전에도 예뻤지만 지금이 더 예뻐요.
 더 예뻐졌어요. 이때 이렇게 말해요."
"감사합니다. 선생님도 더 예뻐졌어요."

'옆구리 찔러 절 받기'라고 했던가요? 진심이거나, 아니거나 뭐, 딱히 기대한 건 아니었지만 학습자들은 언제나 말을 배우려는 마음이 있어서인지 교사의 말을 그대로 따라 하려는 경향이 강한 것 같아요. 상태를 나타내는 형용사들을 학생들에게 말하게 하고 그 상태가 점점 변해간다는 의미를 자신의 경우에 맞추어 얘기해 보았습니다.

좋다, 싫다, 바쁘다, 한가하다, 밝다, 어둡다……
삼겹살이 좋아졌어요. 그 사람이 싫어졌어요.
일이 많아서 너무 바빠졌어요. 방학이어서 한가해졌어요.
불을 켜니까 밝아졌어요.
저녁때가 되니까 어두워졌어요.
운동을 하니까 몸이 건강해졌어요.

그런데 맨 뒤에 조용히 앉아있던 한 남학생이 갑자기 "선생님이 좋아졌어요!" 헉……! ㅋ

다른 선생님들의 댓글

▶ 오는 말이 고와야 가는 말도 … 농담이라도 좋다는 말 들으면 기분이 좋아지는 게 사람이죠. ^^

▶ '-어지다'는 형용사와 동사의 경우가 다른데 따로 제시하더라도 형용사와의 결합을 배울 때 동사의 경우도 알려 주는 것이 오류를 피하는 방법인 것 같아요.

▶ 네, 저도 동감이에요. 교사마다 다르겠지만 같은 표현이 여러 기능을 하는 경우 학습자가 이해가 된다면 함께 제시해서 예상되는 오류를 방지하는 것이 좋다고 생각합니다.

| | 예약 |

3-5 바꾸실 날짜를 말씀해 주시겠습니까?

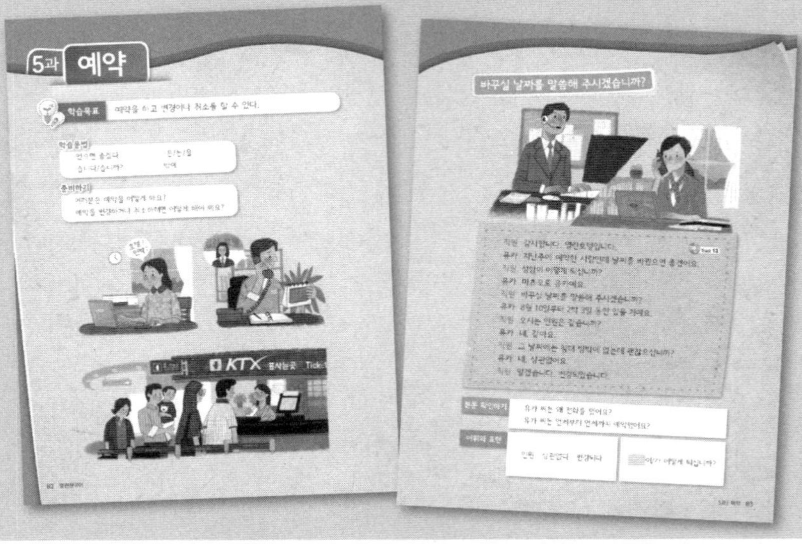

학습 문법	–았/었으면 좋겠다　　–은/는/을　　–습니다/습니까?　　밖에
수업 목표	희망 사항을 표현할 수 있다. 과거, 현재, 미래의 동사 관형절을 만들 수 있다. 격식체로 말할 수 있다. 예약을 하고 변경할 수 있다.
수업 자료	활동지 –았/었으면 좋겠다　 –은/는/을 　 –습니다/습니까?

 교실에 들어가기 전에

	확인할 내용	네	아니요
1	'–았/었으면 좋겠다'의 시제 결합과 의미를 제시할 수 있다.		
2	동사의 관형형 '–은/는/을'의 시제 구분과 활용 형태를 파악하고 있다.		
3	격식체 '–습니다'의 쓰임을 제시할 수 있다.		
4	'밖에'의 의미와 결합 조건을 제시할 수 있다.		

1. '-었으면 좋겠다'의 시제 결합과 의미를 제시할 수 있다.

동사, 형용사, 명사+이다와 가정이나 조건을 나타내는 어미 '-으면'에 '좋겠다'가 결합하여 말하는 사람의 바람이나 희망을 나타낼 때 사용하는 표현입니다. 그러나 여기에 과거를 나타내는 선어말어미 '-았/었-'이 결합하면 현실 상황과 다르게 되기를 바라는 희망을 표현합니다.

① 노래를 잘하면 좋겠어요.
② 노래를 잘했으면 좋겠어요.

①의 경우는 단순히 노래를 잘하기를 바라는 희망을 나타내는 말이고, ②는 좀 더 강조의 의미를 가지고 있으며 현실의 상황은 노래를 잘하지 못하지만 노래를 잘했으면 하는 소망을 가져보는 표현이라고 할 수 있습니다.

2. 동사의 관형형 '-은/는/을'의 시제 구분과 활용 형태를 파악하고 있다.

동사와 결합하여 과거 시제 '-은', 현재 시제 '-는', 미래 시제 '-을'의 형태로 명사를 수식해 줍니다. 그러나 불규칙 동사와 결합할 때의 형태 등 활용형이 복잡하므로 학습자에게 제시할 때는 나누어서 하나씩 익히도록 하는 것이 좋습니다.

어제 먹은 음식은 불고기예요. (과거)
지금 먹는 음식은 비빔밥이에요. (현재)
내일 먹을 음식은 김치찌개예요. (미래)

3. 격식체 '-습니다'의 쓰임을 제시할 수 있다.

'-아/어요'보다 상대를 높여 주는 표현으로 친밀한 관계나 가까운 사이가 아닌 처음 만나는 사이 또는 공식적이거나 서비스를 주고받는 관계에서 정중하게 격식을 갖추어 사용하는 말입니다. 일반적인 대화에서는 여자보다 남자들이 더 많이 사용하는 표현이며, '-아/어요'는 부드럽고 친근한 느낌을 주는 반면, 격식체는 좀 딱딱한 느낌을 주게 됩니다.

오늘 회사에 가요.
오늘 회사에 갔어요.

오늘 회사에 갑니다.
오늘 회사에 갔습니다.

저는 학생이에요.
저는 학생입니다.

4. '밖에'의 의미와 결합 조건을 제시할 수 있다.

다른 가능성이나 선택의 여지가 없음을 표현하는 '밖에'는 반드시 뒤에 '없다, 아니다' 등의 부정문이 와야 합니다. 이와 유사한 표현으로 '만'과 '뿐'이 있습니다.

이 교실에서 한국 사람은 저밖에 없어요.
지갑에 돈이 만 원밖에 안 남았어요.
지갑에 돈이 만 원만 남았어요.
지갑에 돈이 만 원뿐이에요.

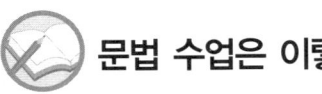
문법 수업은 이렇게

-았/었으면 좋겠다 교재 86쪽

도입 및 제시

현재의 상황과는 다르게 바라는 일이 있는지 물어봅니다.

교 사   여러분은 지금이 좋아요?
         저는 노래를 잘했으면 좋겠어요.
         여러분은 어땠으면 좋겠어요?

학습자 저는 키가 컸으면 좋겠어요.
         한국어를 잘했으면 좋겠어요.
         돈이 많았으면 좋겠어요.

가다	갔으면 좋겠다	주말에 여행을 갔으면 좋겠어요.
크다	컸으면 좋겠다	키가 컸으면 좋겠어요.
하다	했으면 좋겠다	샤워를 했으면 좋겠어요.

연습

지금의 상황과는 다른, 바라는 것을 말해 봅니다.

현재	바라는 일
한국어를 잘 못해요.	한국어를 잘했으면 좋겠어요.
키가 작아요.	키가 컸으면 좋겠어요.
노래를 못해요.	노래를 잘했으면 좋겠어요.
여름이어서 너무 더워요.	겨울이었으면 좋겠어요.
일이 너무 많아요.	휴가를 갔으면 좋겠어요.
집이 너무 좁아요.	집이 넓었으면 좋겠어요.
남자예요.	여자였으면 좋겠어요.
비행기를 못 타 봤어요.	비행기를 타 봤으면 좋겠어요.

활용

희망 말하기 활동지 78쪽 '-았/었으면 좋겠다'

주의

말하는 사람의 희망이나 바라는 일을 나타내는 '-으면 좋겠다'는 단순히 미래의 희망을 나타내지만 '-았/었-'과 결합하게 되면 현재와는 다른 일을 꿈꾸고 바라는 것을 나타냅니다.

| | −은 | 교재 88쪽 |

| 도입 및 제시 | 동사 카드를 준비해서 보여 주며 과거에 있었던 일이나 상황을 이야기합니다.

교 사 어제 뭐 했어요?
학습자 친구를 만나서 영화를 봤어요.
교 사 어제 본 영화는 재미있었어요?
학습자 네, 한국 영화인데 아주 재미있었어요.
교 사 어제 만난 친구는 어떤 친구예요?
학습자 대학교 때 친구예요.
교 사 네, 그렇군요. 동사에 '−은'을 쓰면 과거의 일을 말해요.

불규칙 동사의 경우와 받침의 유무에 따라 다른 활용 형태를 보여 주며 예문을 만들어 봅니다.

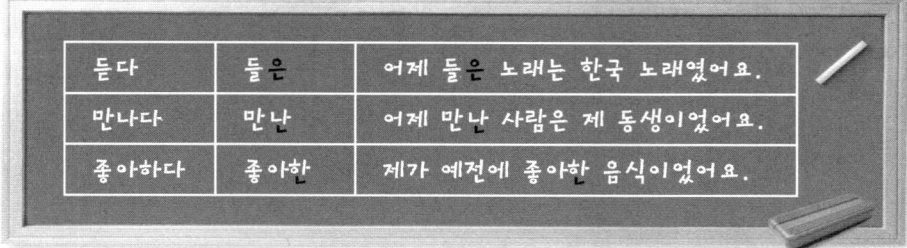

| 연습 | 과거에 있었던 일을 얘기합니다. 이때 명사의 앞에서 문장을 꾸며 준다는 것을 강조합니다.

동사
먹다 → 어제 먹은 떡볶이는 매웠어요.
읽다 → 어제 읽은 책은 소설책이었어요.
가다 → 어제 간 식당이 깨끗했어요.
듣다 → 어제 들은 노래가 좋았어요.
보다 → 어제 본 드라마가 슬펐어요.
사다 → 지난 주말에 산 옷을 입었어요.
만나다 → 어제 만난 사람은 선생님이었어요.

| 활용 | 과거, 현재, 미래 이야기하기 활동지 79쪽 '−은/는/을'

| 주의 | 같은 형태이지만 형용사에 '−은'이 결합하면 현재의 상태를 나타냅니다.

| | -는 | 교재 87쪽 |

| 도입 및 제시 | 동사 카드를 준비해서 보여 주며 현재의 상황을 이야기합니다.

교 사 여러분은 한국 드라마를 좋아하세요?
학습자 네, 좋아해요. 'ㅇㅇ'를 봐요.
교 사 제가 요즘 보는 드라마는 'ㅇㅇ'인데 아주 재미있어요.
학습자 저도 보았어요. 재미있어요.
교 사 동사에 '-는'이 되면 현재의 일이에요.
　　　요즘 어떤 일을 해요? 이야기해 볼까요?

동사의 받침 유무에 상관없이 현재형은 '-는'의 형태가 됩니다.
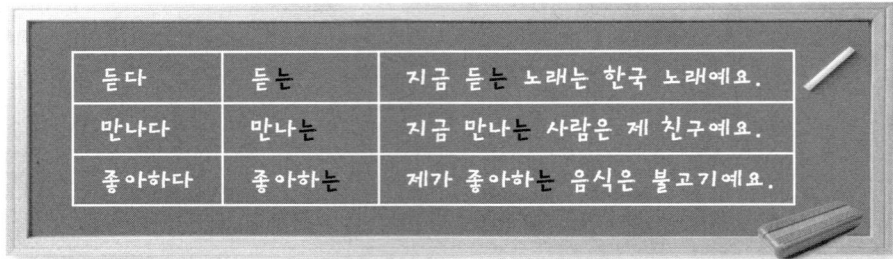 |

| 연습 | 현재 상황의 행동을 나타냅니다.

　　동사　　　　　　　　　행동
　　먹다　→　지금 먹는 음식은 떡볶이에요.
　　읽다　→　지금 읽는 책은 영어책이에요.
　　가다　→　지금 가는 곳은 도서관이에요.
　　듣다　→　지금 듣는 음악은 재즈예요.
　　보다　→　지금 보는 프로그램은 드라마예요.
　　만나다　→　지금 만나는 사람은 동생이에요. |

| 활용 | 과거, 현재, 미래 이야기하기　활동지 79쪽 '-은/는/을' |

| 주의 | 동사에 붙어 현재형으로 명사를 수식하지만 '있다', '없다' 형태의 형용사에도 사용합니다.
(예: 맛있는, 맛없는, 재미있는, 재미없는) |

-을

교재 90쪽

도입 및 제시

동사 카드를 보여 주며 앞으로 할 일이나 아직 일어나지 않은 미래의 일을 이야기합니다.

교 사 주말에 뭐 할 거예요?
학습자 여행을 갈 거예요.
교 사 여행을 갈 곳은 어디예요?
학습자 제주도예요.
교 사 같이 여행을 갈 사람은 누구예요?
학습자 혼자 여행을 하려고 해요.
교 사 와, 멋있어요.
        동사에 '-을'을 쓰면 미래의 일을 말해요.

받침의 유무에 따라 달라지는 활용 형태를 보여 줍니다.

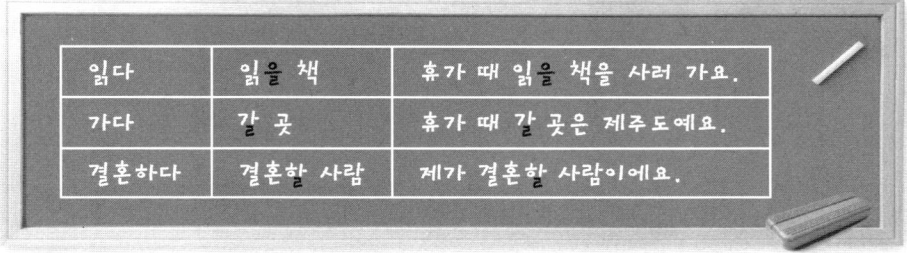

읽다	읽을 책	휴가 때 읽을 책을 사러 가요.
가다	갈 곳	휴가 때 갈 곳은 제주도예요.
결혼하다	결혼할 사람	제가 결혼할 사람이에요.

연습

동사 카드를 보고 아직 일어나지 않은 일이나 계획들에 대해 이야기해 봅니다.

읽다 → 이번 주말에 읽을 책이에요.
가다 → 다음 주에 갈 곳은 부산이에요.
듣다 → 휴가 때 들을 CD를 살 거예요.
보다 → 저녁에 볼 영화표를 예매했어요.
먹다 → 내일 아침에 먹을 빵을 샀어요.
출발하다 → 이제 출발할 시간이에요.

활용

과거, 현재, 미래 이야기하기 활동지 79쪽 '-은/는/을'

주의

동사나 형용사, '이다, 아니다'에 모두 사용하며 미래 시제를 표현합니다.

| | -습니다/습니까? | 교재 92쪽 |

도입 및 제시	보통 말할 때와 다르게 격식체가 쓰이는 상황을 이야기합니다. **교 사** 뉴스나 일기예보를 들어 봤어요? **학습자** 네, 들어 봤어요. **교 사** 이렇게 말해요. 뉴스를 말씀드리겠습니다. 　　　　또 비행기에서 승무원이 어떻게 말해요? **학습자** 어서 오십시오. / 무엇을 드시겠습니까? **교 사** 네, 높임말을 해요. 　　　　회사에서는 '해요'가 아니고 '합니다'로 말해요. 동사, 형용사, 명사의 '해요'와 '합니다'의 문장을 써 보고 받침의 유무에 따라 다른 활용 형태를 보여 줍니다. 　　밥을 먹어요. - 밥을 먹습니다. 　　동생이 예뻐요. - 동생이 예쁩니다. 　　여기는 한국이에요. - 여기는 한국입니다.
연습	단어의 기본형과 '-아/어요', '-습니다'를 연습합니다. | 가다	가요	갑니다
---	---	---
읽다	읽어요	읽습니다
배우다	배워요	배웁니다
만들다	만들어요	만듭니다
크다	커요	큽니다
많다	많아요	많습니다
적다	적어요	적습니다
재미있다	재미있어요	재미있습니다
회사원	회사원이에요	회사원입니다
주부	주부예요	주부입니다	
활용	인터뷰하기 활동지 80쪽 '-습니다/습니까?'
주의	'만들다, 살다, 울다' 등의 'ㄹ' 탈락 동사의 경우는 '만듭니다, 삽니다, 웁니다'로 변하는 것에 주의해야 합니다.

밖에

교재 93쪽

도입 및 제시

가능성이나 선택할 수 있는 것이 없는 상황을 이야기해 봅니다.

교 사 이 교실에 한국어 선생님이 몇 명 있어요?
학습자 선생님 한 사람이에요.
교 사 네, 맞아요. 한국어 선생님은 한 사람밖에 없어요.
여기 한국 사람은 한 사람밖에 없어요.
하나만 있을 때 이렇게 말해요.

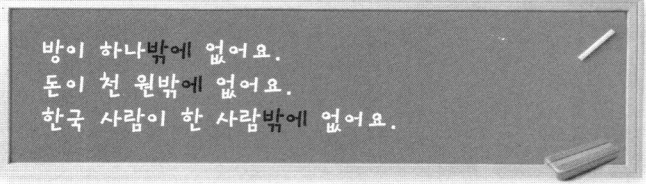

방이 하나밖에 없어요.
돈이 천 원밖에 없어요.
한국 사람이 한 사람밖에 없어요.

지갑에 돈이 천 원만 들어 있는 것을 보여 주며 말합니다.

교 사 지갑에 돈이 천 원만 있어요.
지갑에 돈이 천 원밖에 없어요. 같은 말이에요.
'밖에' 뒤에는 '없다, 아니다' 같은 말을 써야 해요.

연습

'만 있다'와 '밖에 없다'의 경우를 예문으로 만들어 봅니다.

'만 있다'	'밖에 없다'
방이 한 개만 있어요.	방이 한 개밖에 없어요.
돈이 만 원만 있어요.	돈이 만 원밖에 없어요.
영화표가 한 장만 있어요.	영화표가 한 장밖에 없어요.
휴가가 하루만 남았어요.	휴가가 하루밖에 안 남았어요.
학생이 한 사람만 왔어요.	학생이 한 사람밖에 안 왔어요.

활용

세상에 하나밖에 없는 것을 찾아 말해 봅니다.

태양은 하나밖에 없어요.

주의

조사 '밖에'는 부정문에만 쓰이지만 '만'은 긍정문과 부정문 모두 쓸 수 있습니다(문법 돋보기 참조).

3-5 예약

 함정을 피해 가려면

-습니다/습니까?

주로 공식적인 자리나 상대를 높일 때 쓰는 격식체는 동사, 형용사, '이다'의 어간 뒤에 '-(스)ㅂ니다'를 결합시켜 사용합니다.

    언제 오셨습니까? - 어제 왔습니다.
    오늘 기분이 아주 좋습니다.
    우리 밥 먹으러 갑시다.

청유문에서는 '-(으)ㅂ시다'를 사용하는 것이 맞지만 이때 손윗사람에게 사용하면 실례가 되는 경우가 많으므로 학습자에게 일러둘 필요가 있습니다. 이러한 격식체 표현은 그냥 무조건 가르치기보다는 회사나 고객을 맞는 서비스 상황 등 격식체를 사용해야 하는 상황을 예로 들어 주고 그 차이를 익히도록 하는 것이 바람직합니다.

동사의 관형절

관형절은 명사 앞에서 명사를 수식하면서 그 의미를 더욱 선명하게 만들어 주는 역할을 합니다. 동사의 관형절은 시제에 따라 다른 형태를 보이는데 현재의 행동이나 상황을 나타내는 '-는', 과거에 있었던 일이나 행동을 나타내는 '-은', 그리고 앞으로 일어날 일이나 미래의 상황을 미리 말하는 '-을'이 있습니다.

    지금 읽는 책은 '사랑'입니다.
    어제 읽은 책은 소설책이에요.
    내일 읽을 책은 뭐예요?

    지금 보는 드라마 제목이 뭐예요?
    어제 본 영화가 정말 재미있어요.
    내일 볼 영화표를 예매했어요.

현재 시제를 나타내는 '-는'은 동사 받침의 유무와 상관없이 결합하지만 '-은/을'은 받침이 없으면 '-ㄴ/ㄹ'이 결합되므로 형태 변화에 주의해야 합니다. '-는'의 경우에는 'ㄱ, ㄷ, ㅂ, ㅅ, ㅈ, ㅊ, ㅍ, ㅎ'으로 끝날 때 발음에 주의해야 합니다. '먹는[멍는], 묻는[문는], 입는[임는], 웃는[운는], 맞는[만는], 찾는[찬는], 갚는[감는], 놓는[논는]'과 같이 각각의 발음이 달라지므로 반복적인 발음 연습이 필요합니다.

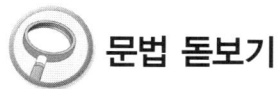
문법 돋보기

-았/었으면 좋겠다

조건이나 가정을 나타내는 표현 '-으면'에 '-았/었-'이 결합하게 되면 가정의 의미가 좀 더 강하게 느껴집니다. 따라서 말하는 사람이 바라는 것이나 희망하는 것이 더 간절하거나 이루지 못해 너무 아쉽다는 의미가 됩니다. 또한 ①처럼 '-으면'을 쓰면 그냥 막연한 가정이 되는 반면, ②의 '-었으면'이 되면 현재는 아니지만 다른 상황을 절실하게 바라는 것을 나타냅니다. ③처럼 '-을 텐데'를 사용하여 뒤의 말꼬리를 흐리는 경우, 현재는 그런 상황이 아니라서 '그랬으면 좋겠다'는 안타까운 심정을 강조합니다.

① 돈이 많으면 좋겠어요.
② 돈이 많았으면 좋겠어요.
③ 돈이 많았으면 좋았을 텐데…….

밖에

다른 것이 더 없어서 선택할 수 있는 것이 없거나 달리 가능성이나 방법이 없음을 나타낼 때 사용하는 표현입니다. 대상은 사람, 사물 등에 고루 사용할 수 있으며 뒤에는 반드시 부정의 의미가 옵니다.

① 책장에 책이 한 권밖에 없어요.
② 음식이 조금밖에 안 남았어요.
③ 교실에 학생이 한 사람밖에 안 왔어요.

①은 책이 한 권만 있다는 뜻이고, ②는 남은 음식이 조금만 있다는 의미이며, ③은 교실에 학생이 한 명뿐이라는 의미가 됩니다. 이와 같은 의미로 사용하는 조사로 '만'과 '뿐'이 있습니다. '만'은 긍정문과 부정문에 두루 사용하는 말이고 '뿐'은 '뿐이다'의 형태로 사용합니다.

④ 책이 한 권만 있어요.
⑤ 책이 한 권만 없어요.
⑥ 책이 한 권뿐이에요.

④는 책이 한 권밖에 없다는 말이며, ⑤는 다른 책은 다 있는 데 한 권이 없다는 의미로 ④와 반대의 의미가 되며, ⑥은 ④와 같은 의미로 책이 한 권만 있음을 나타냅니다.

 **활동은 이렇게**

-았/었으면 좋겠어요
〈활동지 78쪽〉

희망 말하기

한국어를 잘했으면 좋겠어요.

지금의 상황을 보고 앞으로 했으면 하는 일이나 희망을 말해 봅니다.

〈도움말〉
두 조로 나누어 한 쪽은 현재의 상황 카드를, 다른 한 쪽은 희망 사항을 말하게 합니다.

-은/는/을
〈활동지 79쪽〉

과거, 현재, 미래 표현하기

어제 읽은 책이에요.
지금 읽는 책이에요.
내일 읽을 책이에요.

시제 표현 어휘와 동사 그리고 명사를 시제에 맞게 연결합니다.

〈도움말〉
각각의 범주별 어휘 카드를 나눠 주고 서로 맞는 짝을 찾아 문장을 완성하는 게임을 합니다.

-습니다/습니까?
〈활동지 80쪽〉

인터뷰하기

한국 음식을 만들 수 있습니까?

옆 친구에게 궁금한 것을 물어 봅니다.

〈도움말〉
활동지를 항목별로 잘라서 질문 항목을 한 가지씩 뽑아서 대답하는 것도 좋습니다.

어느 날 교실에서 – 수업일지의 실제

현실과는 다른 상황이 되기를 한번쯤 생각해 볼 수 있는 '-었으면'과 그렇게 되기를 희망하는 '좋겠다'가 결합한 표현. 저마다의 희망 사항을 들어 본 다음에 활동으로 두 조로 나누어 토론 수업을 해 보았습니다.

여자였으면 좋겠어요. / 남자였으면 좋겠어요.

여자들은 치마를 입으니까 여름에 시원할 것 같아요.
남자들은 혼자 여행을 해도 여자보다 안전한 것 같아요.

여자들은 엄마가 될 수 있으니까 훌륭한 것 같아요.
한국 남자들은 군대에 가니까 멋있어요.

여자들은 화장을 하고 예쁜 옷을 많이 입을 수 있어서 좋아요.
남자들은 힘도 세고 목소리도 굵어서 강해 보여요.

아주 다양한 의견들의 오고 갑니다. 그러나 결론은 자신의 상황이 더 좋다는 것으로 귀결되네요. 역시 여자는 여자, 남자는 남자, 생긴 대로 사는 것이 좋다는 것, 즉 '현실에 만족하며 살자.'로 수업을 끝냈습니다. 덕분에 오늘 학습한 문법은 확실하게 각인된 것 같아서 기분이 좋네요. 교실을 나가는 학생들의 얼굴을 보면 그날 수업의 성패 여부가 확인되거든요.

다른 선생님들의 댓글

▶ 토론 수업은 중급 이상이나 고급반에서 할 수 있는 수업인데 초급에서도 하셨군요. 좋아요.

▶ 얼마 전 어떤 일본 학생도 그러던데요. 군대에 가고 싶다고 … 역시 안 가 본 길이 멋있어 보이나 봐요.

▶ 재미있는 수업을 하셨네요. 학생들이 직접 참여하는 수업이 효과도 만점이죠. 수고하셨습니다.

3-6 통장하고 체크카드를 만들려고요

은행

학습 문법	–으려고　　　　　　　–은 후에　　　　　　이든지 –아/어도　　　　　　–지 못하다
수업 목표	은행 관련 어휘와 표현을 익혀 말할 수 있다. 시간 관련 표현을 할 수 있다. 의도나 의향을 표현할 수 있다.
수업 자료	활동지 　-으려고(요)　　-은 후에　　-아/어도

교실에 들어가기 전에

	확인할 내용	네	아니요
1	'–으려고'의 기능과 용법을 정확하게 알고 있다.		
2	'–은 후에'의 의미를 제시할 수 있다.		
3	의문사와 결합하는 '이든지'의 의미와 활용 형태를 제시할 수 있다.		
4	'–아/어도'의 용법을 구분하여 제시할 수 있다.		
5	'–지 못하다'의 의미와 표현의 제약을 파악하고 있다.		

1. '-으려고'의 기능과 용법을 정확하게 알고 있다.

　　　말하는 사람이 어떤 행동을 할 의향이나 의사가 있음을 나타내는 표현이므로 동사와 결합합니다. 연결어미로 사용하지만 뒤의 문장을 생략하고 끝맺을 때 종결어미로 사용하기도 합니다. 앞뒤 문장의 주어가 동일해야 합니다.

　　　　가: 어디에 가요?
　　　　나: 돈을 좀 찾으려고 은행에 가요.

　　　　가: 은행에 왜 갔어요?
　　　　나: 돈을 좀 찾으려고요.

2. '-은 후에'의 의미를 제시할 수 있다.

　　　시간의 앞섬을 나타내는 표현 '-기 전에'와 함께 시간적으로 뒤에 일어나는 행동을 나타낼 때 사용합니다. '-은 후에'와 함께 사용할 수 있는 표현으로 '-은 다음에', '-은 뒤에', '-고 나서' 등이 있습니다. 이러한 시간적인 앞뒤 상황을 학습할 때에는 누가 봐도 이해하기 쉽고 일반적인 순차적 행동으로 예문을 도입하는 것이 바람직합니다.

　　　　손을 씻은 후에 밥을 먹습니다.
　　　　밥을 먹기 전에 손을 씻습니다.

3. 의문사와 결합하는 '이든지'의 의미와 활용 형태를 제시할 수 있다.

　　　여럿 중에서 한 가지를 선택하지만 그 선택은 어느 것이어도 상관이 없음을 나타내는 말입니다. '언제, 어디, 누구, 얼마'와 같은 의문사와 결합하게 되면 그 의문사가 의미하는 '시간, 장소, 사람, 양'이 어떻게 되든 상관없다는 말입니다. 동사나 형용사와 결합할 때에는 보통 '-든지 -든지'의 형태로 쓰일 때가 많으며, 둘 중에 어떤 것을 선택해도 무관하다는 표현입니다.

　　　　언제든지 좋으니까 전화를 주세요.
　　　　커피든지 녹차든지 상관없어요.

4. '-아/어도'의 용법을 구분하여 제시할 수 있다.

　　　일반적으로 예상할 수 있거나 기대되는 것이 아닌 다른 상황이 전개될 때 사용되는 표현으로 동사나 형용사와 결합하여 쓰이고 명사에는 보통 '이어도'보다는 '이라도'를 많이 씁니다.

　　　　몸이 아파도 학교에 가요.
　　　　아무리 바빠도 아침은 꼭 먹어요.
　　　　한국인이라도 한국어 문법은 어려워요.

5. '-지 못하다'의 의미와 표현의 제약을 파악하고 있다.

　　　어떤 일을 하고 싶어도 할 수 없는 상황이거나 능력이 안될 때 쓰는 표현으로 능력 부정의 '못'과 유사한 의미입니다. 의지 부정이 되는 '안'과 '-지 않다'의 표현과 대비시켜 사용하는데 형용사, 명령 또는 청유에는 사용할 수 없다는 표현 제약이 따릅니다.

문법 수업은 이렇게

| | –으려고(요) | 교재 104쪽 |

| 도입 및 제시 | 어떤 행동을 하려는 의향이나 목적을 물어 봅니다.

교 사 　한국어를 왜 배워요?
학습자 　한국에서 일하고 싶어요.
교 사 　한국에서 일하려고 왔어요?
학습자 　네.
교 사 　대사관에 왜 가요?
학습자 　비자를 받으러 가요.
교 사 　비자를 받으려고 대사관에 가요?

동사의 받침 유무에 따라 다른 형태 변화를 칠판에 써서 보여 줍니다.

\| 먹다 \| 먹으려고 \| 점심을 먹으려고 식당에 가요. \|
\| 하다 \| 하려고 \| 환전을 하려고 은행에 가요. \| |

| 연습 | 어떤 행동의 목적이나 의도를 말해 봅니다.

목적　　　　　　　　　　　행동
차를 사다　　　　　　돈을 모으다 → 차를 사려고 돈을 모아요.
시험을 잘 보다　　　　공부를 열심히 하다 → 시험을 잘 보려고 공부를 열심히 해요.
영화를 보다　　　　　친구를 만나다 → 영화를 보려고 친구를 만나요.
살을 빼다　　　　　　운동을 시작하다 → 살을 빼려고 운동을 시작해요.
불고기를 만들다　　　고기를 사다 → 불고기를 만들려고 고기를 사요.
여행을 가다　　　　　아르바이트를 하다 → 여행을 가려고 아르바이트를 해요. |

| 활용 | 은행에서, 우체국에서, 도서관에서　활동지 81쪽 '–으려고(요)' |

| 주의 | 목적이나 의도를 나타내는 표현으로 '–으러'도 의미가 비슷하지만 이 경우에는 '가다, 오다'와 같은 이동을 나타내는 동사하고만 쓰여 직접적인 목적을 나타냅니다. 따라서 모든 동사와 결합할 수 있는 '–으려고'와는 차이를 보입니다. |

-은 후에

교재 106쪽

도입 및 제시

행동의 순서를 나타낼 수 있는 상황을 제시합니다.

교 사	수업이 끝나면 뭐 할 거예요?
학습자	식사를 할 거예요.
교 사	수업이 끝난 후에 식사를 해요? 식사를 한 후에 뭐 해요?
학습자	식사를 한 후에 집에 가요.
교 사	먼저 하는 행동은 '-기 전에'를 배웠어요. 그럼 집에 가기 전에 뭐 해요?
학습자	집에 가기 전에 식사를 해요.
교 사	네, 맞아요. 잘했어요.

동사의 받침 유무에 따른 형태 변화를 보여 주고 예문을 완성합니다.

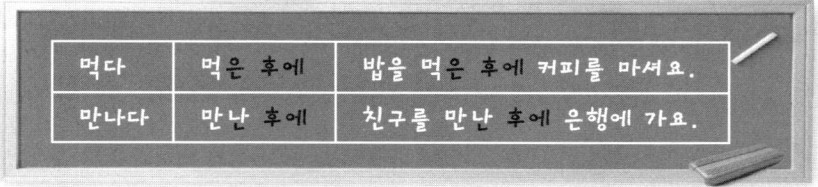

연습

시간의 선후 관계를 알 수 있는 상황으로 연습을 합니다.

- 손을 씻다 → 밥을 먹다 : 손을 씻은 후에 밥을 먹어요.
- 운동을 하다 → 샤워를 하다 : 운동을 한 후에 샤워를 해요.
- 물이 끓다 → 라면을 넣다 : 물이 끓은 후에 라면을 넣어요.
- 친구를 만나다 → 집에 가다 : 친구를 만난 후에 집에 가요.

앞 문장과 뒤 문장의 주어가 다를 경우의 예문도 만들어 봅니다.

- 사람들이 모두 내린 후에 타세요.
- 손님이 들어온 후에 문을 닫아 주세요.
- 수업이 끝난 후에 전화해 주세요.

활용

행동의 순서 말하기 | 활동지 82쪽 '-은 후에'

주의

뒤에 하는 행동을 나타내는 표현으로 '-은 다음에'나 '-은 뒤에'도 쓸 수 있습니다. 보통 구어체에서는 '-은 다음에'를 더 많이 사용합니다. 또한 시간상 앞뒤의 행동을 예문으로 제시할 때 쉽게 전후를 파악할 수 있는 상황을 예문으로 도입하면 학습자가 쉽게 이해할 수 있습니다.

이든지

교재 108쪽

도입 및 제시

언제, 어디, 누구, 얼마, 무엇 등의 의문사를 사용할 수 있는 상황을 도입합니다.

교 사	여러분은 싫어하는 음식이 있어요?
	저는 다 잘 먹어요. 무엇이든지 잘 먹어요.
학습자	저는 고기를 싫어해요.
교 사	어디로 여행을 가고 싶어요?
	여행은 어디든지 좋아요. 여러분은 어때요?

- 물건 – 무엇이든지(뭐든지)
- 장소 – 어디든지
- 사람 – 누구든지
- 시간 – 언제든지
- 양 – 얼마든지

연습

언제든지, 어디든지, 누구든지, 얼마든지, 무엇이든지(뭐든지)의 상황을 만들고 어느 것을 선택해도 괜찮다는 것을 나타냅니다.

무엇을 먹고 싶어요?	→ 무엇이든지(뭐든지) 좋아요.
무엇을 잘해요?	→ 뭐든지 잘해요.
어디를 가고 싶어요?	→ 어디든지 가고 싶어요.
주말에 어디로 놀러 갈까요?	→ 어디든지 좋아요.
학생이 아니어도 돼요?	→ 누구든지 괜찮아요.
여자도 할 수 있어요?	→ 누구든지 할 수 있어요.
언제 전화할까요?	→ 언제든지 전화하세요.
조금 더 먹어도 돼요?	→ 얼마든지 드세요.

활용

'무엇이든 상관없어요.'의 대화 상황을 만들어 봅니다.

주의

의문사와 결합하면 어느 것을 선택하든 상관이 없다는 의미입니다. 일반 명사와 결합하여 '(이)든지 (이)든지'의 형태로 사용하기도 하는데, 이 경우에는 둘 중 하나를 선택하는 의미도 있으므로 따로 제시하여 익히도록 하는 것이 좋습니다.

-아/어도

교재 109쪽

도입 및 제시

앞의 행동이나 상태에 상관없이 뒤의 일이 있음을 이야기해 봅니다.

교 사 여러분은 비가 오면 학교에 안 가요?
학습자 아니요, 학교에 가요.
교 사 네, 비가 와도 학교에 가야 해요.
 몸이 아플 때는 어때요?
학습자 학교에 안 가요. / 아파도 학교에 가요.
교 사 네, 이럴 때 '-어도'를 쓸 수 있어요.
 밥을 많이 먹었어요. 그래도 또 먹고 싶어요.
 밥을 많이 먹어도 또 먹고 싶어요.
 많이 피곤해요. 그래도 회사에 가요.
 피곤해도 회사에 가요.

입다	입어도	(아무리) 옷을 많이 입어도 추워요.
많다	많아도	돈이 많아도 행복하지 않아요.
피곤하다	피곤해도	아무리 피곤해도 가야 해요.

연습

앞의 상황에서 기대할 수 있는 상황이 뒤에서 나오지 않을 때나 기대와 어긋나는 상황을 만들어 봅니다. '그래도'로 연결될 수 있는 상황을 얘기합니다. '아무리'를 사용하면 강조의 느낌을 주게 됩니다.

바쁘다/그래도 아침을 먹다
→ 아무리 바빠도 아침을 먹어요.

바람이 불다/그래도 춥지 않다
→ 바람이 불어도 춥지 않아요.

비가 오다/그래도 여행을 떠나다
→ 비가 와도 여행을 떠나요.

약을 먹다/그래도 아프다
→ 약을 먹어도 아파요.

활용

그래도 해요. 활동지 83쪽 '-아/어도'

주의

'그래도'라는 접속부사를 알고 있다면 훨씬 수월하게 이해가 되겠지만 그렇지 않다면 '-아/어서'나 '-으니까'와 같이 이유나 원인에 따른 당연한 결과의 문장을 먼저 제시하고 나서 뒤에는 그에 어긋나는 상황으로 예문을 제시한다면 이해가 비교적 쉽습니다.

-지 못하다

교재 111쪽

도입 및 제시

그럴 만한 능력이 없거나 생각대로 되지 않는 상황을 도입해 봅니다.

교 사	길이 막히면 차가 빨리 갈 수 있어요?
학습자	아니요, 빨리 못 가요.
교 사	네, 맞아요. 길이 막히면 차가 빨리 갈 수 없어요. 차가 빨리 가지 못해요. 그럼 사람은 공기가 없으면 살 수 있어요?
학습자	아니요, 공기가 없으면 살 수 없어요. 살지 못해요.

> 차가 빨리 가지 못해요.
> 공기가 없으면 살지 못해요.

연습

어떤 일을 할 수 없거나 하기 힘든 상황을 이야기해 봅니다.

밖이 시끄러워서 음악 소리를 들을 수 없어요.
 → 밖이 시끄러워서 음악 소리를 듣지 못해요.
시험이 어려워서 문제를 풀 수 없어요.
 → 시험이 어려워서 문제를 풀지 못해요.
열쇠가 없어서 집에 들어갈 수 없어요.
 → 열쇠가 없어서 집에 들어가지 못해요.
소화가 안 돼서 밥을 먹을 수 없어요.
 → 소화가 안 돼서 밥을 먹지 못해요.
비가 많이 와서 운동을 할 수 없어요.
 → 비가 많이 와서 운동을 하지 못해요.
일이 많아서 쉴 수가 없어요.
 → 일이 많아서 쉬지 못해요.

활용

하고 싶어도 할 수 없는 일을 이야기해 봅니다.

주의

'-지 못하다'는 하고 싶지만 할 수 없는, 즉 능력의 부정을 말합니다. 이는 능력은 있지만 할 의사가 없는 '-지 않다'와 대비가 됩니다.

 함정을 피해 가려면

–지 못하다

어떤 일을 할 능력이 없거나 자신의 의지대로 이루어질 수 없는 상황을 나타내는 표현으로 그럴 능력은 있으나 의도가 없는 부정 표현인 '–지 않다'와 대비됩니다. 상대방의 권유나 제안에 거절하는 표현으로도 쓸 수 있는데 '–지 못하다'가 '–지 않다'보다 상대방을 존중하는 완곡한 거절 방법이 됩니다(148쪽 '–지 않다' 참조).

① 감기에 걸려서 학교에 가지 못했어요.
② 감기에 걸려서 학교에 가지 않았어요.

①은 학교에 가고 싶었지만 감기 때문에 갈 수 없었다는 말이고, ②는 학교에 갈 수는 있었지만 자신의 의지로 가지 않았다는 말이 됩니다.

③ 죄송하지만 먹지 못하겠어요.
④ 죄송하지만 먹지 않겠어요.

③은 먹으라는 상대방의 권유에 사정이 있어서 먹을 수 없다는 말이고 ④는 자신이 싫어서 먹지 않겠다는 표현으로 이 경우에는 자칫 상대방이 불쾌할 수 있으므로 거절의 표현으로는 적절하지 않은 경우가 많습니다.

'–지 못하다'는 말하는 사람의 능력과 관계되는 표현이므로 원칙적으로 형용사에는 사용할 수 없지만 예외로 ⑤와 같이 '좋다, 편하다, 만족하다, 옳다' 등의 일부 형용사와만 결합이 가능하여 그 상태에 미치지 못함을 의미합니다. 또한 이 경우에는 ⑥과 같이 '–지 않다'와 별다른 의미 차이 없이 사용하기도 합니다.

⑤ 어머니께서 편찮으셔서 마음이 편하지 못해요.
⑥ 어머니께서 편찮으셔서 마음이 편하지 않아요.

이와 같이 '–지 못하다'는 서술문이나 의문문에서 사용하지만 명령이나 청유에는 쓰일 수 없고 ⑦과 같은 능력이나 의도와는 무관한 피동문에서도 사용할 수 없습니다.

⑦ 밖이 시끄러워서 소리가 잘 들리지 못해요. (×)
⑧ 밖이 시끄러워서 소리가 잘 들리지 않아요. (○)

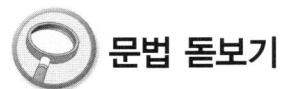

문법 돋보기

-으려고(요)

어떤 행동의 의도나 앞으로 곧 일어날 일을 나타내는 표현으로 의도를 나타내는 경우에는 앞뒤의 문장 주어가 동일해야 하며 곧 일어날 일을 표현할 때는 주어가 보통 무생물일 때가 많습니다. 사람일 경우에는 의도가 있거나 없거나 양쪽 모두 사용이 가능합니다.

① 여행을 가려고 열심히 아르바이트를 해요.
② 영수가 금방 나가려고 옷을 입어요.
③ 기차가 곧 출발하려고 해요.

①은 주어가 여행을 가기 위해 아르바이트를 한다는 의미이고, ②는 영수가 나가려는 순간을 나타내고 있으며 ③은 기차가 금방 출발하려고 하는 상태를 표현하고 있습니다. ①처럼 주어의 의도를 나타내는 경우에 상대방의 질문에 대한 대답에서 연결어미가 아닌 끝맺음으로 사용하기도 합니다.

가: 왜 그렇게 열심히 일을 해요?
나: 여행을 가려고요.

-아/어도

앞 절의 이유나 원인이 뒤의 절에서 당연한 결과로 이어지지 않고 기대에 어긋나는 상황이 전개되는 것을 나타낼 때 '아/어도'를 사용합니다. 두 개의 문장일 때는 주로 '그래도'라는 접속 부사로 문장이 이어질 때가 많습니다.

① 몸이 많이 아파요. 그래도 회사에 가야 해요.
② 몸이 많이 아파도 회사에 가야 해요.

위의 ①, ②를 보면 몸이 많이 아프면 보통은 쉬는 것이 우리가 기대할 수 있는 상황이 되는데 회사에 가야 한다는 상황은 기대에 어긋나는 경우가 되는 것입니다. 따라서 학습자의 이해를 좀 더 쉽게 하기 위해 앞 상황에 따른 당연한 결과의 문장③과 기대 밖의 문장④를 비교하여 제시하는 것도 좋은 방법이 될 수 있습니다.

③ 밥을 많이 먹어서 배가 불러요.
④ 밥을 많이 먹어도 배가 고파요.

③에서 밥을 많이 먹으면 배가 부른 것이 당연하지만 ④에서 배가 고프다는 말은 앞의 '밥을 많이 먹다'의 기대를 저버리는 상황이 됩니다.

 **활동은 이렇게**

－으려고(요) 〈활동지 81쪽〉

은행/우체국/도서관에서

통장을 만들려고요.
환전을 하려고요.
책을 빌리려고요.
소포를 부치려고요.

각각의 장소에서 할 수 있는 목적이나 하고 싶은 일을 말해 봅니다.

〈도움말〉
두 사람이 한 조를 이루어 한 사람은 직원, 다른 한 사람은 고객이나 서비스를 받는 쪽이 되어 역할극을 해 봅니다.

－은 후에 〈활동지 82쪽〉

동작의 순서 말하기

떡볶이를 만들어요.
파티를 해요.
여행을 가요.

시제 표현 어휘와 동사, 그리고 명사를 시제에 맞게 연결합니다.

〈도움말〉
각각의 범주별 어휘 카드를 나눠 주고 서로 맞는 짝을 찾아 문장을 완성하는 게임을 합니다.

-아/어도

그래도 해요

밥을 많이 먹어도 또 먹고 싶어요.

예상 밖의 행동을 말해 봅니다.

〈도움말〉
당연한 상황을 나타내는 '-아/어서'와 '-으니까'의 문장을 만들고 그것과 어긋나는 기대 밖의 상황을 연습해 봅니다.

어느 날 교실에서 – 수업일지의 실제

"선생님, 못 먹어도 고~가 뭐예요?"
"할 수 없어도 포기하지 마세요. 이런 뜻이에요."

여기에서 '고'는 영어로 'go'가 맞는 거겠죠? ^^ 언젠가 수업에서 '-어도'를 공부하면서 한 학생이 던진 질문이었는데 한국인의 민속놀이(?) 화투에서 쓰인다는 말을 해 주지 못했어요. 그때 한국에서 공부하며 식당에서 아르바이트를 하던 학생이었는데 술을 마시면 손님들이 많이 하는 말이라 입에 붙었다고 하네요. 그래서 '-어도'를 할 때면 생각이 나곤 합니다.

앞의 상황에서 자연스럽게 예상되는 것과는 상관없이 다른 상황이 온다는 의미로 적절한 예문들이 쏟아집니다. '정도가 아주 심하다'는 의미의 부사 '아무리'를 앞에 넣어서 연습을 해 보았습니다. '아무리 -어도'의 문장으로 익히는 것이 실제 상황에서 활용도가 높으니까요.

아무리 예뻐도 마음이 착하지 않으면 싫어요.
아무리 바빠도 고향에 꼭 갈 거예요.
아무리 전화를 해도 여자 친구가 전화를 안 받아요.
아무리 돈이 많아도 친구가 없으면 불행해요.

우리 똑똑한 학생들… 수업을 하다 보면 새삼 인생 공부를 할 때가 많습니다.

다른 선생님들의 댓글

▶ 점점 말이 트여 가면서 교사도 깜짝 놀랄 만큼 멋진 말들을 할 때 특히 보람을 느껴요.

▶ 문장을 통째로 외우게 하는 방법이 좋을 때도 있지만 그것에 얽매여서 또 다른 오류를 양산하는 경우도 있는 것 같아요. 아~어려워요. 최상의 교수법은 없는 걸까요?

▶ 최상은 아니지만 최선은 있겠지요? 그것이 우리 교사들의 몫이자 숙제이기도 하고요.

아르바이트

3-7 아르바이트를 한 적이 있어요?

학습 문법	–았/었을 때 –은 적이 있다/없다 –겠–(의지) 명사 때문에 –기 때문에
수업 목표	비유와 추측의 표현을 할 수 있다. 상태 변화를 말할 수 있다. 시간의 전후 상황을 표현할 수 있다.
수업 자료	활동지 –았/었을 때 –은 적이 있다/없다 –겠–2

 교실에 들어가기 전에

	확인할 내용	네	아니요
1	'–았/었을 때'의 시제 결합과 활용을 제시할 수 있다.		
2	'–은 적이 있다'와 '–아/어 봤어요'의 차이를 알고 있다.		
3	'–겠–'의 의미와 용법을 구분하여 제시할 수 있다.		
4	'때문에'와 '–기 때문에'의 의미와 제한적 기능을 알고 있다.		

1. '-었을 때'의 시제 결합과 활용을 제시할 수 있다.

　　과거의 경험이나 상황이 일어나는 바로 그 시각을 나타내는 표현으로 앞 절과 뒤 절의 시제가 동일해야 합니다. 뒤 절은 반드시 시제를 나타내게 되고 앞 절은 시제의 형태와 관계없이 항상 뒤 절과 같은 시제가 됩니다. 그러나 처음 학습자에게 제시할 때에는 앞 절과 뒤 절의 시제를 같게 쓰는 예문을 들어 주는 것이 바람직합니다.

　　　　일본에서 공부할 때 친구의 도움을 받았어요.
　　　　일본에서 공부했을 때 친구의 도움을 받았어요.

2. '-은 적이 있다'와 '-아/어 봤어요'의 차이를 알고 있다.

　　어떤 일에 대한 경험을 나타내는 표현인 '-은 적이 있다'는 동사와 결합하며 '-아/어 보다'로 대체할 수 있는 표현입니다. 그러나 좀 더 구체적인 경험을 표현할 때 '-아/어 보다'를 사용합니다. 주로 '언제', '누구', '어디' 등의 의문사로 질문을 할 때에는 '-은 적이 있다'를 사용하지 않기 때문에 적절한 예문을 제시할 필요가 있습니다.

　　　　제주도에 가 본 적이 있어요? (O)
　　　　언제 가 본 적이 있어요? (×)
　　　　언제 가 봤어요? (O)
　　　　누구와 가 본 적이 있어요? (×)
　　　　누구와 가 봤어요? (O)

3. '-겠-'의 의미와 용법을 구분하여 제시할 수 있다.

　　미래 시제의 표현인 '-겠-'은 여러 기능과 용법을 가지고 있기 때문에 한꺼번에 제시하는 것보다 하나의 기능을 익히고 난 후에 다른 용법을 제시하는 것이 좋습니다. 먼저 학습한 '추측'의 의미에 이어 자신의 의지나 의도를 나타내는 표현을 학습합니다. 또한 상대방의 의향을 묻는 경우나 관용적인 표현으로 굳어진 인사말에도 많이 사용하기 때문에 개별 용법에 대해 확실하게 이해가 되어야 오류를 줄일 수 있습니다.

　　　　다음 주부터 장마가 시작되겠습니다. (추측)
　　　　내일부터 지각을 하지 않겠습니다. (의지)
　　　　무엇을 드시겠습니까? (상대방의 의향)
　　　　학교에 다녀오겠습니다. (관용적인 표현)

4. '때문에'와 '-기 때문에'의 의미와 제한적 기능을 알고 있다.

　　이유나 원인을 나타내는 연결어미로, 주로 부정적인 경우나 핑계를 말할 때 사용하지만 긍정문에도 쓰이기 때문에 다양한 예문을 준비할 필요가 있습니다. 또한 명령이나 청유의 문장에서는 사용할 수 없으므로 학습자의 오류를 줄이기 위해서는 이를 미리 짚어 주는 것이 바람직합니다. 이때 문법적 설명보다는 알기 쉽게 접근할 수 있는 다양한 예문과 상황 설정이 중요합니다.

문법 수업은 이렇게

–았/었을 때	교재 122쪽

도입 및 제시	과거의 어느 때 어떤 일이 있어났는지를 이야기합니다. 교 사　여러분은 언제 처음 한국에 왔어요? 학습자　1년 전에 한국에 왔어요. 교 사　한국에 처음 왔을 때 어땠어요? 학습자　한국어를 몰라서 힘들었어요. 교 사　이렇게 말해요. 　　　　'한국에 처음 왔을 때 한국어를 몰라서 힘들었어요.' 　　　　처음 한국 음식을 먹었을 때 어땠어요? 학습자　너무 매워서 눈물이 났어요. 교 사　처음 김치를 먹었을 때 너무 매워서 눈물이 났어요. | 받다 | 받았을 때 | 편지를 받았을 때 정말 행복했어요. | | 입다 | 입었을 때 | 한복을 입었을 때 기분이 좋았어요. | | 하다 | 했을 때 | 한국에 도착했을 때 너무 더웠어요. |
연습	어떤 일이 있었던 그때, 바로 그 시각을 이야기해 봅니다. 　　　　　언제　　　　　　　　　　　　　　　어땠어요? 한국에 처음 오다 / 너무 더웠어요.　　→　한국에 처음 왔을 때 너무 더웠어요. 김치를 처음 먹다 / 정말 매웠어요.　　→　김치를 처음 먹었을 때 정말 매웠어요. 어제 백화점에 가다 / 친구를 만났어요.　→　어제 백화점에 갔을 때 친구를 만났어요. 놀이기구를 처음 타다 / 무서웠어요.　→　놀이기구를 처음 탔을 때 무서웠어요. 시험에 합격하다 / 정말 기뻤어요.　　→　시험에 합격했을 때 정말 기뻤어요. 할머니가 돌아가시다 / 너무 슬펐어요.　→　할머니가 돌아가셨을 때 너무 슬펐어요.
활용	그때 어땠어요?　활동지 84쪽 '–았/었을 때'
주의	보통 앞 절의 시제와 뒤 절의 시제가 같게 표현을 하지만 뒤에서 과거 시제를 썼어도 앞에서는 '–을 때'로 사용하는 경우가 있습니다. 이때 처음 제시할 경우에는 앞과 뒤의 시제가 같은 것을 도입하는 것이 좋습니다.

–은 적이 있다/없다

교재 124쪽

도입 및 제시

자신의 경험에 대해 이야기합니다. 여행지 사진이나 음식 사진을 보여 주며 가 본 적이 있는지, 먹어 본 적이 있는지 물어봅니다.

교 사	한국에서 여행을 해 봤어요? 한국에서 여행을 해 본 적이 있어요?
학습자	네, 부산에 가 봤어요.
교 사	부산에 간 적이 있어요? 그때 뭐 했어요?
학습자	해운대에 가서 수영도 하고 파전도 먹었어요.
교 사	그래요? 파전도 먹은 적이 있어요? 맛이 어땠어요?
학습자	정말 맛있었어요.

동사의 받침 유무에 따라 달라지는 형태를 보여 주고 예문을 만들어 봅니다.

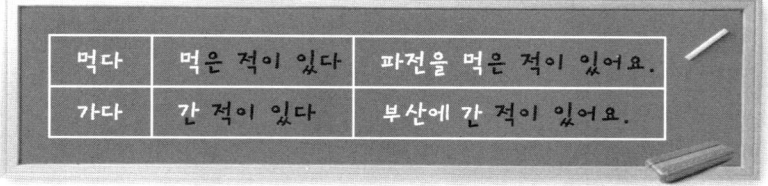

연습

과거의 경험이나 해 봤던 일에 대해 질문하고 대답해 봅니다.

놀이공원에 가 본 적이 있어요?
네, 가 본 적이 있어요. / 아니요, 가 본 적이 없어요.

한국 친구와 사귄 적이 있어요?
네, 사귄 적이 있어요. / 아니요, 사귄 적이 없어요.

한국 사람을 도와준 적이 있어요?
네, 도와준 적이 있어요. / 아니요, 도와준 적이 없어요.

돈을 잃어버린 적이 있어요?
네, 잃어버린 적이 있어요. / 아니요, 잃어버린 적이 없어요.

활용

경험 말하기 활동지 85쪽 '–은 적이 있다/없다'

주의

일상생활에서 늘 하는 행동의 경우에는 '–은 적이 있다'를 사용하지 않습니다.

3-7 아르바이트

−겠− (의지)

교재 126쪽

도입 및 제시

새해 결심이나 계획을 만들 수 있는 그림 자료(금연, 공부 등)를 준비하여 목표 문법을 도입합니다.

교 사 　여러분은 새해가 되면 어떤 계획을 해요?
학습자 　담배를 끊어요.
　　　　술을 조금 마셔요.
　　　　한국어 공부를 열심히 해요.
교 사 　네, 좋아요. 그럴 때 다른 사람에게 이렇게 말해요.
　　　　올해부터 담배를 끊겠습니다.
　　　　술을 조금 마시겠습니다.
　　　　한국어 공부를 열심히 하겠습니다.

칠판에 예문을 쓰고 '−겠−'을 빨간 글씨로 강조합니다.

> 숙제를 열심히 하겠습니다.
> 아침에 일찍 일어나겠습니다.
> 다음부터 늦지 않겠습니다.

연습

자신이 어떤 일을 할 거라는 의지나 앞으로의 계획을 묻고 답해 봅니다.

가: 내일도 늦을 거예요?
나: 내일부터 지각을 하지 않겠습니다.

가: 오늘은 교실 청소를 할 거예요. 같이 도와주실 수 있어요?
나: 네, 제가 도와드리겠습니다.

가: 오늘 점심은 제가 살게요.
나: 그럼 제가 커피를 사겠습니다.

가: 어떤 것으로 드시겠어요?
나: 저는 비빔밥을 먹겠습니다.

활용

약속하기 활동지 86쪽 '−겠−2'

주의

'잘 먹겠습니다. 다녀오겠습니다. 처음 뵙겠습니다.' 등과 같이 인사말에서 쓰이는 '−겠−'은 관용적으로 굳어져 쓰이는 표현입니다.

명사 때문에 / -기 때문에

교재 128, 129쪽

도입 및 제시

이유나 원인을 나타낼 수 있는 상황으로 목표 문법을 도입합니다.

교 사   어제 비가 와서 운동을 못 했어요.
         비 때문에 운동을 못 했어요. 여러분은 이런 적 있어요?
학습자   비가 와서 차가 막혔어요.
교 사   네, 비 때문에 차가 막혔어요.
         지금도 비가 와요.
         비가 오기 때문에 날씨가 추워요.

동사, 형용사, 명사의 결합 형태를 보여 줍니다.

오다	오기 때문에	눈이 오기 때문에 길이 미끄러워요.
아프다	아프기 때문에	아프기 때문에 학교에 갈 수 없어요.
남자+이다	남자이기 때문에	남자이기 때문에 아기를 낳을 수 없어요.

연습

어떤 일을 할 수 없는 이유, 어떤 일이 일어난 까닭 등을 말해 봅니다.

일 때문에 휴가를 못 가요.
감기 때문에 회사를 쉬어요.
아이 때문에 휴직을 했어요.
시험 때문에 친구를 못 만나요.
교통사고 때문에 학교에 늦었어요.

비가 오기 때문에 산책을 못 가요.
일이 바쁘기 때문에 고향에 못 가요.
돈이 없기 때문에 여행을 못 가요.
주말이기 때문에 은행이 문을 닫았어요.
외국인이기 때문에 한국어를 잘 못해요.

활용

핑계 말하기를 해 봅니다.

주의

주로 어떤 일을 할 수 없거나 하지 못한 때의 이유나 원인으로 쓰는 표현이지만 긍정적인 의미로도 사용할 수 있으므로 다양한 예문을 준비합니다. 또한 명령이나 청유에는 쓸 수 없다는 것에 주의해야 합니다.

3-7 아르바이트

 함정을 피해 가려면

-았/었을 때

'-을 때'와 '-았/었을 때'는 시제가 분명히 다릅니다. 따라서 뒤 절의 시제가 과거일 때에는 앞 절도 과거 시제를 써야 합니다. 하지만 뒤 절이 과거 시제라도 앞 절에는 '-을 때'를 사용하기도 하는데 이 경우에는 의미가 같거나 다를 때도 있습니다. 그러므로 처음에 제시할 때에는 앞 절과 뒤 절의 시제가 동일한 예문으로 시작하는 것이 학습자의 오류를 줄일 수 있습니다.

① 밥을 먹을 때 숟가락으로 먹어요.
② 밥을 먹을 때 숟가락으로 먹었어요.
③ 유럽에 갈 때 선생님을 만났어요.
④ 유럽에 갔을 때 선생님을 만났어요.

①은 밥을 먹는 그 시간 동안 숟가락으로 먹는다는 단순 서술문이고 ②는 과거로 이미 그렇게 먹었다는 의미입니다. ③과 ④는 뒤 절이 과거이므로 앞 절도 과거의 일을 말하고 있습니다. 그러나 그 의미는 분명한 차이가 있습니다. ③은 유럽에 가는 도중이나 가는 동안에 선생님을 만났다는 말이고, ④는 유럽에 갔던 과거의 시간에 선생님을 만났다는 의미로, 과거 완료의 상황임을 나타내고 있습니다. 이와 같이 '가다. 오다'와 같은 장소나 방향의 이동을 나타내는 동사의 경우는 '-을 때'가 '도중'이나 '동안'과 같은 현재 진행형이 되며 '-았/었을 때'와 결합하면 이미 완료된 상황을 나타내는 의미가 됩니다.

'-은 적이 있어요'와 '-아/어 봤어요'

이 두 표현은 모두 과거에 경험한 사실을 의미하지만 약간의 차이가 존재합니다. '-은 적이 있어요'는 단순한 경험이나 1회성의 경험에도 사용을 하지만 구체적인 경험에 대해 질문하고 답할 때에는 '-아/어 봤어요'를 사용합니다. 또한 이런 경험을 묻는 질문에 없다고 답할 때에는 '안'보다는 '못'을 써야 더 자연스럽다는 것을 알려 주는 것이 좋습니다.

제주도에 가 본 적이 있어요? 네, 가 본 적이 있어요.
언제 가 봤어요? 지난달에 가 봤어요.
누구와 가 봤어요? 친구와 가 봤어요.
제주도에 가 봤어요? 아니요, 못 가 봤어요.

위의 두 표현 중에 '-어 봤어요'는 가까운 과거나 먼 과거 모두 사용이 가능하지만 '-은 적이 있다'는 가까운 과거에 사용하면 어색하므로 예문 도입에 주의해야 합니다.

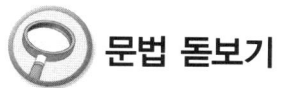
문법 돋보기

–겠–(의지)

추측을 나타내거나 어떤 일을 하고자 하는 의도, 의지를 나타내는 경우에도 모두 아직 일어나지 않은 일이므로 미래의 의미를 나타내는 표현과 함께 쓰입니다.

① 내일은 아침부터 비가 오겠습니다. (추측)
② 한국어 공부를 열심히 하겠습니다. (의지)
③ 내일 제가 다녀오겠습니다. (의지)

①은 내일 비가 올 것이라는 추측의 표현이고, ②는 앞으로 한국어 공부를 열심히 할 예정이라는 의지를 표현한 것이며 ③은 말하는 사람이 내일 이동을 할 것이라는 의도를 나타낸 것으로 모두 미래 시제의 의미를 가지고 있습니다. 이밖에 '처음 뵙겠습니다. 잘 부탁드리겠습니다. 다녀오겠습니다. 잘 먹겠습니다.' 등과 같은 인사말에도 '–겠–'을 쓸 때가 있는데 이때는 위와 같은 의미라고 정의하기 어려운 경우이며 관용적으로 굳어진 표현이라고 할 수 있습니다.

명사 때문에 / –기 때문에

어떤 일에 대한 이유나 원인을 나타내는 표현이므로 주로 부정적인 상황에 많이 쓰이지만 긍정적인 경우에도 사용할 수 있습니다. 명사와 바로 결합하여 쓰기도 하고 동사, 형용사, 명사+이다와 결합하기도 하는데 의미는 동일합니다. 또한 과거 시제와도 결합이 자유롭습니다.

① 일 때문에 휴가를 못 가요.
② 일하기 때문에 휴가를 못 가요.
③ 일이 바쁘기 때문에 휴가를 못 가요.
④ 아이 때문에 회사를 그만 두었어요.
⑤ 술을 많이 마셨기 때문에 아침에 늦잠을 잤어요.
⑥ 그때는 학생이었기 때문에 결혼을 못 했어요.
⑦ 학생이기 때문에 할인을 받을 수 있어요.

①~⑥까지는 부정적인 의미의 이유로 쓰였고 ⑦은 학생이라서 할인 혜택을 받았다는 긍정적인 의미로 사용하고 있습니다. 아래의 ⑧과 같이 명령문이나 ⑨의 청유문에는 사용할 수 없으므로 주의해서 교수할 필요가 있습니다.

⑧ 눈이 오기 때문에 지하철을 타세요. (×)
⑨ 영화표가 생겼기 때문에 같이 보러 갑시다. (×)

 **활동은 이렇게**

-았/었을 때
〈활동지 84쪽〉

그때 어땠어요?

어떤 일이 일어났을 때 어땠는지 말해 봅시다.

〈도움말〉
교사가 학습자 전체에게 물어보고 한 사람씩 답을 하게 합니다.
활동지를 각자 나눠 주고 해당 사항이 있는 학습자에게 발표를 하게 합니다.

-은 적이 있다/없다
〈활동지 85쪽〉

경험 묻고 답하기

가: 자전거 여행을 한 적이 있어요?
나: 네, 자전거 여행을 한 적이 있어요.
　　아니요, 한 적이 없어요.

① 각 질문에 자신의 경험 유무를 표시합니다.
② 옆 친구에게 질문하여 몇 개나 같은 경험을 했는지 알아본 다음 가장 많은 경험을 함께 한 조를 앞으로 나오게 하여 발표를 합니다.

〈도움말〉
같은 경험을 많이 한 사람들을 앞으로 나오게 하여 각자의 경험 이야기를 만들어 봅니다.

-겠-2
〈활동지 86쪽〉

약속하기

- 부모님과 약속하기
- 선생님과 약속하기
- 여자/남자 친구와 약속하기

〈도움말〉
학습자를 실제로 부모님이나 선생님으로 가정하고 그 앞에서 직접 서약이나 약속하기를 합니다.

어느 날 교실에서 – 수업일지의 실제

경험을 나타내는 표현 '-은 적이 있다'를 공부하는 시간은 학생들의 다양한 경험을 알아볼 수 있어서 좋습니다. 여러 나라의 문화도 엿볼 수 있는 귀중한 시간이기도 합니다.

"배낭여행을 한 적이 있어요? 어디가 가장 좋았어요?"

"바이칼 호수에 간 적이 있어요. 호수가 바다처럼 크고 넓었어요."
"핀란드에서 오로라를 본 적이 있어요. 정말 멋있었어요."
"태국에서 정글투어를 한 적이 있어요. 재미있었어요."
"한국에서 자전거 여행을 한 적이 있어요. 한국의 시골은 아주 아름다워요."

"어제 떡볶이를 먹어 본 적이 있어요. 너무 매웠어요." (X)
"어제는 떡볶이를 먹어 봤어요. 이렇게 말해요."

과거의 경험이나 했던 일을 말하는 표현이라고 하니까 위와 같은 오류를 보이네요. 가까운 과거의 경험은 '-어 보다'를 쓴다고 말해 주었습니다. 내친 김에 '-은 적이 있다'와 '-어 보다'를 쓸 수 있는 상황의 예문을 더 연습을 했습니다. 학습자들의 오류에 대해 대처할 수 있는 많은 상황 예문을 준비해 놓는 것이 좋다는 생각을 새삼 하게 됩니다. 암튼 여행 얘기와 경험으로 시간이 금방 흘러갔어요. 다음 시간에는 여행지에서 찍은 사진을 가져와서 보여 주기로 약속했습니다.

다른 선생님들의 댓글

▶ 그래도 유사 표현을 먼저 배운 경우는 새 문법을 학습하기가 훨씬 수월한 편이에요.

▶ 그렇지만 먼저 배운 표현이 방해를 하는 경우도 많으니까 아주 비슷하게 쓰는 표현이 아니면 도입을 조심해야 할 거예요. 안 그러면 똑같다는 생각에서 오히려 오류가 일어날 수 있거든요.

▶ 여행 이야기는 언제나 즐거워요. 못 가 본 곳에 대한 대리 만족도 하고……. 아, 여행 가고 싶네요.

3-8 하숙집이 좋을 것 같아요

집 구하기

학습 문법	–고 있다　　　–은 지 (시간)이/가 되다　　　–기　　–은/는/을 것 같다
수업 목표	현재 진행형이나 경과된 시간 표현을 할 수 있다. 조건이나 희망 사항을 말할 수 있다. 추측하여 말할 수 있다.
수업 자료	활동지 –고 있다　–은지 (시간)이/가 되다　–기　–은/는/을 것 같다

 교실에 들어가기 전에

	확인할 내용	네	아니요
1	'–고 있다'의 의미를 구분하여 제시할 수 있다.		
2	'–은 지 (시간)이/가 되다'를 정확하게 제시할 수 있다.		
3	명사형 어미 '–기'의 의미와 쓰임을 파악하고 있다.		
4	'–은/는/을 것 같다'의 시제 활용 형태를 제시할 수 있다.		

1. '–고 있다'의 의미를 구분하여 제시할 수 있다.

동사에 결합하여 동작이 현재 진행 중임을 나타내는 표현이지만 계속 반복적으로 이어지거나 완료된 상태에서 지속되는 경우에도 쓰입니다. 따라서 학습자의 이해를 돕기 위해서는 한꺼번에 섞어서 제시하기보다는 같은 종류의 상황으로 나누어 학습하는 것이 좋습니다.

지금 책을 읽고 있어요. (동작의 진행)
매일 운동을 하고 있어요. (동작의 반복)
바지를 입고 있어요. (동작의 진행 또는 동작의 완료 후 지속)

2. '–은 지 (시간)이/가 되다'를 정확하게 제시할 수 있다.

어떤 일이나 사건이 일어나고 얼마나 시간이 흘렀는지를 나타내는 표현으로 '–은 지'의 뒤에는 반드시 시간을 나타내는 어휘가 나와야 합니다. 순차적인 동작을 나타내는 표현인 '–은 후에'나 '–은 다음에' 등에는 뒤에 다른 일을 했다는 문장이 나와야 하므로 차이가 있습니다.

한국어를 배운 지 1년이 됐어요.
한국어를 배운 후에 한국 회사에 취직했어요.
한국어를 배운 다음에 일본어도 배울 거예요.

3. 명사형 어미 '–기'의 의미와 쓰임을 파악하고 있다.

동사나 형용사와 결합하여 문장에서 주어나 목적어와 같이 명사 역할을 하는 표현으로 조사가 붙거나 생략이 가능합니다. 또한 종결형으로 쓰여 메모나 속담, 알리는 글 등에서 사용하기도 합니다. 이와 비슷하게 사용하는 명사형 어미 '–음'은 사실성이 강한 경우에 사용하므로 '알다, 알리다, 확실하다, 알려지다, 밝혀지다, 주장하다, 보고하다' 등과 같은 어휘와 함께 쓰입니다. 이와 같이 '–기'와 '–음'에 각각 어울리는 어휘가 다르므로 주의해야 합니다.

오늘은 공부하기가 싫어요.
집이 멀어서 학교에 가기가 힘들어요.
누워서 떡 먹기 / 식은 죽 먹기

4. '–은/는/을 것 같다'의 시제 활용 형태를 제시할 수 있다.

추측의 의미를 나타내는 표현 '–은/는/을 것 같다'는 명사를 수식하는 관형절의 형태와 문법적으로 동일합니다. 따라서 학습자의 수준에 따라 과거, 현재, 미래의 시제를 동시에 제시할 것인지 단계적으로 제시할 것인지, 동사와 형용사, 명사를 나누어 제시할 것인지도 미리 생각해 두는 것이 좋습니다. 아래 문장과 같이 동사와 결합하여 현재의 상황을 추측하는 말로 사용하는 '–는 것 같다'는 때에 따라 '–을 것 같다'와 같이 사용하기도 하므로 교사가 학습자에 맞춰 교수 방법을 설계할 필요가 있습니다.

지금 밖에 비가 오는 것 같아요.
지금쯤 북쪽에는 눈이 올 것 같아요.

 **문법 수업은 이렇게**

	-고 있다	교재 140쪽
도입 및 제시	어떤 동작이 지금 진행 중이라는 표현으로 교실 상황에서 도입하기 위해 교사는 먼저 칠판에 '수업을 하다, 춤을 추다, 노래를 부르다' 등의 세 가지 문장을 쓰고 질문합니다. 교 사 여러분, 우리는 지금 무엇을 하고 있어요? 학습자 수업을 하고 있어요. 교 사 네, 좋아요. 선생님은 지금 무엇을 하고 있어요? (춤을 추는 동작) 학습자 춤을 추고 있어요. 교 사 네, 맞아요. (책을 보고 있는 동작) 저는 지금 책을 보고 있어요. 수업을 하고 있어요. 춤을 추고 있어요. 노래를 부르고 있어요.	
연습	'이를 닦고 있어요', '운전을 하고 있어요'와 같은 내용이 적힌 쪽지를 학습자에게 하나씩 나누어 줍니다. 자기가 받은 쪽지의 내용을 몸으로 설명하면 다른 학습자들은 '~고 있어요'를 활용해서 이야기합니다. 옷차림을 보고 현재의 모습을 묘사합니다. 교재의 연습 문제(134쪽)를 풀어봅니다. 모자를 쓰고 있어요. 안경을 쓰고 있어요. 치마를 입고 있어요. 구두를 신고 있어요. 양말을 신고 있어요. 가방을 들고 있어요. 귀걸이(목걸이)를 하고 있어요. 시계를 차고 있어요. 가방을 메고 있어요.	
활용	무엇을 하고 있어요? 활동지 87쪽 '-고 있다'	
주의	옷차림을 나타낼 때의 동사들은 동작의 진행과 완료 후 지속이라는 두 가지 의미가 있으므로 주의해야 합니다.	

－은 지 (시간)이/가 되다

교재 142쪽

도입 및 제시

어떤 일을 시작하고 나서 얼마나 시간이 흘렀는지 알아봅니다.

교 사   ○○ 씨 한국에 언제 왔어요?
학습자   작년에 왔어요.
교 사   ○○ 씨는 한국에 온 지 1년이 됐어요.
교 사   △△ 씨는 한국어를 공부한 지 얼마나 됐어요?
학습자   1년 됐어요.
교 사   결혼을 한 지 얼마나 됐어요?
학습자   결혼을 한 지 2년 됐어요.

동사의 받침 유무에 따라 다른 형태를 보여 주고 예문을 만들어 봅니다.

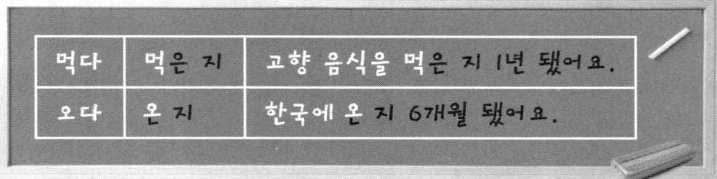

| 먹다 | 먹은 지 | 고향 음식을 먹은 지 1년 됐어요. |
| 오다 | 온 지 | 한국에 온 지 6개월 됐어요. |

연습

옆 친구와 이야기해 봅니다.

가: 한국에 온 지 얼마나 됐어요?
나: 한국에 온 지 1년이 됐어요.

가: 안경을 쓴 지 얼마나 됐어요?
나: 10년이 됐어요.

가: 미용실에 간 지 얼마나 됐어요?
나: 2개월 됐어요.

가: 남자(여자) 친구를 만난 지 얼마나 됐어요?
나: 3년 됐어요.

활용

얼마나 됐어요? 활동지 88쪽 '－은 지 (시간)이/가 되다'

주의

형태는 비슷하지만 막연한 의문을 나타내는 표현인 '－은지'와 구별하고 띄어쓰기에 주의해야 합니다.

| | -기 | 교재 143쪽 |

| 도입 및 제시 | 동사로 표현할 수 있는 취미 사진이나 그림을 준비합니다.

교 사	여러분, 독서가 무슨 뜻이에요?
학습자	책을 읽는 것이에요.
교 사	네, 맞아요. 저는 책 읽기가 취미예요. 여러분은 취미가 뭐예요?
학습자	저는 사진 찍기를 좋아해요. 저는 운동하기가 취미예요.

취미 카드를 보면서 '책을 읽다. 운동을 하다. 사진을 찍다. 음악을 듣다'와 같이 칠판에 써서 '-기'를 결합하여 보여 줍니다.

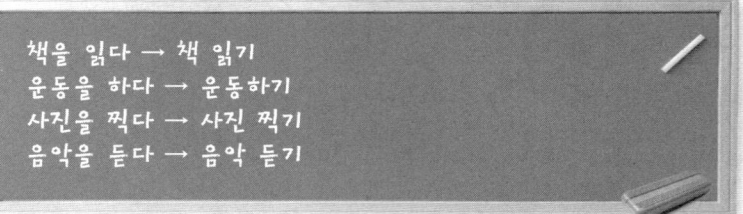

| 연습 | 취미에 대해서 말해 봅니다.

    케이크 만들기
    도자기 만들기
    강아지 키우기
    인라인 스케이트 타기

휴가 계획표를 만들어 봅니다.

    집 안 대청소하기
    여행 계획 세우기
    기차표 예매하기
    숙소 예약하기
    고양이 부탁하기

| 활용 | 메모하기 활동지 89쪽 '-기'

| 주의 | 이와 유사한 명사형 어미인 '-음'은 이미 알고 있거나 또는 벌써 일어난 사실과 같은 강한 사실성의 의미를 가지고 있기 때문에 결합할 수 있는 어휘의 차이가 있으므로 구별되어야 합니다.

-은/는/을 것 같다

교재 145쪽

도입 및 제시

교사는 그림 카드(화가 난 사람, 슬픈 사람, 피곤한 사람 등)를 준비합니다.

교 사	이 사람은 어떤 것 같아요?
학습자	피곤해 보여요.
교 사	왜 피곤한 것 같아요?
학습자	야근을 한 것 같아요. 아픈 것 같아요.

교사는 음식 사진이나 먹음직스러운 케이크를 보여 주며 이야기합니다.

교 사	이 음식을 알아요? 먹어 봤어요?
학습자	아니요. 못(안) 먹어 봤어요.
교 사	어떨 것 같아요? 맛있을 것 같아요?
학습자	네, 맛있을 것 같아요.
교 사	네, 좋아요. 안 먹어 봐서 모르겠지만 맛있을 것 같아요.

먹다	먹는 것 같다	미나 씨는 매운 음식을 잘 먹는 것 같아요.
아프다	아픈 것 같다	바트 씨가 아픈 것 같아요.
명사+이다	인 것 같다	에린 씨는 미국 사람인 것 같아요.

연습

현재, 과거, 미래의 상황을 추측해 봅니다.

(동) 지금 누가 케이크를 <u>먹는</u> 것 같아요. (현재)
　　누가 케이크를 다 <u>먹은</u> 것 같아요. (과거)
　　내일 동생이 다 <u>먹을</u> 것 같아요. (미래)

(형) 영희가 <u>바쁜</u> 것 같아요. (현재)
　　제임스 씨가 지난주에 많이 <u>바쁜</u> 것 같았어요. (과거)
　　내일은 더 <u>바쁠</u> 것 같아요. (미래)

(명) 사진을 보니 제주도<u>인 것</u> 같아요. (현재)
　　제 생각에 그곳이 유적지<u>인 것</u> 같았어요. (과거)
　　저분이 선생님<u>일 것</u> 같아요. (추측)

활용

상황 추측하기 활동지 90쪽 '-은/는/을 것 같다'

주의

형용사나 명사의 과거 시제는 각각 '-았/었던'과 '(이)었던'이 되지만 이 경우는 다른 의미도 있으므로 함께 제시하기에는 무리가 있습니다. 따라서 뒤의 서술어를 과거로 제시하는 것이 좋습니다. 명사의 '일 것 같다'는 미래 시제라기보다는 추측의 의미가 강합니다.

3-8 집 구하기

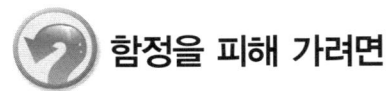 함정을 피해 가려면

-기

　명사형 어미 '-기'는 '-음'과 같이 동사나 형용사, '이다', '아니다' 등과 결합하여 명사와 같이 주어나 목적어 역할을 하게 만드는 표현입니다. 그러나 기능은 유사하지만 각각 어울리는 어휘가 다르기 때문에 오류를 피하기 위해서는 활용 예문을 많이 연습하는 것이 좋습니다.

　　① 남자 친구가 바빠서 만나기가 어려워요. (O)
　　② 남자 친구가 바빠서 만남이 어려워요. (×)
　　③ 내일부터 휴가임을 알립니다. (O)
　　④ 내일부터 휴가이기를 알립니다. (×)

　위에서 보는 바와 같이 '-음'의 경우는 이미 일어난 사실이거나 알고 있는 사실 등 주로 일반적인 사실을 전달하는 데 사용합니다. 따라서 '알리다, 틀림없다, 분명하다, 판단하다, 보고하다, 밝혀지다' 등과 같이 사실성이 강한 의미의 어휘와 어울립니다.

-은/는/을 것 같다

　추측을 나타내는 표현으로 말하는 사람이 어떤 일에 대해 100퍼센트 확신은 없지만 추정이나 예상을 할 때 사용합니다. 동사와 형용사, 명사에 모두 쓰일 수 있으며 형태는 명사의 관형형과 동일합니다. 따라서 한꺼번에 제시하는 것은 학습자의 부담을 가중시킬 수 있으므로 학습자의 단계에 맞춰 동사, 형용사, 명사를 나누거나 시제의 형태로 나누어 제시하는 것도 좋은 방법이 됩니다. 또한 현재나 과거, 미래의 의미가 분명하게 나타나는 것이 아니라 상황이나 상태에 따라 의미가 달라지기도 하고 말하는 사람의 의견을 완곡하게 표현하는 경우에도 사용하는 표현이므로 교수법에 각별한 주의가 필요합니다.

　　① 미나 씨는 책을 좋아하는 것 같아요.
　　② 이곳은 음식이 맛있는 것 같아요.

　①은 말하는 사람이 보기에 미나 씨가 책을 좋아하는 것으로 느껴진 것이고 ②는 말하는 사람이 음식을 먹어 보니까 맛있다는 의견이지만 확신은 약간 부족한 느낌을 줍니다.

　　③ 이 노래는 인기가 많을 것 같아요.
　　④ 이 노래는 인기가 많은 것 같아요.

　③은 말하는 사람이 노래를 들어보고 자신의 생각을 표현한 것이고 ④는 어떤 근거를 가지고 추정을 하는 표현입니다. 그러나 이렇게 말하는 사람이 자신의 의견을 완곡하게 또는 확신이 없이 말하는 표현이므로 지나치게 많이 쓰지 않도록 유의해야 합니다.

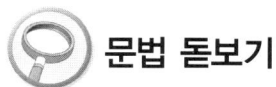 **문법 돋보기**

–고 있다

어떤 동작이나 상황이 진행되고 있음을 나타내는 표현입니다. 그러나 모든 동사에 결합할 수 있는 것은 아니며 동사에 따라 의미가 두 가지인 경우도 있으므로 학습자에게 제시할 때 주의해야 할 필요가 있습니다. 또한 '–아/어요'와 같이 굳이 이 표현을 쓰지 않더라도 동작의 현재 진행을 의미하는 표현이 있으므로 현재 동작이 진행되고 있는 상황을 직접 보여 주는 것이 바람직합니다.

① 지금 영화를 보고 있어요.
② 지금 옷을 입고 있어요.
③ 영희는 짧은 치마를 입고 있어요.

①은 현재 영화를 보고 있는 상황이고, ②는 현재 옷을 입고 있는 중이라는 동작의 진행을 의미하며, ③은 영희가 짧은 치마를 입고 있다는 옷차림을 묘사한 표현이 됩니다. 따라서 '입다, 신다, 쓰다' 등의 옷차림과 관련된 표현을 사용할 때, 그 상황에 따라 동작의 진행인지, 완료 후의 지속 상태인지가 달라집니다.

④ 영희는 지금 일어나고 있어요. (×)
⑤ 수미는 지금 앉고 있어요. (×)

④처럼 '일어나다, 눕다' 등과 같이 행동이 지속되지 않고 바로 끝나는 경우는 사용할 수 없고 '일어나요, 누워요'로 써야 하며 이와 반대로 ⑤와 같이 '앉다, 서다'처럼 순간 완료가 되어 그 상태가 지속되는 동사에도 사용할 수 없으며 이때는 '앉아 있다, 서 있다'와 같이 써야 합니다.

⑥ ?영희 씨는 결혼하고 있어요.
⑦ 영희 씨는 결혼했어요.

⑥과 같이 '결혼하다'는 상황에 따라 비문이 될 수 있는데 만약 '지금'과 같은 현재 이 시각의 의미를 가지고 있는 부사와 함께 쓰였다면 지금 결혼식을 올리고 있다는 표현이 되지만 ⑦의 의미와 같이 이미 결혼을 했다는 의미로는 사용할 수 없습니다. 이 경우에는 일본인 학습자에게 종종 일어나는 오류인데 이는 모국어의 전이 현상이라고 할 수 있습니다. 일본어는 '기혼'의 의미로 '결혼을 하고 있다'를 쓰기 때문입니다. 따라서 학습자의 국적이나 모국어가 무엇인지도 교사는 파악하고 있어야 합니다. ⑧과 같이 과거 시제로 '–고 있었다'를 쓸 때에는 지나간 어떤 시간 동안에 동작이 진행되었음을 나타내며 단순한 과거의 일을 나타낼 때에는 ⑨와 같이 '–았/었어요'를 써야 합니다.

⑧ 그때 나는 미국에서 살고 있었어요.
⑨ 10년 전에는 미국에서 살았어요.

활동은 이렇게

-고 있다 〈활동지 87쪽〉

무엇을 하고 있어요?

가: 수지는 무엇을 하고 있어요?
나: 책을 읽고 있어요.

어떤 일을 하고 있는지 묻고 답해 보세요.

-은 지 (시간)이/가 되다 〈활동지 88쪽〉

얼마나 됐어요?

한국에 산 지 1년이 됐어요.

① 각 질문에 자신의 상황을 이야기합니다.
② 옆 친구나 반 친구들에게 물어보고 활동지에 답을 써 봅니다.

-기 〈활동지 89쪽〉

메모하기

이사, 결혼, 집들이 등 각 상황에서 필요한 일들을 메모합니다.

〈도움말〉
취미나 계획표 등 제시된 상황 외에도 수업에서 별도로 정하여 활동을 해도 좋습니다.

-은/는/을 것 같다 〈활동지 90쪽〉

상황 추측하기

그림 카드를 보고 상황을 추측해 봅시다.

〈도움말〉
제시된 어휘 외에도 여러 가지 다른 상황을 생각해 봅니다.

 **어느 날 교실에서 – 수업일지의 실제**

"한국 사람들은 '것 같아요'를 너무 많이 말해요."

'-은/는/을 것 같다'를 배울 때면 심심치 않게 듣는 말입니다. 교사 자신도 늘 느끼는 사실이지만 자신의 경험을 말하면서도 직설적인 화법이 아닌 우회적인 표현으로 사용하는 상황을 종종 만나게 되니까요. 문법적으로 따져보면 분명 비문이 되는데 말입니다. 일각에서는 책임을 회피하려는 자기 보호본능에서 나오는 소극적인 표현이라고도 한다는데 아무튼 너무 남발하는 것은 피해야 하지 않을까 싶습니다.

말하는 사람이 완전한 확신은 없이 추측을 할 때 사용하는 표현이지만 과거나 현재 그리고 미래 시제로도 쓰기 때문에 이에 대한 설명이 쉽지 않습니다. 그래서 일상생활에서 자신의 의견을 조금은 확신이 없이 표현하는 상황을 만들어 연습해 보았습니다.

(서울의 옛날 모습이 담긴 사진을 보여 주며)
가: 여기가 어디일까요?
나: 서울이 아니에요?

가: 정말요? 정말 그런 것 같아요?
나: 잘 모르겠어요.

가: 네, 잘 모를 때 이렇게 말해요.
  '서울인 것 같아요.'
  또 어떤 것 같아요?"
나: 사람이 적은 것 같아요.
  공기가 좋은 것 같아요.

동사나 형용사의 관형형을 배워서인지 활용은 비교적 오류 없이 잘 하는 것 같습니다.

다른 선생님들의 댓글

▶ '인 것 같다'가 '일 것 같다'보다는 좀 더 확신을 가지고 말하는 것이 아닐까요? 그러나 역시 말하는 사람의 주관적인 판단이고 생각이니까 상황에 따라 달라질 수도 있을 것 같아요. 한국어는 상황의 언어 라는 말이 있잖아요. 그래서 '화용'이 중요한 거겠지요?

▶ '인 것 같다'와 '일 것 같다'를 쓰는 상황이 모호할 때가 많아서 그 부분이 좀 힘들어요. 어떻게 설명하면 좋을까요? 예문으로 그 차이를 비교해 주면 좋을 텐데...